Jorge Luis Borges / Osvaldo Ferrari
Lesen ist denken mit fremdem Gehirn

HEIDI SCHAERER
Von Corina, 24.12.96

Jorge Luis Borges
Osvaldo Ferrari

Lesen ist denken mit fremdem Gehirn

Gespräche über Bücher & Borges

Aus dem Spanischen
von Gisbert Haefs

Arche

Die in diesem Band enthaltenen Dialoge wurden aus den argentinischen Originalausgaben, erschienen 1985, 1986, 1987 u. d. T. *Borges en diálogo, Libro de diálogos* und *Diálogos últimos* bei Grijalbo S.A., Buenos Aires, ausgewählt.

Umschlag (unter Verwendung eines Fotos von Sophie Bassouls, 1977): Max Bartholl, Frankfurt
Satz: Uhl + Massopust, Aalen
Druck: Wilhelm Röck, Weinsberg
Bindung: G. Lachenmaier, Reutlingen
Printed in Germany
ISBN 3-7160-2102-4

Inhalt

A Isabel, Flavia y Francisco
O. F.

Über Vorworte

OF: Mir ist aufgefallen, Borges, daß Ihre Liebe zur Literatur, zu den Schriftstellern sich mehr noch als in Ihren Essays in Ihren Vorworten ausdrückt, in den Vorworten zu Schriftstellern und Büchern, die Ihnen im Lauf der Zeit Bewunderung eingeflößt haben.

JLB: Nun ja, natürlich ist der Prolog ein Mittelding zwischen kritischer Studie und, sagen wir, Toast. Das heißt, im Prolog muß es einen kleinen Überschuß an Lob geben; der Leser zieht ihn wieder ab. Aber gleichzeitig muß der Prolog großmütig sein, und nach so vielen Jahren, nach zu vielen Jahren bin ich zu dem Schluß gelangt, daß man nur über das schreiben sollte, was einem gefällt. Ich glaube, daß negative Kritik keinen Sinn hat; Schopenhauer hielt zum Beispiel Hegel für einen Aufschneider oder für einen Trottel oder beides. In den Geschichten der deutschen Philosophie leben die beiden heute friedfertig zusammen. Novalis war der Meinung, Goethe sei ein oberflächlicher Autor, bloß korrekt, bloß elegant; er verglich Goethes Werke mit englischen Möbeln...

Heute sind Novalis und Goethe beide Klassiker. Das heißt, was gegen jemanden geschrieben wird, setzt ihn nicht herab, und ich weiß nicht, ob das, was man für jemanden schreibt, ihn erhöht. Aber ich schreibe jedenfalls seit langer Zeit nur über das, was mir gefällt, auch weil ich meine, wenn mir etwas nicht gefällt, liegt das eher an einer Unfähigkeit meinerseits oder einer Plumpheit, und davon brauche ich andere nicht zu überzeugen. Ich habe an die zwanzig Jahre englische und nordamerikanische Literatur gelehrt, ich habe gelehrt ... ich will nicht sagen, die Liebe zu diesen Literaturen, denn das ist ein zu weiter und zu vager Begriff, wohl aber die Liebe zu bestimmten Autoren oder die Liebe zu bestimmten Büchern; oder, noch konkreter, die Liebe zu bestimmten Abschnitten oder bestimmten Versen oder bestimmten Plots. Und das habe ich erreicht. Mir scheint, gegen etwas zu schreiben ist zu nichts nütze. Sicher, wenn man sehr einfallsreich schreibt, dann bleibt der Satz haften; ich denke da an jenen Satz von Byron. Horaz hatte gesagt, der gute Homer schlafe bisweilen; und Byron setzte hinzu, Wordsworth wache gelegentlich auf (*lacht*). Dieser Satz hat Witz, aber er schadet Wordsworth nicht, denn wenn ein Satz Esprit hat, dann existiert er aus eigenem Recht; und es ist unwichtig, auf wen er sich bezieht. Dieser Satz, »Wordsworth wacht bisweilen auf«, steht und lebt neben dem großartigen Werk von Wordsworth.

OF: Natürlich.

JLB: Und tut ihm nicht weh. So auch das Beispiel von

Groussac, der über eine Geschichte der spanischen Philosophie von Menéndez y Pelayo sagte, der Titel sei recht beeindruckend, und hinzufügte: »Die Strenge oder die Feierlichkeit des Substantivs Philosophie wird korrigiert durch das Lächeln des Epithetons spanisch.« Ich glaube, das schadet der spanischen Philosophie nicht – falls es eine solche gibt –, denn der Satz existiert um seiner selbst willen. Was mich angeht, so habe ich viele Prologe geschrieben; ich habe Vorworte geschrieben zu Autoren, die zu jenem Zeitpunkt unbekannt waren ... gut, das war ich auch. Und in all diesen Vorworten bin ich großmütig gewesen.

OF: Allerdings. Nun gibt es aber einige Prologe von Ihnen, die für ein Buch ausgewählt wurden, und darin kommt zum Ausdruck, was Sie in der Literatur am meisten bewundern, was Sie mit der größten Zuneigung bedenken.

JLB: Ja, diese Auswahl hat ein Neffe von mir gemacht, Miguel de Torre. Ich wollte mich mit niemandem anlegen, und manchmal gab es, nun ja, Prologe aufgrund von Umständen, nicht wahr? Prologe aus Höflichkeit. Oder aber auch schlicht Prologe, die ehrlich, aber nicht besonders gut geschrieben waren oder keine besondere Gedankentiefe hatten, sondern lediglich ein Buch lobten ... Deshalb ließ ich zu, daß mein Neffe die Texte auswählte.

OF: Trotzdem kann man sagen, daß kein anderer über Ihre Großherzigkeit verfügte, was Vorworte für junge Schriftsteller oder noch unbekannte Autoren angeht.

JLB: Ich habe zum Beispiel ein Vorwort zu dem ersten Buch von Norah Lange geschrieben. Ich weiß nicht, ob das erste Buch ein Wiederlesen verdient, aber Norah Lange hat später *Cuadernos de infancia* veröffentlicht, ein sehr hübsches Buch mit Erinnerungen an ihre Kindheit in Mendoza.

OF: Unter Ihren ausgewählten Vorworten ist zum Beispiel das, was Sie für Pedro Henríquez Ureña geschrieben haben. Man sieht dort sehr deutlich Ihre Zuneigung zu ihm, Ihre Bewunderung und all das, was Sie mittels Ihrer Zuneigung entdekken.

JLB: Ja, Henŕquez Ureña habe ich in sehr guter Erinnerung, und vielleicht... also, das geht mir aber mit Macedonio Fernández genauso: Vielleicht erinnere ich mich besser an ihren Dialog oder an ihre Präsenz, die eine Form des Dialogs ist, als an das, was sie geschrieben haben, nicht wahr? Aber alle großen Meister in der Geschichte der Menschheit waren Meister des gesprochenen Wortes.

OF: Wie Sie sagen: Jene, die ihr Bestes im Dialog gegeben haben.

JLB: Ja. Pythagoras hat absichtlich nicht geschrieben. Er wollte, nehme ich an, daß sein Denken sich in seinen Schülern weiter verzweigte. So bedeutet zum Beispiel dieser Satz – das Griechische ist mein Latein, ich zitiere ihn auf lateinisch – »Magister dixit« – »Der Meister hat es gesagt« – keinerlei rigide Autorität, im Gegenteil; wenn die Schüler die Lehre des Pythagoras abwandelten oder, wie man besser sagen sollte, wenn sie diese Gedanken über den leiblichen Tod des Pythagoras hinaus verlängerten, dann sagten sie, um sich zu vergewissern: »Der Meister hat es gesagt.« Aber es war klar, daß der Meister dies nicht wörtlich gesagt hatte, sondern daß es so war, als ob sie den ursprünglichen Gedanken des Pythagoras verlängerten – was ja genau das ist, was ein Mensch im Laufe seines Lebens tut: Er hält sich nicht einfach an das, was er gesagt oder geschrieben hat, sondern an das, was er weiterhin denkt, und dabei kann er durchaus auch seine Meinung ändern. Was das angeht, wäre für uns der Argentinier Lugones das Beispiel: Er war Anarchist, Sozialist, während des Ersten Weltkriegs Anhänger der Alliierten, das heißt, Demokrat, und später predigte er die Stunde des Degens, das heißt, den Faschismus. Da sagten dann viele Leute: »Er ist ein Wetterhahn.« Nein, er war kein Wetterhahn; er war ein Mann, den die Politik sehr interessierte und der in verschiedenen Epochen seines Lebens zu verschiedenen Schlußfolgerungen gelangte, ohne daraus je einen Vorteil zu ziehen. Im Gegenteil, er machte sich jedesmal unbeliebt, wenn er sagte: Ich habe mich geirrt, jetzt denke ich anders.

OF: In vielen Fällen wird man zweifellos sagen, Borges, daß Sie den Autor erfunden haben mit Hilfe des Vorworts, das Sie ihm widmen. Zum Beispiel gibt es einen Prolog von Ihnen zu Almafuerte; darin kommt Ihre alte Bewunderung für ihn zum Ausdruck, und darin loben Sie ihn auf eine Art, die ihn gleichzeitig enthüllt, könnte man sagen.

JLB: Also, wenn ich ein großes Beispiel zitieren darf: Als Bernard Shaw seine *Quintessenz des Ibsenismus* vorlegte, wurde ihm gesagt, in diesem Buch stünde vieles, was im Werk Ibsens nicht zu finden sei. Shaw erwiderte: »Wenn ich nur wiederholte, was Ibsen gesagt hat, wäre mein Buch nichts wert.« Und er setzte hinzu: »Was ich hier sage, ist vielleicht eine Form von Abstraktion« – das hieße, der geheime Endpunkt dessen, was Ibsen schreiben wollte. Im Prinzip setzte er also Ibsen fort; so daß er in diesem Moment ein Jünger oder Fortführer von Ibsen war; und was Ibsen in Form von Fiktionen, Fabeln, Dramen gesagt hatte, sagte Shaw nun abstrakt. Als ob Ibsen die Fabel geliefert hätte, und er die Moral dazu, die nicht unbedingt die von Ibsen sein mußte. Ich kannte dieses Buch von Shaw – ich war relativ klein, erst elf Jahre, als ich es gelesen habe –, später las ich Ibsens Werk; und ich sah, daß Shaws Zusammenfassungen vielleicht nicht die waren, die Ibsen selber gegeben hätte, zumal sie nicht weniger einfallsreich sind, als das, was Ibsens Einfallsreichtum uns hätte geben können. Und mir erscheint das gut so; es ist auch nicht zu bezweifeln, daß ein so komplexes Werk wie jenes, das Macbeth und Hamlet einschließt, modifiziert worden ist durch … Goethe, Coleridge, Bradley und andere Shakespeare-Kritiker. Das heißt, jeder Kritiker erneuert irgendwie das Werk, mit dem er sich befaßt, und er setzt es auch fort. Und das entspricht dem Begriff, den ich von Tradition habe: Eine Tradition muß nicht die Nachahmung von etwas sein, sie muß vor allem Fortsetzung und Verzweigung sein. Man sollte bedenken, daß eine Tradition etwas Lebendiges ist, daß sie sich unausgesetzt wandelt und mit dieser Wandlung natürlich reicher wird.

OF: Wenn ein Autor über einen anderen Autor schreibt, dürfen wir also annehmen, daß er jene tief verborgenen Dinge entdeckt, zu denen der Autor selbst neigte.

JLB: Ja, und das ist auch die Idee Shaws. Also, wir könnten sagen, daß die Theologie oder die verschiedenen Theologien, die katholische oder die anderen, das gleiche mit der Heiligen Schrift tun, da ja die Theologie eine intellektuelle Konstruktion ist, die auf den ziemlich heterogenen Büchern der Bibel aufbaut. Aber sicher ist die Heilige Schrift eine Sache, und die *Summa Theologica* eine andere. Und sie widersprechen sich natürlich nicht.

OF: Trotzdem hat man gesagt, die Theologie sei geboren aus dem Mangel an Glauben; das heißt, wenn eine Religion sich selbst erklären muß...

JLB: Nun ja, das hat man vor allem gesagt über... Die Tatsache, daß es verschiedene Beweise für die Existenz Gottes gibt, bedeutet, daß wir uns dieser Existenz nicht sehr sicher sind. Im Gegensatz dazu scheint es in der indischen Philosophie, die so reich ist, nicht einen einzigen Beweis für die Seelenwanderung zu geben, denn das ist etwas, was man voraussetzt. Das heißt, es gibt einen wirklichen Glauben daran.

OF: Ohne Theologie.

JLB: Natürlich, und niemand braucht überzeugt zu werden, und es ist niemandem eingefallen, diesen

Glauben mit Argumenten zu belegen. Für die Inder ist es ein natürlicher Glaube. Für uns nicht; man kann glauben oder nicht glauben – ich persönlich glaube nicht an die Seelenwanderung –, aber in Indien nicht, es ist etwas, woran man instinktiv glaubt.

OF: Kommen wir auf Ihre Prologe zurück; auch diejenigen, die Sie Ihren Lieblingsautoren gewidmet haben, sind sehr zahlreich.

JLB: Das stimmt; ich glaube, niemand hat so viele Vorworte geschrieben wie ich.

OF: Ja, Sie haben das zu einer Gattung erhoben und außerdem zu einer Form der Zuneigung.

JLB: Ja, und ich habe versucht, in diesen Vorworten nicht nur Lob für das Buch, mit dem ich mich beschäftigte, unterzubringen, sondern auch, nun ja, persönliche Ideen von mir, mit denen der Autor übereinstimmen konnte oder auch nicht.

OF: Persönliche Entdeckungen Ihrerseits.

JLB: Ja, weil ich glaube, wenn man diese Prologe liest – natürlich lese ich das, was ich geschrieben habe, nie noch einmal –, aber ich glaube, daß man darin auch meine Ansichten über ästhetische Themen findet.

Die Kunst muß sich von der Zeit befreien

OF: Heute wollen wir über die Schönheit sprechen. Bevor wir damit beginnen, hier die von Borges in einem früheren Gespräch formulierte Antwort auf die Frage nach dem Platz, den Kunst und Literatur in unserer Zeit einnehmen sollten.

JLB: Kunst und Literatur ... müßten versuchen, sich von der Zeit zu befreien. So oft hat man mir erzählt, daß die Kunst von Politik oder Geschichte abhängt. Nein, ich glaube, das ist völlig falsch.

OF: Natürlich.

JLB: Whistler, der berühmte nordamerikanische Maler, nahm einmal an einer Zusammenkunft teil, bei der über die Bedingungen, unter denen Kunst entsteht, gesprochen wurde. Zum Beispiel über den biologischen Einfluß, den Einfluß der Umgebung, der zeitgenössischen Geschichte ... Darauf sagte Whistler: »Art happens«, die Kunst ereignet sich, Kunst findet statt, das heißt, Kunst ... ist ein kleines Wunder.

OF: Das ist wahr.

JLB: Sie entzieht sich auf irgendeine Weise der organisierten Kausalität der Geschichte. Ja, Kunst ereignet sich – oder ereignet sich nicht; das hängt ebensowenig vom Künstler ab.

OF: Etwas anderes, wovon man gewöhnlich nicht mehr spricht, woran man gewöhnlich nicht einmal denkt, ist neben dem Geist die Schönheit. Seltsam, daß nicht einmal die Künstler, letzten Endes auch nicht die Schriftsteller über das reden, was doch angeblich immer ihre Inspiration oder ihr Ziel war; das heißt, die Schönheit.

JLB: Vielleicht hat sich das Wort abgenutzt, nicht aber der Begriff. Welches Ziel hat die Kunst am Ende, wenn nicht Schönheit? Gut, vielleicht ist das Wort Schönheit nicht schön, aber die Sache ist es natürlich.

OF: Sicher. Aber in Ihrem Werk, in Ihren Gedichten, Ihren Erzählungen ...

JLB: Ich versuche, das betont Häßliche zu vermeiden, weil ich es scheußlich finde, nicht wahr? Aber es hat so viele literarische Bewegungen mit scheußlichen Namen gegeben. So existierte zum Beispiel in Mexiko eine literarische Bewegung mit einer entsetzlichen Bezeichnung: *Estridentismo* [*estridente*, grell, schrill]. Aber schließlich hat diese Bewegung dann den Mund gehalten, und das war das Beste, was sie tun konnte. Sich bemühen, möglichst schrill zu sein – wie unbequem, nicht? Es war ein Freund von mir, Manuel Maples Arce, der diese Bewegung gegen einen großen Dichter geleitet hat: Ramón López Velarde. Er leitete diese schrille Bewegung, und ich erinnere mich an sein erstes Buch; es hieß, natürlich ohne jeden Funken

Schönheit, *Andamios interiores* [Inwendige Gerüste, Binnengerüste]. Was ziemlich unbequem sein muß, nicht? (*lacht*), inwendige Gerüste zu haben. Ich erinnere mich an einen einzigen Vers, bei dem ich mir nicht sicher bin, ob es ein Vers ist, und der lautet so: »Und in allen Zeitungen hat sich ein Schwindsüchtiger umgebracht« – der einzige Vers, an den ich mich erinnere. Und vielleicht ist dies ein gnädiges Vergessen, denn wenn es der beste Vers in dem Buch war, sollte man sich vielleicht nicht allzuviel davon versprechen. Viele Jahre später traf ich ihn dann in Japan wieder. Ich glaube, er war mexikanischer Botschafter in Japan, und das hat ihn zwar nicht die Literatur, wohl aber seine Literatur vergessen lassen. Doch in den Literaturgeschichten – die ja alles aufnehmen – ist er verzeichnet als der Gründer des Estridentismo (*beide lachen*), eine der unbequemsten Formen der Literatur, schrill sein zu wollen.

OF: Da wir nun schon über Schönheit sprechen, möchte ich Sie noch etwas fragen, was mich immer beschäftigt hat: Platon sagt, von allen übernatürlichen, archetypischen Wesen sei das einzige auf Erden sichtbare, das einzige manifeste die Schönheit.

JLB: Ja, aber manifest mittels anderer Dinge.

OF: Mit den Sinnen wahrnehmbar.

JLB: Mit den Sinnen? Ich weiß nicht...

OF: So sagt Platon.

JLB: Gut, natürlich, ich nehme an, daß die Schönheit eines Verses durch das Gehör gehen muß und die

Schönheit einer Skulptur durch den Tastsinn oder das Sehen. Aber das sind nur Medien. Ich weiß nicht, ob wir die Schönheit sehen, oder ob die Schönheit uns durch Formen erreicht, die verbal oder skulptorisch sein können, oder auditiv im Fall der Musik. Walter Pater sagte, alle Künste streben nach dem Zustand der Musik. Ich glaube, das erklärt sich daraus, daß in der Musik Inhalt und Form zusammenfließen. Das heißt, Sie können, sagen wir, die Handlung einer Erzählung wiedergeben – und sie dabei möglicherweise entstellen – oder auch den Plot eines Romans. Aber nicht den Plot einer Melodie, wie schlicht sie auch sein mag. Stevenson sagt – aber ich halte das für einen Irrtum –, eine literarische Gestalt sei nicht mehr als eine Reihung von Wörtern. Richtig, aber gleichzeitig müssen wir sie doch als etwas empfinden, das nicht nur diese bloße Reihung von Wörtern ist; wir müssen, scheint mir, an sie glauben.

OF: Sie muß irgendwie real sein.

JLB: Ja. Ich glaube nämlich, wenn wir eine Gestalt als Reihung von Wörtern empfinden, dann ist sie glücklos oder ungeschickt gezeichnet. Bei einem Roman müssen wir zum Beispiel das Gefühl haben, daß die Gestalten auch jenseits dessen leben, was der Autor uns von ihnen erzählt. Wenn wir zum Beispiel an eine beliebige Gestalt denken, eine Gestalt aus einem Roman oder einem Drama, müssen wir das Gefühl haben, daß diese Gestalt – in den Momenten, in denen wir sie nicht sehen – schläft, träumt, verschiedene andere Dinge tut. Sonst wäre sie für uns nämlich vollkommen irreal.

OF: Natürlich. Es gibt einen Satz von Dostojewskij, der mich genauso beeindruckt hat wie der von Platon. Er sagt über die Schönheit: »In der Schönheit kämpfen Gott und der Teufel miteinander, und das Schlachtfeld ist das Herz des Menschen.«

JLB: Dieser Satz ähnelt sehr dem Ausspruch von Ibsen: »Das Leben ist ein Kampf mit dem Teufel in den Grotten oder Höhlen des Gehirns, und die Dichtung ist die Feier des endgültigen Urteils über einen selbst.« Da gibt es doch Ähnlichkeiten, nicht wahr?

OF: Platon mißt der Schönheit ein Schicksal bei, eine Mission. Und hier bei uns hat Murena gesagt, die Schönheit könne eine außerweltliche Wahrheit übermitteln.

JLB: Und ich nehme an, wenn sie das nicht tut, ist sie unnütz: wenn wir sie nicht als eine Offenbarung jenseits dessen aufnehmen, was uns die Sinne geben. Aber ich glaube, daß diese Empfindung allgemein verbreitet ist. Ich habe bemerkt, daß Menschen unaufhörlich poetische Sätze sagen können, die sie nicht zu schätzen wissen. So hat zum Beispiel meine Mutter – diesen Satz habe ich literarisch verwendet –, meine Mutter hat über den Tod einer Kusine von mir, die noch sehr jung war, mit der aus Córdoba stammenden Köchin gesprochen. Und die Köchin sagte zu ihr, ohne zu bemerken, daß es ein literarischer Satz war: »Aber Señora, um zu sterben braucht man nur lebendig zu sein.« Braucht man nur ... Und sie merkte gar nicht, daß es ein denkwürdiger Satz war. Ich habe ihn später in einer Erzählung verwendet. »Man braucht nur lebendig zu sein«, man braucht nur ... andere Bedingungen sind für den Tod nicht erforderlich, man braucht nur diese eine, die einzige. Ich glaube, daß die Menschen dauernd denkwürdige Sätze sagen und es nicht bemerken. Und vielleicht ist es die Aufgabe des Künstlers, diese Sätze zu sammeln und aufzuheben. Jedenfalls sagt Bernard Shaw, fast alle genialen Sätze von ihm habe er selber zufällig irgendwo gehört. Das allerdings mag auch wiederum ein genialer Satz sein oder aber ein Zug von Bescheidenheit bei Shaw.

OF: In diesem Fall wäre der Schriftsteller ein großer Koordinator des Genies der anderen.

JLB: Ja, und, sagen wir, ein Chronist der anderen, ein Chronist und Schreiber vieler Meister, und vielleicht ist es wirklich am wichtigsten, der Verzeichner und nicht der Erzeuger des Satzes zu sein.

OF: Ein individuelles Gedächtnis des Kollektiven.

JLB: Ja, genau, darauf läuft es hinaus.

Von Tigern, Labyrinthen, Spiegeln und Waffen

OF: Seit einiger Zeit, Borges, möchte ich auf eine Idee zu sprechen kommen, die Sie schon mehrmals formuliert haben.

JLB: Ich habe nur wenige Ideen und drücke sie immer mehrmals aus (*lacht*).

OF: So wird behauptet (*beide lachen*). Sie sagten, jeder Schriftsteller – besonders jeder Lyriker – habe zwangsläufig ein persönliches Universum. Auf die eine oder andere Weise ist er durch dieses persönliche Universum konditioniert, das ihm gegeben ist und dem er treu sein muß.

JLB: Ich weiß nicht, ob man treu sein muß, aber tatsächlich ist man es. Es ist vielleicht armselig, aber man lebt... also, man schreibt, in einer Welt, die ziemlich begrenzt ist, nicht wahr? Obwohl es anders besser wäre; aber oft ist es nun einmal so.

OF: In Ihrem Fall erinnere ich mich, neben anderen Dingen, an Tiger, blanke Waffen, Spiegel, Labyrinthe.

JLB: Das stimmt. Ich bin ziemlich monoton, wie? Also,

sollte ich jetzt Gründe dafür anführen? Vor allem anderen: Ich habe diese Themen nicht ausgesucht; diese Themen haben mich ausgesucht.

OF: Natürlich.

JLB: Aber ich glaube, das kann man über alle Themen sagen. Ich meine, es ist ein Irrweg, ein Thema zu suchen; ein Irrweg, und eher etwas für einen Journalisten als für einen Schriftsteller. Ein Schriftsteller muß zulassen, daß die Themen ihn suchen, er muß sie zuerst abwehren, und schließlich, wenn er sich damit abgefunden hat, kann er sie aufschreiben, um zu anderen überzugehen, nicht wahr?

OF: Dann wären diese Themen also schicksalhaft die Ihren.

JLB: Ja, weil sie immer wiederkehren. Seltsamerweise weiß ich, wenn ich das Wort »Tiger« schreibe, daß es ein Wort ist, das ich Hunderte Male geschrieben habe; aber gleichzeitig weiß ich, wenn ich »Leopard« schreibe, daß ich dann mogele: Dem Leser wird ganz klar sein, daß es ein leicht maskierter Tiger ist – ein Tiger, der gefleckt ist statt gestreift. Man findet sich mit so etwas ab.

OF: Ja, aber trotzdem ist es Ihnen in Ihrem Gedicht *La pantera* gelungen, etwas zu umreißen, was wirklich anders ist als ein Tiger.

JLB: Gut, vielleicht vierzehn Zeilen hindurch, aber nicht mehr, wie? (*Beide lachen.*) Ich glaube, man merkt, daß es eine Variante des Tigers ist, oder daß der Leser das empfindet.

OF: Wenn Sie nichts dagegen haben, würde ich

gerne das Gedicht *La pantera* vorlesen, damit auch die Zuhörer wissen, daß Sie ihn dieses eine Mal wirklich vom Tiger völlig abgehoben haben.

JLB: ... Ich glaube, es ist genau dasselbe.

OF: Tras los fuertes barrotes la pantera
Repetirá el monótono camino
Que es (pero no lo sabe) su destino
De negra joya, aciaga y prisionera...

JLB: Gar nicht schlecht, wie? Lesen Sie weiter.

OF: Son miles las que pasan y son miles
Las que vuelven, pero es una eterna
La pantera fatal que en su caverna
Traza la recta que un eterno Aquiles
Traza en el sueño que ha soñado el griego...

JLB: Natürlich, Achilles und die Schildkröte, die beiden aus dem eleatischen Paradoxon.

OF: No sabe que hay praderas y montañas
De ciervos cuyas trémulas entrañas
Deleitarían su apetito ciego.*

In diesem Fall, Borges, hätte Silvina Ocampo wirklich recht mit ihrer Bemerkung, daß auch Sie manchmal zu grausamen Nuancen neigen.

* Hinter den starken Stäben wird der Panther / den monotonen Weg wiederholen / der (aber das weiß der Panther nicht) das Schicksal / des schwarzen unseligen gefangenen Kleinods ist. / Tausende gehen vorbei und Tausende / kommen zurück, aber eins und ewig / ist der verhängnisvolle Panther, der in seiner Höhle / die Linie zieht, die ein ewiger Achilles / in dem Traum zieht, den der Grieche träumte. / Er weiß nicht, daß es Steppen und Berge gibt / mit Hirschen, deren bebende Eingeweide / seinen blinden Appetit entzücken würden.

JLB: Sie hätte völlig recht. Also, dieses Gedicht – ziemlich neu, wie mir gerade bewußt wird – wäre das Gegenstück zu einem natürlich weit besseren von Lugones: dem Sonett *León cautivo*. Der gefangene Löwe denkt nämlich an die Hirsche, die zum Fluß hinabgehen; er spricht vom erschreckten Traben der Gazellen, und ich glaube nicht, daß so etwas vorkommt. Ich stelle mir eher das Tier vor, wie es in diesem Moment lebt. Lugones dagegen stellt sich den Löwen mit dem Bewußtsein seiner Gefangenschaft vor; mit der Erinnerung an andere Zeiten – die möglicherweise nicht eigene, sondern ererbte Erinnerung ist –, dem erschreckten Traben der Gazellen ... und dann sagt er etwas über den Niedergang von Imperien oder den Verfall von Imperien. Das heißt, es ist das Gegenteil. Dies hier nicht; hier ist das Tier so aufgefaßt, daß es ganz einfach diesen Moment durchlebt. Sagen wir: ohne Erinnerung, ohne Voraussicht der Zukunft. Hier läuft der Panther immer im Käfig auf und ab, und das ist sein Schicksal, und der Panther weiß es nicht, wohl aber der Leser.

OF: Das ist die Idee, die Ihnen der Kater eingab, der in der Ewigkeit des Augenblicks lebt.

JLB: Ja, es ist dieselbe Idee; es ist die Idee, daß die Tiere die Zeit nicht kennen, daß die Zeit den Menschen eigen ist und nicht den Tieren. Diese Idee ist von Yeats, von William Butler Yeats, bis zum bitteren Ende durchdacht worden, in diesem großartigen Gedicht, in dem es am Schluß heißt:

»He knows death to the bone
Man has created death.«

Der Mensch kennt den Tod bis ins Mark, bis auf die Knochen. Der Mensch hat den Tod erschaffen. Das heißt, der Mensch verfügt über das Bewußtsein des Todes – und das bedeutet: das Bewußtsein von Zukunft und die Erinnerung an Vergangenheit –, natürlich, ja.

OF: Die letzten beiden Zeilen des Gedichts *La pantera* lauten:

En vano es vario el orbe. La jornada
Que cumple cada cual ya fue fijada.*

JLB: Ah, ja; hier nun ist diese Idee auf den Menschen ausgedehnt. Am Ende kommt man ja doch zur Idee der Fatalität, der Grundidee des Islam, der Idee des Calvinismus, der Idee, daß alles prädestiniert ist. Das heißt, nicht nur das gewissermaßen lineare Leben des Panthers in seinem Käfig ist festgeschrieben, sondern zweifellos auch unser Leben, und dieser Dialog mit Ihnen, Ferrari. Alles ist längst festgelegt.

OF: Bleibt zu hoffen …

JLB: Das heißt nun aber nicht, daß es durch jemanden festgelegt worden wäre. Man bringt diese beiden Ideen nämlich häufig durcheinander: Ich glaube, daß man an die Prädestination glauben kann, ohne gleichzeitig anzunehmen, daß diese Prädestination einen persönlichen Urheber hat – etwas, das sich aus

* Vergebens ist die Welt vielfältig. Das Tagewerk, / das jeder einzelne erfüllt, ist längst festgelegt.

einem fatalen Spiel von Wirkungen und Ursachen ergibt.

OF: In diesem Fall wäre unser Dialog, wie Sie sagen, kosmisch oder geordnet.

JLB: Natürlich. Und überdies wird er von einer Maschine fixiert, glaube ich (*beide lachen*).

OF: Was die Labyrinthe angeht – ich denke gerade daran, daß Sie kürzlich in dem vielleicht berühmtesten von allen gewesen sind …

JLB: Auf Kreta, ja. Seltsamerweise ist nicht bekannt, ob das von Knossos ursprünglich wirklich ein Labyrinth war; ich nehme an, nein. Es scheint ein Palast gewesen zu sein, und später wandte man wohl Herodots Labyrinthbegriff darauf an. Er spricht, glaube ich, von den ägyptischen Labyrinthen; ich weiß nicht, ob er überhaupt von dem Labyrinth auf Kreta spricht, ich glaube nein. Das dürfte später gekommen sein … Ich bin mir nicht sicher, man kann sich da sehr leicht irren.

OF: Bei Ihrer Rückkehr von dieser Reise zeigten Sie mir auch sehr schöne blanke Waffen: Messer, die Sie aus Griechenland mitgebracht haben; eines davon hat ein Heft aus Ziegenhorn, was mich sehr überraschte.

JLB: Wegen meiner Literatur – nennen wir es einmal so, ich verwende das Wort mit Gänsefüßchen – bringt man mich mit blanken Waffen in Verbindung: Man schenkt mir Dolche, was mir gefällt, sehr gefällt. Allerdings kann ich nicht damit umgehen, ich bin sehr ungeschickt, ich kann nicht *vistear*. Oder *barajar*, wie man in Uruguay sagt. Hier nicht, hier sagt man *vistear*, das ist genauer. Klar, man achtet auf den Blick des Gegners, nicht auf die Hand, die die Waffe hält; und indem man dem anderen in die Augen sieht, errät man seine Absichten. Und dann sind die Hände an der Reihe. Jedenfalls hat man mir Dolche geschenkt, in vielen Ländern.

OF: Und man müßte Ihnen Schwerter schenken. Mir scheint nämlich, in Ihrem Werk werden häufiger Schwerter als Dolche erwähnt.

JLB: Ja, schon, aber Schwerter sind unbequem, nicht wahr? *(Lacht)* Auf Reisen ist der Dolch besser.

OF: Also, die Spiegel...

JLB: Das hängt mit der Idee vom Doppelgänger zusammen, mit der Idee vom Alter ego. Das heißt, es hat etwas mit einer ganz anderen Vorstellung zu tun. Mit der Idee der Zeit, denn mit der Idee der Zeit verhält es sich so: Sie ist die Idee vom Ich, das überdauert, während alles andere sich wandelt. Und dennoch gibt es da etwas, etwas Geheimnisvolles, das Schauspieler und danach Zuschauer ist, im Gedächtnis. Die Idee des Spiegels, ja; die Spiegel haben etwas Furchtbares. Gerade fällt mir ein: In *Der Bericht des Arthur Gordon Pym* von Edgar Poe gelangt man in ein Gebiet der Antarktis, und in diesem antarktischen Gebiet gibt es Menschen, die, sehen sie sich in einem Spiegel, ohnmächtig werden. Das heißt, es wird ihnen klar, daß der Spiegel etwas Furchtbares ist. Zweifellos hat Poe das so empfunden; es gibt nämlich von ihm einen Aufsatz darüber, wie man einen Raum einrichten sollte, und da sagt er, Spiegel sollten so angebracht werden, daß eine sitzende Person sich nicht darin reflektiert sieht. Das bedeutet, daß auch er das Grauen vor dem Spiegel empfunden hat; andernfalls wäre diese Vorsichtsmaßnahme, daß der Spiegel einen Sitzenden nicht reflektieren soll, nicht zu erklären. Ohne Zweifel hat er dieses Grauen empfunden, denn es findet sich in zwei Texten von ihm. Seltsam, daß er nicht näher darauf eingegangen ist. Aber es gibt diese zwei unmißverständlichen Anspielungen auf den Spiegel als etwas Furchtbares.

OF: Wie schon einmal erwähnt, als wir über Träume sprachen, kommt es vor dem Spiegel zu einer beklemmenden Verdoppelung.

JLB: Wenn man vor dem Spiegel steht, ja. Und zweifellos meint das Wort vom »Alter ego«, dem anderen Ich, das man Pythagoras zuschreibt, diese Idee; sie muß aus der Widerspiegelung entstanden sein. Auch wenn man sie später auf die Freundschaft angewendet hat. Und zwar falsch, wie ich glaube, denn ein Freund ist kein zweites Ich. Wäre er ein zweites Ich, so wäre das sehr monoton; er muß eine Person mit eigenen Charakterzügen sein.

OF: Natürlich.

JLB: Ja, aber immer heißt es, ein Freund sei ein zweites Ich, und das stimmt nicht, er ist kein Alter ego.

OF: Was man in der Philosophie heute »Relation der Alterität« nennt, wäre die Annäherung an den anderen, der von einem selbst verschieden ist.

JLB: Klar, daß er kein anderes Ich ist. Der Akzent liegt auf »ego«, nicht auf »Alter«.

OF: Abgesehen von Tigern, blanken Waffen, Spiegeln, Labyrinthen – erinnern Sie sich an irgendein anderes Element Ihres persönlichen Universums, das in letzter Zeit als Konstante wiederkehrt?

JLB: In Träumen?

OF: Oder im Wachen.

JLB: … Nun, da gibt es jetzt das Thema des Todes. Weil ich immer … ich verspüre jetzt eine gewisse Ungeduld; mir scheint, daß ich sterben sollte, und daß ich bald sterben sollte. Daß ich schon zuviel gelebt habe. Und außerdem bin ich sehr neugierig. Ich glaube, bin mir aber nicht sicher, daß der Tod einen ganz bestimmten Geschmack haben muß; es muß etwas Eigenartiges sein, was man nie zuvor empfunden hat. Der Beweis dafür ist … ich habe viele Todeskämpfe gesehen, und die Betreffenden wußten, daß sie sterben würden. Und vor kurzem wurde mir erzählt – Alberto Girri erzählte es mir –, daß er mit Mujica Lainez zusammen war, einen Monat vor dessen Tod, und Mujica Lainez sagte ihm, er werde sterben, er verspüre keine Furcht, aber er habe diese Gewißheit. Nun kann diese Gewißheit nicht auf rationalen Gründen beruht haben, sondern auf diesem eigenartigen Geschmack des Todes, den man empfinden und von dem man wissen wird, daß er etwas ist, was man nie zuvor empfunden hat. Was sich natürlich nicht mitteilen läßt, da man nur etwas mitteilen kann, was der andere geteilt hat. Wörter setzen gemeinsame Erfahrungen voraus; im Fall des Todes gibt es das noch nicht.

OF: Ihr Aussehen nach der Rückkehr von dieser Reise, der Eindruck, den Sie nach der Rückkehr von dieser Reise machen, widerlegen allerdings diese Annäherung, die Sie da andeuten.

JLB: Nun ja, irgendwie findet diese Annäherung statt, und im übrigen spreche ich nicht von unmittelbarer Todesnähe. Ich spreche von einer gewissen Ungeduld. Aber wenn der Augenblick des Todes kommt, werde ich mich vielleicht als großer Feigling erweisen. Obwohl, ganz allgemein, ich habe nun schon mehrere Todeskämpfe gesehen – im Verlauf von vierundachtzig Jahren sieht man viele Todeskämpfe –, und immer verspürte der Sterbende dabei eine große Ungeduld, er wollte sehr dringend sehr schnell sterben.

OF: Trotz allem wirken Sie nach jeder Reise vollkommen verjüngt. Das könnte darauf hindeuten, daß Sie sich weniger nach dem Tod als nach Reisen sehnen *(lacht)*.

JLB *(lacht)*: Na gut, und … der Tod wäre … wäre eine Reise, natürlich viel besser als die sieben Reisen von Sindbad; es wäre eine viel größere Reise, nicht wahr?

Der Süden geographisch, der Süden intim

OF: Heute würde ich gern mit Ihnen über den Süden sprechen, der in Ihrem Werk und in Ihrem Denken so oft erscheint. Mir kommt es so vor, als ob es sich dabei weniger um einen literarischen als vielmehr um einen ontologischen Begriff handelt, vielleicht eine Art und Weise, uns zu erkennen, indem wir den Süden erkennen.

JLB: Den Süden kann man auf verschiedene Weise begreifen. Man kann an die Ebene denken, nicht wahr, und das ist eine Art. Und so geschieht es in einer Erzählung von mir, *Der Süden*, die man auf verschiedene Art lesen kann. Ich hatte damals gerade Henry James gelesen, der Geschichten schrieb, die absichtlich mehrdeutig sind. So kann zum Beispiel *The Turn of the Screw* auf verschiedene Arten gelesen werden. Ich dachte mir: Ich werde Henry James imitieren, aber sozusagen mit einem völlig andersartigen Hintergrund. Dann schrieb ich diese Geschichte, *Der Süden*, die man, soweit ich weiß, auf drei verschiedene Arten lesen kann. Diese drei Arten wären: Wir können diese

Erzählung als eine reale Begebenheit lesen. Nun ja, alle Begebenheiten sind real, aber, kurz und gut, diese läßt sich so lesen, wie sie erzählt ist, das wäre *eine* mögliche Lektüre. Dann können wir annehmen, daß der zweite Teil der Erzählung eine Halluzination ist oder ein Traum des Protagonisten, als er der Anästhesie unterzogen wird. Und schließlich können wir auch annehmen, und ich glaube, daß mir die zweite Interpretation am besten gefällt, wir können auch annehmen, daß die ganze Erzählung eine Art Fabel ist. Also, im Gegensatz zu dem, was Oscar Wilde sagt, nämlich: »Each man kills the thing he loves« – »Jeder tötet, was er liebt«... Ich glaube, man müßte im Gegenteil sagen, jeden tötet, was er liebt, das heißt, man kann uns nur physisch töten oder verletzen, aber nicht mehr. Wenn man dagegen einen Menschen liebt und dieser Mensch einen hintergeht, tut das weh. Hier könnten wir nun annehmen, daß der Protagonist den Süden, den er kaum kennt, sehr liebt. Als er in den Süden kommt, tötet ihn der Süden, und das wird in verschiedenen Passagen der Geschichte angedeutet. Aber ich glaube, diese Erklärung ist ein bißchen weit hergeholt, und es ist besser anzunehmen, daß im ersten Teil der Erzählung das stattfindet, was wir Realität nennen; das heißt, der Unfall, die Operation. Und daß alles andere dem Tod entspricht, den er gern gestorben wäre. In diesem Fall wäre die Geschichte autobiographisch, und zwar hat mein Großvater sich nach der Kapitulation von Mitre, in La Verde, im Jahre 1874 töten lassen. Und ich hätte mir irgendwann einen solchen Tod wünschen können, den Tod eines Mannes der Tat. Ich bin kein Mann der Tat gewesen ... und will es auch nicht mehr werden. Soviel zu dieser Auffassung vom Süden. Nun gibt es noch eine andere, die sich auf die Südstadt von Buenos Aires bezieht ... Für mich ist dieses Viertel das wesentliche Viertel von Buenos Aires, zumal die anderen sich so sehr verändert haben ... wogegen man im Süden die Dinge bewahrt oder zu bewahren versucht. Deshalb ist für mich der Süden kein Viertel wie die anderen, nur ein bißchen anders, sondern das wesentliche, fundamentale Viertel von Buenos Aires. Für mich verbindet sich das mit vielen Dingen ... Also, vor allem war ich ja dort Direktor der Nationalbibliothek, ich habe dieses Amt aufgegeben, als ich wußte, daß der Sie-wissen-schon-wer wiederkommen würde, aber es gibt da eine merkwürdige Tatsache – ich weiß nicht, ob wir sie schon in einem anderen Dialog erwähnten: Ich kann in Japan sein, in Edinburgh, in Texas, in Venedig, aber nachts, wenn ich träume, bin ich immer in Buenos Aires und im Barrio Sur – in der Gegend von Monserrat, um genauer zu sein. Jener Gegend aus der Milonga:

»En el barrio de Monserrat
donde relumbra el acero,
lo que digo con el pico
lo sostengo con el cuero.«*

* Im Viertel Monserrat, / wo der Stahl blitzt, / halte ich die Haut hin für das, / was ich mit dem Schnabel sage.

Ja, jene Gegend wäre das, so daß ich – wie seltsam –, ich möchte sagen, es gibt etwas, es gibt einen Teil von mir, der in Buenos Aires bleibt. Und daß ich vielleicht glaube, auf Reisen zu sein, aber daß es etwas gibt – um die augenblicklich gültige Mythologie zu verwenden: im Unterbewußtsein –, das in Buenos Aires bleibt, und das sich besonders in der Nähe der Calle México aufhält, zwischen Perú und Bolívar, nicht wahr? Und nachts, wenn ich träume, bin ich dort immer.

OF: Damit hätten wir also eine Version des Südens, die aus der Gegend von Monserrat bestünde.

JLB: Ja, natürlich, ja. Und es gäbe noch eine Version des Südens, in der ich einen großen Teil meiner Kindheit verbracht habe: Adrogué. Vielleicht das hübscheste Dorf des Südens. Adrogué war ein Dorf aus Landsitzen, die inzwischen längst parzelliert worden sind. Früher gab es in Adrogué Landsitze von der Größe zweier oder dreier Häuserblocks, aber heute nicht mehr, sie sind parzelliert worden, aber es gibt immer noch diese, also, diese grünen Australier: die Eukalyptusbäume (*lacht*), und es gibt auch noch immer das eine oder andere Landhaus, glaube ich.

OF: Dann haben wir den Süden der Literatur, also das Gebiet jenseits des Rio Salado, nicht wahr, vor allem in der argentinischen Literatur des 19. Jahrhunderts.

JLB: Das stimmt, ja. Also, mit der damaligen Literatur bin ich wohl irgendwie verbunden, denn ich, und das sage ich ohne besonderen Stolz: Ich bin weitläufig verwandt mit Rosas, dessen Andenken mit dem Salado verbunden ist, wo er ja seine Estancia hatte, nicht wahr?

OF: Aber über die geographischen Einzelheiten hinaus scheint mir, daß der Süden …

JLB: Nun ja, es gibt noch einen weiteren Grund, der sehr wichtig ist, und zwar die Tatsache, daß *Sur* [Süden] ein einsilbiges Wort ist, einsilbig scharf. Wenn man dagegen *Este* [Osten] und *Oeste* [Westen] sagt, läßt sich das fast nicht aussprechen, im Gegensatz zum englischen *West*, also, das ist eine einzige Silbe und klingt gut, oder? »To the West« – »Nach Westen«. Und auf Spanisch ist *Oeste* kaum auszusprechen, *Este* genausowenig; *Norte* ist schon besser. Es ist ein einziges Wort, kurz und scharf: *Sur.* Wenn Sie dagegen *El Sud* sagen, nein, das ist kraftlos, und es gibt viele Leute, die *Sud* sagen. Klar, weil es auf der Fassade des Bahnhofs von Constitución steht: *Ferrocarril Sud,* ein Jammer, nicht? und auch in der Nationalhymne, da gibt es ja das Wort, also: »al gran pueblo argentino salud« – »Heil dem großen argentinischen Volk«, wozu steht da das *salud*? Damit es sich mit *Sud* reimt.

OF: Es gibt wohl einen bestimmten Geist, der dieser Region entspricht.

JLB: Ja.

OF: Und mir scheint, daß sich dieser Geist irgendwie auf uns alle übertragen hat. Sie werden sich erinnern, Martínez Estrada sagte, es sei der Geist der Erde – den er den Geist der Pampa nannte –, was unseren gemeinsamen Hintergrund abgibt; den Hintergrund unserer Persönlichkeiten.

JLB: Er ist ja, glaube ich, in der Pampa von Santa Fé geboren, nicht wahr?

OF: Richtig.

JLB: Er war aus San José de la Esquina, nicht wahr? Ich habe ihn gekannt, aber ... er starb im Süden, in der Nähe von Bahía Blanca.

OF: In Bahía Blanca.

JLB: Ich bin in seinem Haus gewesen. Es war voll von Vögeln, er rief sie, er hatte Brotkrümel auf den Handflächen, die Vögel kamen zu ihm (*beide lachen*). Und ich glaube, das ist auch Hudson gelungen, nicht wahr, sich so sehr mit den Vögeln zu identifizieren, daß sie ihn nicht als Menschen, sondern als anderen Vogel ansahen.

OF: Hudson, den Martínez Estrada so sehr bewunderte.

JLB: Auch das, ja. Also, ich glaube, daß er sich irrte, indem er Hudson als Gaucho definierte, was vollkommen falsch war, nicht wahr? Zunächst einmal war Hudsons Spanisch sehr mangelhaft, er kannte das Spanisch, das man verwendet, um einem *peón* Befehle zu erteilen; das ein *estanciero* verwendet, um seine *peones* zu kommandieren, aber nicht mehr. Cunninghame Graham dagegen sprach sehr gut Spanisch, Hudson nicht, man merkt es schon an den Eigennamen, weil er sich da dauernd vergreift; er gibt den Leuten unmögliche Namen. Er arbeitete natürlich aus dem Gedächtnis, und das Gedächtnis ist bisweilen allzu erfinderisch, nicht wahr? Was man literarische Invention nennt, ist tatsächlich eine Gedächtnisleistung; nicht wie die Träume, die man hat, die Fabeln sind, entstanden aus den Erinnerungen, über die man verfügt. Das heißt, die Träume sind ein Werk der Erinnerung, die Imagination ist eine Tat der Erinnerung, eine schöpferische Tat der Erinnerung.

OF: Sicherlich. Aber diese Möglichkeit, diese Version vom Süden als Wüste, die Martínez Estrada liefert, habe ich in einer Erzählung von Carmen Gándara wiedergefunden, wo es heißt – dabei wird der Sinn des Ganzen bereits vermenschlicht – »wir sind Wüste«, wir Argentinier sind Wüste. Was halten Sie davon?

JLB: Das ist gut.

OF: Sie haben gesagt, wir seien Verbannte. Das ähnelt dieser Idee ein wenig.

JLB: Nein, nein, nein; meine Idee ist doch, daß wir Europäer im Exil sind. Aber »wir sind Wüste« – ich glaube, daß das eine ganz andere Idee ist, oder? Man müßte sie fragen, was sie genau sagen wollte.

OF: *El destierro y el desierto* ... »Die Verbannung und die Wüste«.

JLB: Aber vielleicht läßt sich eine literarische Wendung nicht erklären, ohne daß dabei etwas verloren geht, nicht wahr? Wenn ich sage: »Wir sind Wüste«, dann hat das schon Wirkung.

OF: Ich weiß nicht, ob Sie sich daran erinnern, was Ortega y Gasset über uns sagte, als er von uns sprach ... als er über uns schrieb als »den Menschen in der Defensive«, dabei fällt mir nämlich sofort das eben Gesagte ein, die Wüste.

JLB: Ja, ich erinnere mich daran, aber damals waren viele Leute empört und sagten: »In der Schlacht von Chacabuco waren wir überhaupt nicht in der Defensive, sondern in der Offensive« (*beide lachen*). Das stimmt natürlich, aber es war nicht das, was er sagen wollte, er bezog sich nicht auf Schlachten; er bezog sich darauf, daß die Leute hier . . . also, sie sind nur mit Mühe spontan, irgendwie reserviert, auch wenn sie damit Prahlerei und Überschwang kaschieren. In dieser Hinsicht neigen die Leute wirklich dazu, ziemlich heuchlerisch zu sein.

OF: Nun scheinen Sie ja eine nicht nur literarische, sondern auch gefühlsmäßige Neigung zum Süden zu verspüren.

JLB: Ja, das mag daran liegen, daß ich einen großen Teil meiner Kindheit in Adrogué verbrachte; das wäre eine Erklärung. Außerdem scheint mir, wenn man an sehr nahe Gebiete denkt, zum Beispiel Tigre, San Isidro, kommt es einem so vor, als gehörte das alles gar nicht zur Provinz Buenos Aires, nicht wahr? Man denkt eher an die Nähe des Flusses. Wenn Sie dagegen an Gebiete im Westen oder Süden denken, ja, das ist die Ebene, man weiß gleich, das ist das, was die Literaten »die Pampa« nennen, das heißt, es ist die Provinz Buenos Aires, oder?

OF: Es ist Buenos Aires; wir sind vom bonairensischen Süden umgeben.

JLB: Ja, das stimmt wohl.

OF: Es ist die Pampa, aber es ist Buenos Aires.

JLB: Ja, natürlich. Also, dort im Süden und auch im Westen, das ist die Ebene.

OF: Die Ebene.

JLB: Das Flußufer ist nicht die Ebene, es ist etwas anderes.

OF: Nun, das stimmt nicht mit dem überein, was ebenfalls Martínez Estrada sagte, als er von Buenos Aires sprach, vom »Goliathskopf«. Er sagte, daß die Ebene oder die Pampa auf vielerlei Arten Buenos Aires heimsucht. Ich weiß nicht, ob Sie sich daran erinnern, an dieses Buch.

JLB: Nein, ich erinnere mich nicht daran, aber so etwas kommt natürlich vor: Buenos Aires sucht die Ebene heim, weil ganz Buenos Aires heimgesuchte Ebene ist, nicht wahr?

OF: Heimgesuchte Ebene oder heimgesuchtes Flachland.

JLB: Der Ort, an dem wir uns befinden *(beide lachen)*, wir sind tatsächlich in der Pampa, ja: eine Pampa mit vielen Häusern und Hochhäusern, aber am Ende doch …

OF: In einer Erzählung haben Sie gesagt, daß man, wenn man Rivadavia überquert, eine ältere und festere Welt betritt.

JLB: Das habe ich gesagt? Ich scheine viel gesagt zu haben. Wir sollten lieber nicht auf mein Werk anspielen. Ich versuche es zu vergessen, und das gelingt mir auch mühelos. In meinem Haus werden Sie kein einziges Buch von mir oder über mich finden; das gibt es bei mir zu Hause nicht. Ich versuche meine Vergangenheit zu vergessen, und ich versuche zu leben, indem ich mich in die Zukunft projiziere; andernfalls führt man ein sehr armseliges Leben, oder? Obwohl man Erinnerungen auch für die Elegie nutzen kann, was eine Gattung ist ... und zulässig oder verzeihlich. Aber alles in allem versuche ich, eher an die Zukunft zu denken, deswegen entwerfe ich immer Erzählungen, feile an Zeilen, die vielleicht niemals zu Ende gefeilt sein werden. Aber ich versuche, diese Einsamkeit zu bevölkern, die das Leben eines Achtzigjährigen und Blinden nun einmal bedeutet. Ich versuche, sie mit Fabeln zu bevölkern, mit Träumen, mit Projekten; und jetzt werde ich das sehr angenehme Projekt realisieren, wieder um die Welt zu reisen.

OF: Also entfernen Sie sich am Ende ein wenig von Platon.

JLB: Ja, es scheint so (*lacht*). Aber wer weiß, vielleicht trifft man ja auch unterwegs auf die Archetypen.

OF: Man trifft auf die Archetypen. Das ist sicher, zumal Sie mir gesagt haben, daß Sie bei Ihrer ersten Japanreise Realitäten angetroffen haben, von denen Sie nie dachten, daß Sie sie sehen oder wahrnehmen würden.

JLB: Nun, ich weiß nicht, ob ich sie wirklich wahrgenommen habe oder ob ich es mir nur einbilde. Aber wenn sie für meine Emotion real sind, dann sind sie real. Es gibt schließlich keine andere Möglichkeit, die Dinge zu messen, als mit Hilfe unserer Emotionen.

OF: Sicherlich. Nun steht also Ihre zweite Reise

nach Japan bevor, und wir haben vom Süden gesprochen. Irgendwie erweist sich hier, was wir bei anderen Gelegenheiten festgestellt haben: diese Neigung zum Universalen, die die Leute von Buenos Aires und alle Argentinier haben, wenn es um die Kenntnis der Welt geht.

JLB: Und zum Glück leben wir in einem Land ... das noch sehr, sehr neugierig ist, wie? Eine der besten Voraussetzungen, nicht wahr? Uns interessiert das Universum, nicht eine Parzelle des Universums.

Der ewige Reisende

OF: Vor dieser Ihrer zweiten Reise nach Japan, die Sie außerdem noch nach Italien und Griechenland führen wird, wüßte ich gern, woher bei Ihnen, Borges, diese große Freude am Reisen rührt, die ja in den letzten Jahren noch gewachsen zu sein scheint.

JLB: Ein Grund mag die Blindheit sein, die Tatsache, daß ich die Länder empfinde, obwohl ich sie nicht sehe. Und außerdem, wenn ich in Buenos Aires bleibe, nun ja, dann ist mein Leben … ärmlich; dann muß ich dauernd fabulieren, diktieren. Wenn ich dagegen auf Reisen bin, nehme ich immer neue Eindrücke auf, und all das verwandelt sich nach und nach in Literatur – wobei ich nicht weiß, ob das ein Vorzug ist; jedenfalls versuche ich weiterhin, die Dinge … aufzunehmen und für sie dankbar zu sein. Ich glaube, wenn ich wirklich ein Dichter wäre – was ich ganz offenkundig nicht bin –, dann würde ich jeden Augenblick des Lebens als poetisch empfinden. Das heißt, es ist ein Irrtum anzunehmen, es gäbe zum Beispiel poetische

Themen oder poetische Momente: Alle Themen können poetisch sein. Das hat schon Walt Whitman bewiesen, und auf seine Weise auch Gómez de la Serna – die Möglichkeit, das Alltägliche als poetisch anzusehen. Es gibt da einen Satz, der lautet … Ja: »reality stranger than fiction« – »die Realität ist seltsamer als die Fiktion.« Und Chesterton kommentiert das, wie ich finde, scharfsinnig und zutreffend; er sagt: »Denn die Fiktion wird von uns gemacht, wogegen die Realität viel seltsamer ist, weil ein anderer sie macht, der Andere: Gott.« Folglich muß die Realität viel seltsamer sein. Und jetzt, da ich von dem Anderen rede, fällt mir ein, daß im ersten Teil der *Göttlichen Komödie* … der erste Teil ist natürlich die »Hölle«, und dort ist der Name Gottes unzulässig, und deshalb nennen sie ihn der Andere. »Wie der Andere es wollte«, sagt zum Beispiel Odysseus, weil in der Hölle der Name Gottes nicht ausgesprochen werden darf. Und deshalb hat Dante dieses hübsche Synonym erfunden: der Andere. Im übrigen ist das furchtbar, nicht wahr, denn es bedeutet ja, daß man sehr fern vom Anderen ist, daß man nicht der Andere ist. Deshalb kommt der Name Gottes in der *Göttlichen Komödie* erst im »Fegefeuer« vor, denn dort ist man im Feuer, das einen … läutert, und natürlich im Himmel, nicht aber in der Hölle – dort sagt man: der Andere –, und das druckt man in der Regel mit einem großen A, damit es keinen Zweifel gibt.

OF: Um nun auf Ihre Reise zurückzukommen: Welche Absichten oder welche guten Vorwände gibt es, sie zu unternehmen?

JLB: Also ... einer der guten Vorwände ist die unverdiente Ehrendoktorwürde, die mir die Universität Palermo auf Sizilien großzügig verleihen wird. Das heißt, ich werde Süditalien kennenlernen. Ich kenne den wunderbaren Norden, ich kenne Rom, natürlich kann ich, wie alle Abendländer, sagen: »Civis romanus sum« – »Ich bin ein römischer Bürger«. Das sind wir natürlich alle; wir sind nur im Exil geboren, ziemlich weit abseits. Aber jetzt werde ich den Süden kennenlernen, Magna Graecia. Man kann sagen, daß das Abendland in Magna Graecia zu denken begonnen hat. Das heißt, in einem Teil Kleinasiens und im Süden Italiens. Wie seltsam, daß die Philosophie sozusagen in den Vororten Griechenlands begann, nicht wahr? Jedenfalls haben die Menschen dort angefangen zu denken, und seither versuchen wir weiterzudenken. Also, diese vortreffliche Gewohnheit begann in Magna Graecia. Und darüber hinaus steht der Süden Italiens natürlich für weitere große Namen. Da ist zum Beispiel Vico, den Joyce wegen seiner Theorie über die Geschichtszyklen so oft zitiert. Und einer, der vielleicht die besten Schriften über Ästhetik verfaßt hat: Croce, auch aus Süditalien. Und dann Marino, der größte Barockdichter; er war Góngoras Lehrmeister. Nun ja, es gibt sehr viel, was einem bei Süditalien einfällt. Aber ich wollte den Süden Italiens kennenlernen, und das fehlt mir bis jetzt noch, wie so viele andere Dinge, denn wenn man, ich will nicht sagen die Größe des Universums, wohl aber die Größe des Planeten bedenkt, dann ist das, was ein einzelner Mensch sehen kann, sehr wenig. Wenn die Leute mir sagen, ich hätte viel gelesen, habe ich manchmal gedacht, daß das nicht stimmt. Also, wenn man sich alle Bibliotheken der Welt vorstellt, oder eine einzige Bibliothek, sagen wir… die Nationalbibliothek in der Calle México. Und was hat man gelesen? Ein paar Seiten. Von allem Geschriebenen hat man nur ein paar Seiten gelesen, nicht mehr, und von der Welt hat man eine Anzahl Anblicke gesehen. Man könnte aber auch sagen, daß in diesen die anderen sind, das heißt, daß man – platonisch – alle Dinge gesehen und alle Bücher gelesen hat. Auch die Bücher, die in unbekannten Sprachen verfaßt sind. Deshalb heißt es, alle Bücher sind ein einziges Buch. Ich habe so oft gedacht, daß die Themen der Literatur, nun ja, nicht sehr zahlreich sind, und daß jede Generation kleine Varianten sucht; jede Generation schreibt im Dialekt ihrer Epoche etwas neu, was schon geschrieben wurde. Und daß es kleine Unterschiede gibt, aber diese kleinen Unterschiede sind sehr, sehr wichtig, was ganz natürlich ist, zumindest für uns. Jetzt werde ich also diesen sehr ehrenvollen Doktortitel in Palermo erhalten, in Italien, und danach einen nicht weniger ehrenvollen, aber viel selteneren von einer jungen griechischen Universität: der Universität von Kreta. Ich kenne Kreta schon, hätte aber nie angenommen, daß man mir je ein kretisches Doktorat verleihen würde, was mich irgendwie in die Nähe des… na ja, ich muß ja nicht unbedingt hinein… des Labyrinths bringt (*lacht*). Außerdem glaube ich, daß Domenico Theotokopuli, El Greco, auch Kreter war, oder? Also, danach muß ich an einem Kongreß in Japan teilnehmen, und im Juni, glaube ich, bekomme ich einen weiteren Ehrendoktor ... von einer der ältesten Universitäten der Welt, einer der berühmtesten, der Universität Cambridge. Und ich bin ja schon Ehrendoktor von Oxford, der anderen, der Rivalin. So werde ich also Doktor dieser beiden berühmten Universitäten sein. Wenn wir uns besinnen, stellen wir fest, daß die ersten Universitäten Europas die italienischen waren. Die allererste, glaube ich, die von Bologna, dann kamen die in England, dann Frankreich, und ich glaube, zuletzt die in Deutschland, Heidelberg.

OF: In Italien scheint man schon lange besonders begeistert zu sein von Ihrem Werk.

JLB: Und ... ja, obwohl die Tatsache, daß es ihnen gefällt, darauf hindeuten könnte, daß sie es nicht gelesen haben (*lacht*), aber ich glaube, daß sie es gelesen haben und mich trotzdem mögen, nicht wahr, was mich immer wieder ein wenig erstaunt. Ja, Italien ist sehr großmütig mir gegenüber gewesen. Das heißt, die Welt ist mir gegenüber sehr großmütig gewesen. Zum Beispiel habe ich, glaube ich, keine persönlichen Feinde, und außerdem ist man mit vierundachtzig schon irgendwie posthum, da kann man ohne größeres Risiko geliebt werden, nicht wahr, ohne größere Unbequemlichkeit; möglicherweise ist es eine der Formen des Alters.

OF: Auch die Japaner scheinen eine gewisse merkwürdige Vorliebe für gewisse typische Ausdrucksformen unseres Landes, wie zum Beispiel die Musik, zu empfinden.

JLB: Ja, für den Tango. Als ich ihnen sagte, daß der Tango in Buenos Aires fast vergessen ist, daß man hier viel mehr Rock hört, waren sie ein wenig empört, obwohl auch sie natürlich Rock mögen. Der japanische Geist ist sehr gastfreundlich; bedenken Sie nur, wie bewundernswert sie sich die abendländische Kultur aneignen, ohne ihre orientalische Kultur aufzugeben. Nicht zu vergessen, daß man zum Beispiel in den Vereinigten Staaten, in England, in Deutschland, über die Fortschritte der japanischen Industrie beunruhigt ist. Sie machen alles besser, dazu noch mit einem Sinn für Ästhetik. Ein japanischer Plattenspieler, ein japanisches Teleskop, ein japanischer Rasierapparat zum Beispiel sind leichter und eleganter, ganz zu schweigen von den Fotoapparaten und auch von den Autos. Und sie scheinen ja auch bessere Computer herzustellen.

OF: Es gibt da aber auch noch andere Dinge. Zum Beispiel hat Adolfo Bioy Casares mir ein japanisches Buch geschenkt, eine sehr hübsche Ausgabe. Es handelt sich um die *Cuentos breves y extraordinarios*, die Sie und er anno '67 verfaßt haben, in Japan erschienen anno '76.

JLB: Das wußte ich nicht, davon hatte ich noch nichts gehört. Ja, wir haben das Buch um diese Zeit herum zusammengestellt, aber bei Daten bin ich sehr unzuverlässig. Tatsächlich verliere ich immer mehr das Gedächtnis, aber ich behalte das Beste, und das sind nicht meine persönlichen Erfahrungen, sondern die Bücher, die ich gelesen habe. Mein Gedächtnis ist voll von Versen in vielen Sprachen; ich habe nie versucht, ein Gedicht auswendig zu lernen, aber die, die mir gefallen haben, sind hängengeblieben, und sie sind noch immer da. Deshalb könnte ich Ihnen Verse in vielen Sprachen aufsagen, einschließlich des Altenglischen; zum Beispiel im Angelsächsischen. Und auch viele lateinische Verse, glaube ich, aber ich weiß nicht, ob ich sie richtig skandieren kann; wahrscheinlich würde ich mich in der Quantität der Silben irren; aber jedenfalls erinnere ich mich mehr an das, was ich gelesen habe, als an das, was mir widerfahren ist. Aber das ist natürlich eines der wichtigsten Dinge, die einem Menschen widerfahren können: diese oder jene Seite gelesen zu haben, die einen bewegt hat – eine sehr intensive Erfahrung, nicht weniger intensiv als andere. Wenngleich Montaigne gesagt hat, die Lektüre sei ein mattes Vergnügen. Aber ich glaube, er hat sich geirrt, in meinem Fall ist die Lektüre nicht matt, sie ist intensiv. Ich nehme an, das gilt auch für ihn, denn wenn Sie die Essays von Montaigne lesen, sind die Seiten voll von lateinischen Zitaten; heute hat man ihnen die Übersetzungen beigeben müssen, weil Latein leider eine tote Sprache ist. Früher dagegen war es die gemeinsame Sprache des ganzen gebildeten Europa. Einer meiner Urgroßväter, Dr. Haslam, konnte sich Oxford oder Cambridge nicht leisten; also besuchte er die Universität Heidelberg, in Deutschland. Und nach fünf Jahren kam er mit seinem Dr. phil. zurück, ohne ein Wort Deutsch. Er hatte alle Examina in lateinischer Sprache abgelegt. Zweifellos ein sehr britisches

Latein, nicht wahr, aber ausreichend für diese Examina. Ich glaube nicht, daß man heute einen Professor fände, der solche Prüfungen abnehmen könnte; damals wohl. Ein Freund von mir, Néstor Ibarra, erzählte mir, man habe ihn früher zu Hause angehalten, mittags und abends während des Essens Latein zu sprechen. Die ganze Konversation mußte in lateinischer Sprache stattfinden; ich finde das gut.

OF: Und das in Buenos Aires!

JLB: In Buenos Aires, ja. Und Montaigne, glaube ich, hatte einen deutschen Hauslehrer, der ihm nicht etwa Deutsch beibrachte – das war damals eine barbarische Sprache –, sondern Latein und Griechisch. Er war mit diesen beiden Sprachen aktiv sehr vertraut.

OF: Ich möchte Sie etwas fragen. Sie wissen, es gibt Schriftsteller, die sagen, daß Reisen bei ihnen eine Art schlimmer Verzerrung auslösen, etwas wie eine Störung der Konzentration, wie ein heftiger Eingriff in ihr Leben und Schreiben, das sie hinterher nur mühsam wiederherstellen können.

JLB: Das ist bei mir nicht so. Ich komme, sagen wir, bereichert von meinen Reisen zurück, nicht verarmt, und noch weniger verzerrt.

OF: Es sind also positive Einschnitte.

JLB: Sie werden sagen, ich bin so chaotisch, daß da gar nicht viel in Unordnung zu bringen ist *(beide lachen)*. Am Anfang bin ich immer eine Unordnung, das heißt, ein Chaos. Übrigens, das Wort »Kosmetik« hat seinen Ursprung in *kosmos*. Der Kosmos ist die große Ordnung der Welt, und die Kosmetik die kleine Ordnung, die jemand seinem Gesicht auferlegt. Es ist dieselbe Wurzel, Kosmos: Ordnung.

OF: Dann bergen Ihre Reisen also eine Möglichkeit von Kosmos oder Ordnung.

JLB: Hoffen wir es, denn es wäre sehr traurig, vergebens zu reisen. Jedenfalls ist es sehr angenehm ... Vor allem das Erwachen. Man hat ... wenn man wach wird, weiß man nicht genau, wo man ist, aber wenn man beim Erwachen denkt: Ich bin in Nara, der alten Hauptstadt Japans, und das große Standbild von Buddha ist sehr nah ... Das ist sehr schön, obwohl ich aus offenkundigen Gründen das Bildnis nicht sehen kann. Trotzdem: Was zählt ist, daß man sich dies an einem solchen Ort sagen kann, der für einen ein romantischer Ort ist, voller Anregungen, wie es Japan für mich ist. Ich kenne die beiden äußersten Ränder des Orients: Ich kenne Ägypten und ich kenne Japan, aber ich würde gern – und hoffe, daß ich das eines Tages schaffe –, ich würde vor allem gern China und Indien kennenlernen, und auch Persien, obwohl das schwieriger ist ... der heutige Iran ... Aber am liebsten würde ich die ganze Welt kennenlernen.

Über Borges und das Publikum

OF: Eine der Überraschungen, die Ihr Schicksal Ihnen bescherte, erlebten sie, als in den vierziger Jahren jemand Ihnen prophezeite, daß Sie öffentlich sprechen und Vorträge halten würden.

JLB: Nein, so war das nicht; Adela Grondona nahm mich in einen Club englischer Damen mit, und dort gab es eine Señora, die aus Teeblättern las. Und diese Dame sagte mir, ich würde sehr viel reisen, und ich würde durch öffentliches Reden Geld verdienen. Mir erschien das als sehr ausgefallen, und als ich nach Hause kam, habe ich es meiner Mutter erzählt. Ich hatte in meinem ganzen Leben noch nie öffentlich gesprochen, ich war sehr schüchtern, und die Vorstellung, durch Reisen und Reden Geld zu verdienen, erschien mir mehr als unwahrscheinlich, nämlich als unmöglich. Damals hatte ich die kleine Stelle in der Bibliothek von Almagro. Dann kam der Sie-wissen-schon-wer an die Macht, und man spielte mir einen Streich: Ich wurde zum Inspektor für den Verkauf von Geflügel und Eiern auf den Märkten ernannt – eine

Ernennung, die die Aufforderung enthielt, sie abzulehnen. Natürlich habe ich abgelehnt, zumal ich keine Ahnung von Geflügel und Eiern habe.

OF: Diese Ernennung erwies sich als historischer Irrtum.

JLB: Ja, insofern als dieser Streich für mich sehr hilfreich war. Ich erinnere mich noch an die Erleichterung, mit der ich zum Beispiel nachmittags um zwei auf die Plaza San Martín hinausging und dachte: Jetzt bin ich nicht mehr in der Bibliothek – die nicht besonders liebenswert war – von Almagro. Und ich fragte mich, was wird jetzt geschehen? Ja, und dann rief man mich ans *Colegio Libre de Estudios Superiores* und schlug mir vor, Vorträge zu halten. Ich hatte nie vor Publikum gesprochen, aber ich nahm den Vorschlag an, weil man mir sagte, das solle erst im neuen Jahr beginnen. Ich hatte also noch zwei Monate Atempause; daraus wurden zwei Monate Panik. Ich weiß noch, daß ich in Montevideo war, im Hotel Cervantes, und manchmal wurde ich um drei Uhr morgens wach und dachte: Noch dreißig und ein paar Tage – ich habe sie immer gezählt –, dann muß ich vor einem Publikum sprechen. Dann konnte ich nicht mehr schlafen und sah zu, wie das Fenster langsam hell wurde; ich war völlig verstört.

OF: Ihre Schüchternheit hat Sie begleitet.

JLB: Ja, sie hat mich begleitet, ja (*beide lachen*). All das setzte sich fort bis zum Vorabend des ersten Vortrags. Damals wohnte ich in Adrogué, und ich stand auf einem der Bahnsteige von Constitución und dachte:

Schön, morgen um diese Zeit ist schon alles vorbei, am wahrscheinlichsten ist es, daß ich stumm bleibe, daß ich kein einziges Wort herausbringe; es kann auch sein, daß ich so leise und so wirr rede, daß niemand etwas versteht – was ein Vorteil wäre (den Text des Vortrags habe ich aufgeschrieben). Jedenfalls glaubte ich, ich würde unfähig sein, irgend etwas zu sagen. Und dann kam der Tag, und ich ging zum Mittagessen ins Haus einer Freundin – Sara D. de Moreno Hueyo – und fragte sie, ob ich ihr sehr nervös vorkäme. Sie sagte: »Nein, mehr oder minder wie immer.« Ich habe ihr nichts von dem Vortrag erzählt. An diesem Abend hielt ich im *Colegio Libre de Estudios Superiores* in der Calle Santa Fé meinen ersten Vortrag. Bei diesen Vorträgen ging es um »Klassische amerikanische Literatur«; es waren Vorträge über Hawthorne, Melville, Poe, Emerson, Thoreau, und ich glaube auch über Emily Dickinson. Und danach kamen andere über die Mystiker.

OF: Am selben Ort.

JLB: Ja, und ein Vortrag über den Buddhismus. Danach bat man mich um weitere Vorträge über den Buddhismus, und mit Hilfe der Notizen, die ich mir für diese Vorträge gemacht hatte, stellten Alicia Jurado und ich ein Buch zusammen. Dieses Buch wurde, was nicht vorherzusehen war und sehr erstaunlich ist, ins Japanische übersetzt; die Japaner kennen das Thema sehr viel besser als ich – eine der beiden Staatsreligionen in Japan ist der Buddhismus, die andere Shinto. Allein die Tatsache, daß es zwei Staatsreligionen gibt, ist schon ein Zeugnis für die Toleranz in diesem Land, nicht wahr? Danach lernte ich das Innere unseres Landes kennen, das ich noch nicht kannte, und hielt auch mehrere Vorträge in Montevideo; und noch später bereiste ich diesen und die anderen Kontinente und hielt Vorträge. Und inzwischen bin ich unversehens fünfundachtzig Jahre alt geworden, und bald werde ich sechsundachtzig, und mir ist klar geworden, daß alle empfinden, was ich schon ganz am Anfang empfunden habe, daß ich nämlich keine Vorträge halten kann. Deshalb ziehe ich den Dialog vor, der für mich sehr viel unterhaltsamer ist – ob auch für die anderen, weiß ich nicht. Doch, weil die Leute sich beteiligen können. Vor kurzem gab es zwei Veranstaltungen: Eine dauerte eine Stunde und einundzwanzig Minuten, die zweite über zwei Stunden, nur Fragen und Antworten. Das heißt, mir ist klar geworden, daß das Verhör, der Katechismus, die beste Form ist. Außerdem ist es wie ein Spiel, weil am Anfang alle feierlich steif und schüchtern dasitzen, und dann stürzen sich alle in dieses Spiel, und das Schwierigste ist, einen Schluß zu finden. Deshalb greife ich immer auf denselben Trick zurück, indem ich drei abschließende Fragen vorschlage; dann stellt sich heraus, daß drei zu wenig sind, und da man mich in Japan gelehrt hat, daß die Vier eine unheilvolle Zahl ist, werden es gewöhnlich fünf – fünf abschließende Fragen und fünf abschließende Antworten. Gegen Ende werden immer mehr Scherze gemacht, das heißt, was ein wenig gezwungen und feierlich begann, ist am Schluß ein Spiel von eifrigen Leuten, und, na ja, ich fühle mich ganz glücklich und mache meine Witze. Ich habe endlich begriffen, was George Moore sagte: »Better a bad joke than no joke« – »Besser ein schlechter Witz als gar keiner«, oder? Ich gebe immer scherzhafte Antworten, und die Leute sind sehr nachsichtig mit mir, die Leute sind nachsichtig mit einem blinden Greis (*lacht*); und sie mögen diese Witzeleien, die in Wirklichkeit ziemlich schwach sind. Aber vielleicht zählen bei einem Witz nicht so sehr die Wörter, sondern der Geist, in dem sie gesagt werden; da mein Geist ein lächelndes Gesicht ist... werden die Scherze gut aufgenommen. So habe ich also in vielen Gegenden der Welt Vorträge gehalten, und... in Frankreich ist es mir gelungen, es auf französisch zu tun – in einem nicht korrekten, aber fließenden Französisch. Und in den Vereinigten Staaten vier Quartale über argentinische Literatur, an der Universität von Texas, in Harvard, an der Universität von Michigan und der von Bloomington, Indiana; und andere Einzelvorträge hier und da. Und die habe ich auf Englisch gehalten, mit Fehlern und mit Dreistigkeit.

OF: Sie hatten, glaube ich, nie erwartet, daß der Vortrag ein Ihnen gemäßes Genre sein könnte und daß Sie ihn überdies in einen multiplen Dialog verwandeln würden, ganz verschieden von einem Vortrag; und ebensowenig haben Sie wohl an den Humor als ein Ihnen gemäßes Genre gedacht.

JLB: Nein, nie, daran habe ich nie gedacht, ich bin immer sehr ernsthaft gewesen. Aber ich weiß nicht, das Schicksal ist etwas, was einem widerfährt, nicht wahr, es hat nichts mit der Form zu tun, die man ihm gern von vornherein gegeben hätte.

OF: Sie sind von diesen Gattungen gewissermaßen heimgesucht worden.

JLB: Das stimmt, ja. Dabei fällt mir der Satz von Whistler ein, als man über das Milieu redete, über ideologische Einflüsse, über den Zustand der Gesellschaft, und Whistler sagte: »Art happens« – »Kunst ereignet sich«. Die Kunst ist etwas Unvorhersehbares.

OF: Ja, und es ist auch paradox, wenn der Allerschüchternste schließlich mit Hunderten von Personen an den verschiedensten Orten spricht, wie zuletzt bei Ihnen geschehen.

JLB: Ja, vor einigen Monaten sprach ich vor . . . angeblich waren es tausend, aber möglicherweise waren es neunhundertneunundneunzig Zuhörer, oder? *(Beide lachen.)* Oder einfach neunhundert, jedenfalls ist die Ziffer tausend furchterregend. Aber nein, tausend Menschen guten Willens brauchen überhaupt nicht furchtbar zu sein. Außerdem habe ich, um mir Mut zu machen, einmal eine Art metaphysischen Arguments erfunden, und zwar dieses: Die Menge ist eine fiktive Wesenheit; was wirklich existiert, ist jedes Individuum.

OF: Natürlich.

JLB: Die Tatsache des Addierens . . . also, man kann sie addieren – man könnte auch Personen, die aufeinander folgen, die keine Zeitgenossen sind – addieren, jedenfalls denke ich mir: Ich spreche nicht vor dreihundert Leuten, ich spreche zu jedem einzelnen dieser dreihundert Menschen. Das heißt, in Wirklichkeit sind wir zu zweit; denn alles übrige ist fiktiv. Nun weiß ich nicht, ob das logisch zu vertreten ist, aber mir hat es geholfen, und es hilft mir noch immer, bei jedem Vortrag und bei jedem Dialog mit vielen Menschen. Also denke ich mir: Das, was ich sage, wird von einer einzigen Person gehört. Die Tatsache, daß diese einzige Person nicht dieselbe ist, und daß es, sagen wir, dreihundert Personen oder dreißig Personen gibt, die mir zu diesem Zeitpunkt zuhören, ist ohne Bedeutung; ich spreche *mit* jedem einzelnen von ihnen, nicht *zur* Summe. Andererseits wäre es einfacher, wenn ich zu ihrer Summe spräche – es gibt ein Buch über die Psychologie der Massen, und es scheint, daß Massen einfacher sind als Individuen. Das habe ich im Kino oder im Theater festgestellt: Ein Scherz, den man sich einem einzelnen Gesprächspartner gegenüber nicht erlauben würde, wird von einem ganzen Saal akzeptiert und kommt an.

OF: Das stimmt.

JLB: Massen sind also einfacher. Und sehr genau wissen das die Politiker, die es sich zunutze machen, daß sie nicht vor einem Individuum, sondern vor einer Masse von, sagen wir, simplifizierten Individuen sprechen und daß es ausreicht, auf die elementarsten oder dümmsten Mittel zurückzugreifen, eben weil sie funktionieren.

OF: So daß Sie der Redekunst der Römer den Dialog der Griechen vorziehen.

JLB: Genau, ja.

OF: Das also war der Übergang vom Vortrag zum Dialog.

JLB: Zum Dialog der Griechen, ja. Natürlich waren die Griechen auch Redner.

OF: Natürlich.

JLB: Demosthenes, zum Beispiel. Aber mir erscheint es besser, und heute habe ich mich daran gewöhnt ... für mich ist es vor allem ein Spiel. Und wenn jemand meint, daß etwas ein Spiel sei, dann wird es tatsächlich ein Spiel, und die anderen empfinden es auch so. Im übrigen sage ich es immer am Anfang: So, das wird ein Spiel werden, ich hoffe, daß es für Sie genauso unterhaltsam wird wie für mich. Lassen Sie uns anfangen zu spielen, es hat nicht die geringste Bedeutung. Und so geht es auch in Seminaren immer sehr gut: Ich versuche, so wenig pädagogisch wie möglich zu sein, so wenig lehrerhaft wie möglich, wenn ich ein Seminar abhalte. Deshalb sind Seminare die besten Lehrveranstaltungen. Im Idealfall wären es fünf oder sechs Studenten und ein paar Stunden. Ich habe ein Jahr lang einen Kurs in Englischer Literatur an der Universidad Católica abgehalten. Also, die Leute waren besten Willens, aber ich konnte nichts machen, mit neunzig Personen und vierzig Minuten. Das ist unmöglich; während sie alle kommen und gehen, sind die vierzig Minuten schon vorbei. Das hat ein paar Quartale gedauert, und dann habe ich es aufgegeben, weil ich mir sagte, daß es keinen Zweck hat.

OF: Das Besondere scheint mir an dem zu liegen, was Sie Spiel nennen ...

JLB: Nun, ich hoffe, daß dieses Spiel, das ich eingeführt habe, da ich es ja nicht erfunden habe...

OF: Es gab desgleichen schon vor mehr als zweitausend Jahren.

JLB: Ja, und zu seinen Vorläufern gehören auch all die Verhöre, durch die Inquisition zum Beispiel, reichlich triste Erinnerungen jedenfalls. Aber ich versuche es so zu machen, daß alles ein Scherz ist; es ist die einzige Möglichkeit, die Dinge ernsthaft zu betrachten, nicht wahr?

OF: Richtig.

JLB: Natürlich.

OF: Aber dieses Dialogspiel kann uns möglicherweise der Wahrheit näherbringen.

JLB: Es kann uns der Wahrheit näherbringen, und ich hoffe auch, daß es nachgeahmt wird. Einer der Gründe, aus denen ich dieses Spiel ersonnen und schließlich anderen auferlegt habe, ist ja meine Schüchternheit, denn es ist ja sehr einfach, auf eine Frage zu antworten, da jede Frage stimulierend wirkt. Das Schwierige ist, zu erreichen, daß es wirklich Fragen sind, weil die Leute, da sie wissen, daß eine Antwort erfolgen wird, oft eher Diskurse vorbereiten, die bis zu zehn Minuten dauern können und auf die man nichts antworten kann.

OF: Sicher, es sind dann viele Ideen auf einmal.

JLB: Ja, viele Ideen oder...

OF: Oder gar keine.

JLB: Ja, und deshalb bitte ich um konkrete Fragen und verspreche konkrete Antworten. Aber es ist tatsächlich sehr schwierig zu erreichen, daß die Leute etwas fragen; viele ziehen es nämlich vor, sich selbst ins rechte Licht zu rücken und, letzten Endes, die anderen anzuöden – was auf das gleiche hinausläuft – mit langen, vorbereiteten Diskursen.

OF: Statt den Dialog zu ermöglichen.

JLB: Ja.

OF: Gut, Borges, wir werden weiterspielen, unseren Dialog weiterführen, immer auf der Suche nach der möglichen Wahrheit.

JLB: Aber selbstverständlich.

Die Klassiker mit 85 Jahren

OF: Jenseits aller Moden unseres Jahrhunderts haben Sie zum Glück irgendwo einmal erklärt, daß Sie nicht zum Bilderstürmer berufen sind.

JLB: Ja, das stimmt. Ich glaube, daß wir die Vergangenheit respektieren müssen, zumal ja die Vergangenheit in der Gegenwart sehr leicht veränderbar ist.

OF: Aber die Tatsache, daß Sie sich von den diversen Bilderstürmermoden ferngehalten haben ...

JLB: Ah, ja, ich glaube schon. Aber die Literatur in Kategorien von »Schulen« oder »Generationen« zu sehen, ist eine schlechte französische Angewohnheit. Flaubert hat gesagt: »Wenn ein Vers gut ist, gehört er keiner Schule mehr an«, und er fügte hinzu: »Ein guter Vers von Boileau ist soviel wert wie ein guter Vers von Hugo.« Und es stimmt ja: Wenn ein Dichter »trifft«, dann trifft er für immer, und es hat keine große Bedeutung, zu welcher Ästhetik er sich bekennt oder in welcher Epoche er geschrieben hat: Der Vers ist gut, und er ist für immer gut. So geht es mit allen guten

Versen; man kann sie lesen, ohne zu bedenken, daß sie zum Beispiel dem Italienischen des dreizehnten Jahrhunderts oder dem Englischen des neunzehnten Jahrhunderts entstammen, oder zu welchen politischen Ansichten der Dichter sich bekannte: Der Vers ist gut. Ich zitiere immer eine Zeile von Boileau; erstaunlicherweise sagt Boileau: »Der Moment, in dem ich spreche, ist mir bereits fern.« Es ist eine melancholische Zeile, und außerdem, während man den Vers sagt, gehört er schon nicht mehr der Gegenwart an und verliert sich in der Vergangenheit, und es ist gleich, ob es die jüngste oder eine ferne Vergangenheit ist: Ihr gehört der Vers an. Und gesagt hat dies Boileau. Dieser Vers stimmt nun nicht mit dem Bild überein, das wir von Boileau haben, aber er wäre ebenso gut, wenn er von Verlaine wäre, wenn er von Hugo wäre oder von einem unbekannten Autor. Der Vers existiert unabhängig davon.

OF: In diesem August des Jahres 1984, dem Monat Ihres Geburtstags Nummer 85...

JLB: Ja, verdammt, was soll ich machen? Ich lebe einfach stur weiter. Als ich jung war, wollte ich Hamlet sein oder Raskolnikow oder Byron. Das heißt, ich wollte eine tragische und interessante Person sein; aber heute nicht, jetzt finde ich mich damit ab ... nicht sehr interessant zu sein, eher etwas fad, aber dafür – was nicht weniger wichtig ist – heiter, zumindest bemühe ich mich darum. Heiterkeit ist etwas, wonach wir immer streben können; vielleicht erreichen wir sie nie ganz, aber wir erreichen sie leichter im Alter als in der Jugend. Und die Heiterkeit ist das höchste Gut. Das ist keine originale Idee von mir – es gibt keine originalen Ideen –, nein, die Epikuräer, die Stoiker, sie dachten so. Aber warum sollen wir nicht diesen großen Griechen gleichen? Was können wir mehr verlangen?

OF: Eben im Zusammenhang mit dieser Heiterkeit und damit, daß Sie keinerlei Konzessionen an ikonoklastische Moden gemacht haben, möchte ich heute mit Ihnen über die Klassiker sprechen.

JLB: Gut... ich werde mich wiederholen müssen, etwas anderes bleibt mir nicht übrig; denn wenn ich nicht die anderen wiederhole, wiederhole ich mich selbst, und vielleicht bin ich ja nichts anderes als eine Wiederholung. Ich glaube, daß ein klassisches Buch kein Buch ist, das auf eine bestimmte Weise geschrieben ist. Zum Beispiel: Eliot meinte, ein klassisches Buch könne nur zustande kommen, wenn eine Sprache eine gewisse Vollkommenheit erreicht habe; wenn eine Epoche eine gewisse Vollkommenheit erreicht habe. Ich glaube das nicht. Ich glaube, ein klassisches Buch ist ein Buch, das wir auf eine bestimmte Weise lesen. Das heißt, es ist kein auf eine bestimmte Weise geschriebenes, sondern auf eine bestimmte Weise gelesenes Buch; wenn wir ein Buch so lesen, als ob nichts darin zufällig wäre, als ob alles einer Absicht entspräche und sich begründen ließe, dann ist dieses Buch ein klassisches Buch. Den besten Beweis dafür hätten wir im chinesischen *I Ging*, dem *Buch der Wandlungen*, das aus vierundsechzig Hexagrammen besteht: vierundsechzigmal ganze oder unterteilte Linien, auf die vierundsechzig möglichen Arten kombiniert. Diesem Buch hat man eine unmoralische Interpretation beigegeben, und es ist eines der klassischen Bücher Chinas. Es besteht eigentlich nicht aus Wörtern, sondern aus ganzen oder geteilten Linien, aber es wird mit Ehrfurcht gelesen. Das gleiche geschieht in jeder Sprache mit den jeweiligen Klassikern. Zum Beispiel nimmt man an, daß jede Zeile bei Shakespeare genau begründet sei – natürlich werden viele ein Werk des Zufalls gewesen sein –, und man nimmt an, daß jede Zeile des *Quijote* oder jede Zeile der *Göttlichen Komödie* oder jede Zeile der »homerisch« genannten Dichtungen begründet sei. Das heißt, ein Klassiker ist ein Buch, das mit Respekt gelesen wird. Deshalb glaube ich, daß der Wert eines Textes sich verändert, je nachdem wo er steht: Wenn wir einen Text in einer Tageszeitung lesen, lesen wir ihn in etwas, das zum unmittelbaren Vergessen bestimmt ist – schon die Bezeichnung »Tageszeitung« verweist auf die Flüchtigkeit; jeden Tag gibt es eine neue, die die frühere verwischt. Lesen wir dagegen denselben Text in einem Buch, tun wir dies mit einem Respekt, der den Text verwandelt. Deshalb würde ich sagen, ein Klassiker ist ein Buch, das auf bestimmte Weise gelesen wird. Hier, in diesem Land, haben wir beschlossen, daß der *Martín Fierro* unser klassisches Buch ist, und das hat zweifellos unsere Geschichte modifiziert. Ich nehme an, wenn wir den *Facundo* ausgewählt hätten, wäre unsere Geschichte anders verlaufen. Der *Facundo* kann einen ästhetischen Genuß vermitteln, der anders, aber nicht geringer ist als der, den uns der *Martín Fierro* von Hernández gibt. Beide Bücher haben ihren ästhetischen Wert, und natürlich ist die Lehre des *Facundo*, das heißt die Idee der Demokratie, die Idee der Zivilisation gegenüber der Barbarei, eine Idee, die nützlicher gewesen wäre als die Entscheidung, als exemplarische Person einen ... also, einen Deserteur, einen Schurken, einen sentimentalen Mörder zu wählen; denn darauf läuft *Martín Fierro* ja letzten Endes hinaus. All dies ohne Schmälerung der literarischen Stärke des Buches. Und ich erwähne Sarmiento sehr gern; wie Sie wissen, wird mir am elften September eine hohe und unverdiente Ehre zuteil; man wird mich zum Ehrendoktor der Universität von San Juan ernennen – einem neueren Ableger der Universität von Cuyo –, aber sie ist mit dem Namen von Sarmiento verbunden; für mich ist das der größte Name unserer Literatur und unserer Geschichte – warum sollte man nicht wagen, das zu sagen? Nun werde ich also in San Juan ausgezeichnet werden, und ich fühle mich sehr, sehr geehrt.

OF: Und da gibt es eine Verbindung zu Ihrem ersten Ehrendoktor.

JLB: Das stimmt. Mein erster Ehrendoktor, der, der mich am meisten berührte – später habe ich andere bekommen, von älteren und berühmteren Universitäten, zum Beispiel von Harvard, von Oxford, von Cambridge, von Tulane, von der Universidad de Los Andes –, war der von der Universität Cuyo. Das war 1955 oder 1956, und ich verdanke diese Ehre meinem Freund Félix Della Paolera, der meine Ernennung dem Rektor der Universität Cuyo vorgeschlagen hatte. Und das erfuhr ich von anderen, er selber hat mir nichts gesagt; er ist ein alter Freund aus Adrogué.

OF: Um wieder auf die Klassiker zurückzukommen: Nach dem, was Sie sagen, gibt es zwei Wege, die sie beschreiten. Den ersten sind Homer, Milton oder Torquato Tasso gegangen, die Ihnen zufolge die inspirierende Muse oder den Geist angerufen haben.

JLB: Die, die sich ein Meisterwerk vorgenommen hatten, ja. Es ist natürlich das, was man heute das Unbewußte nennt; aber es läuft auf das gleiche hinaus; die Israeliten haben vom Geist gesprochen, die Griechen von der Muse, und unsere derzeitige Mythologie spricht vom Unbewußten – im vorigen Jahrhundert sprach man vom Unterbewußten. Es ist das gleiche, nicht wahr, und das erinnert mich an William Butler Yeats, der vom Großen Gedächtnis sprach; er sagte, jedes Individuum habe neben der Erinnerung an seine persönlichen Erfahrungen das Große Gedächtnis – The Great Memory –, das wäre die Erinnerung der Vorfahren, die sich geometrisch vermehrt, das heißt, das Gedächtnis der menschlichen Gattung. Deshalb ist es nicht so wichtig, ob einem Menschen viele Dinge widerfahren oder nicht, da er ja über dieses nahezu unendliche Behältnis verfügt, das Gedächtnis der Vorfahren und damit die ganze Vergangenheit.

OF: Und dann gibt es ein weiteres Verfahren, das Sie ebenfalls erwähnten und das die Klassiker gewählt haben, um zur endgültigen Form eines Werkes zu gelangen. Das Verfahren, einen Faden zurückzuverfolgen oder von einem scheinbar sekundären oder anonymen Tatbestand auszugehen. Wie im Falle Shakespeares zum Beispiel, der sagte, für ihn sei die Handlung gar nicht so wichtig sondern vielmehr...

JLB: Die Möglichkeiten, die diese Handlung bietet. Diese Möglichkeiten sind in der Tat unendlich. Im Fall der Literatur scheint das seltsam, nicht aber im Fall der Malerei oder der bildenden Künste. Zum Beispiel: Wie viele Bildhauer haben sich mit Glück am Reiterstandbild versucht? Und letzten Endes sind es doch nur Variationen über das Thema des Reiters, des Menschen zu Pferde. Und das hat, nun ja, so unterschiedliche Ergebnisse gezeitigt wie »Gattamelata«, »Colleoni«. Und... die Garibaldi-Statuen sollten wir besser vergessen (*beide lachen*) – sie sind ein etwas melancholisches Beispiel für das Genre, denn auch sie sind ja Reiterstandbilder. Und wie viele Maler haben »Die Jungfrau mit dem Kinde« oder »Die Kreuzigung« gemalt? Und doch ist jedes dieser Bilder anders.

OF: Ah, natürlich, die kostbaren Variationen.

JLB: Ja, und das Beispiel der griechischen Tragiker, die Themen behandelten, die den Zuschauern längst bekannt waren. Und eben dies ersparte ihnen viele mühselige Erklärungen, denn wenn sie *Der gefesselte Prometheus* sagten, dann bezogen sie sich auf etwas, das allen bekannt war. Aber vielleicht ist die Literatur tatsächlich nur eine Reihe von Variationen über wenige wesentliche Themen. Eines dieser Themen wäre zum

Beispiel die Heimkehr; das klassische Beispiel hierfür wäre die *Odyssee*, nicht wahr? Oder das Thema der Liebenden, die sich finden, der Liebenden, die gemeinsam sterben; es gibt einige wenige wesentliche Themen, die völlig verschiedenartige Bücher hervorbringen.

OF: Nun hängt, wie Sie sagen, die Gültigkeit eines Klassikers von der Neugier oder der Apathie der Generationen von Lesern ab.

JLB: Ja...

OF: Das heißt, zu Anfang wird das Werk nicht vom Zufall bestimmt, sondern vom Geist oder von der Muse; aber danach wird es dem Zufall oder den Lesern überlassen.

JLB: Wer weiß, ob es ein Zufall ist. Gestern wurde mir klar, wie wichtig die Lektüre eines jeden einzelnen ist. Ich hörte nämlich zwei Analysen einer Erzählung von mir... von der Geschichte mit dem Titel *Das Evangelium nach Markus*. Diese zwei Interpretationen ergaben zwei sehr verschiedene Erzählungen; es waren nämlich zwei sehr einfallsreiche Interpretationen, eine von einem Psychoanalytiker und eine von einer theologisch versierten Person. Das heißt, tatsächlich gab es drei Geschichten: meinen Entwurf, der das anregte, was die beiden zu sagen hatten – und ich war dankbar dafür, denn am besten sollte jeder Text ein Proteus sein, der verschiedene Gestalten annehmen kann, zumal das Lesen ein schöpferischer Akt sein kann, nicht weniger als das Schreiben. Wie Emerson sagte, ist ein Buch ein Ding unter vielen, ein totes Ding, bis jemand es öffnet. Und dann kann sich der ästhetische Vorgang ereignen, das heißt, das Tote erwacht wieder zum Leben – in einer Gestalt, die nicht notwendigerweise die ist, in der das Thema sich dem Autor präsentierte; es nimmt eine andere Gestalt an; das sind diese kostbaren Variationen, von denen Sie eben sprachen.

OF: Wie merkwürdig, daß ein Psychoanalytiker und ein Theologe sich über eine Erzählung von Ihnen verständigen konnten.

JLB: Also, der Theologe, genauer gesagt, eine Theologin, eine Jüngerin der Mythen von Jung, so daß die beiden sich in der mythologischen Welt von Jung gefunden haben (*beide lachen*).

OF: Natürlich, das erklärt alles.

JLB: Ja, aber es war doch eine eher theologische Verbindung, in der der Vater, der Sohn und der Heilige Geist erschienen. Ich glaube, es gelang ihnen, auch noch die Jungfrau Maria einzuschalten, und die Göttin Erde. Und zwei Elementen maßen sie Bedeutung bei, dem Feuer und dem Wasser. Ich nehme allerdings an, wenn ich in dem Text von der Ebene sprach, dann dürfte da auch die Erde sein, und wenn die Gestalten atmeten, müßte auch die Luft darin vorkommen, nicht wahr?

OF: Die vier Elemente.

JLB: Ich glaube, alle vier kommen darin vor. Es wäre sehr schwierig, auf die vier Elemente zu verzichten, nicht? Die beiden beharrten vor allem auf der Präsenz von Wasser – eine Überschwemmung, Regen; auf der Präsenz von Feuer – das einen Teil des Hauses verbrennt. Aber sie vergaßen, daß die Gestalten nicht erstickt sind, das heißt, daß Luft da war, und daß die Erde da war, insofern als jene Region, die die Literaten Pampa nennen, doch ein offensichtliches Beispiel von Erde sein dürfte.

OF: Zurück zu den Klassikern. Sie haben uns immer gesagt, sich von einem Autor durchdringen zu lassen, bedeute in gewisser Weise, dieser Autor zu sein. Shakespeare lesen bedeute, solange die Lektüre währt, Shakespeare sein.

JLB: Ja, und beispielsweise im Fall eines Sonetts wird man zu dem, der der Autor war, als er es verfaßte oder erdachte. Das heißt, in dem Moment, in dem wir sagen: »Sie werden Staub sein, doch verliebter Staub«, sind wir Quevedo, oder wir sind ein Lateiner – Properz –, der Quevedo dazu inspiriert hat.

OF: Aber Sie, der Sie sich von den Klassikern Ihrer Wahl haben durchdringen lassen …

JLB: Natürlich, schließlich wählt jeder aus. Bei einigen bin ich gescheitert; zum Beispiel bin ich vollkommen bei den Klassikern des Romans gescheitert, was ja ein ziemlich junges Genre ist. Aber auch bei einigen alten Klassikern: Ich weiß noch, wie ich das Werk von Rabelais in zwei verschiedenen Ausgaben gekauft habe, weil ich mir dachte: »In dieser Ausgabe kann ich ihn nicht lesen; vielleicht kann ich ihn lesen, wenn es eine andere Schrift und ein anderer Einband ist.« Aber ich bin beide Male gescheitert. Abgesehen von einigen sehr glücklichen Passagen; darunter eine, die Xul Solar sehr gefiel: Es geht um eine Insel, auf der es Bäume gibt, und diese Bäume bringen Instrumente hervor, Werkzeug. Da gibt es zum Beispiel einen Baum, der Hämmer trägt, ein anderer trägt Stichwaffen, wieder ein anderer Metallplatten; mit anderen Worten: eine phantastische Insel. Und wir – Silvina Ocampo, Bioy Casares und ich – haben dieses Kapitel für die *Anthologie der Phantastischen Literatur* ausgewählt. »Die Werkzeuginsel« oder »Die Werkzeugbäume«, ich weiß es nicht mehr genau, jedenfalls stammt es von Rabelais, und ich habe es mit viel Vergnügen gelesen.

OF: Diese Familie von Klassikern Ihrer Wahl haben Sie sich ja irgendwie zueigen gemacht. Man sagt von Ihnen, Sie seien bereits ein lebender Klassiker. Was halten Sie davon?

JLB: Also … das ist ein großzügiger Irrtum. Aber auf jeden Fall habe ich die Liebe zu den Klassikern an andere weitergegeben. Auch zu dem einen oder anderen neueren Klassiker, der schon ein wenig vergessen war. Neuere Klassiker werden nämlich leicht vergessen. So habe ich zum Beispiel auf mehreren Kontinenten die Liebe zu Stevenson verbreitet, die Liebe zu Shaw, zu Chesterton, zu Mark Twain, zu Emerson; und vielleicht ist das das Wichtigste von dem, was man heute mein Werk nennt: daß ich diese Liebe verbreitet habe. Vielleicht auch, daß ich gelehrt habe, auch das ist nicht schlecht. Meine Familie hat Beziehungen zum Lehren, mein Vater war Dozent für Psychologie, eine Großtante von mir war eine der Begründerinnen des *Instituto de Lenguas Vivas*, des Instituts für lebende Sprachen; ich glaube, ihr Name steht auf irgendeinem Stein, einem Marmorstein jenes Gebäudes: Carolina Haslam de Suárez.

OF: Dann, Borges, wollen wir Ihren jüngsten Geburtstag mit der Erinnerung an die Klassiker feiern.

JLB: Ja, das ist eine gute Idee.

Über Vergil

OF: Eine Ihrer dauerhaftesten Vorlieben unter den Klassikern innerhalb der epischen Gattung, und die *Ilias* sogar eingeschlossen, scheint die *Aeneis* von Vergil zu sein. Und womöglich ist die Subtilität, mit der die *Aeneis* geschrieben ist, ein weiterer Aspekt ...

JLB: Natürlich. Im übrigen kenne ich die anderen, etwa die *Odyssee*, nur durch verschiedene Übersetzungen, englische Fassungen – ich glaube, im Englischen gibt es über dreißig Fassungen der *Odyssee*; von der *Ilias* gibt es weniger, denn irgendwie sind ja England und das Meer ein Ganzes. Im Deutschen dagegen gibt es mehr Übersetzungen der *Ilias*, denn Deutschland und das Land, England und das Meer, nicht wahr, die gehören zusammen. Ich habe also sehr viele Fassungen der *Odyssee* gelesen, und ich besitze die alte Übersetzung von Chapman, der ein Zeitgenosse und Rivale von Shakespeare war; ich glaube, sie waren Nebenbuhler bei einer Liebschaft, und Shakespeare bezieht sich in einigen Versen indirekt auf ihn. Aber ich glaube, ich bin schon wieder auf einen Abweg geraten, da ich über die *Odyssee* spreche statt über die *Aeneis*. Die vielleicht beste englische Fassung der *Odyssee* könnte die von Lawrence von Arabien sein. Er veröffentlichte sie unter dem Namen T. E. Shaw, das Pseudonym, das er wählte, als er auf seinen Rang als Oberst verzichtete und einfachen Dienst in der Air Force tat. In der *Aeneis*, die natürlich ohne die *Ilias* und die *Odyssee* undenkbar gewesen wäre, haben wir nun, wie Sie am Anfang sagten, zwei Tugenden, die fast nie gemeinsam zu finden sind, oder überhaupt nur in der *Aeneis*: Es handelt sich vor allem um die epische Inspiration, denn es ist natürlich das Epos von Aeneas, der als mythischer Begründer des römischen Imperiums angesehen wird; und geschrieben wurde die *Aeneis* bekanntlich zur Zeit des Kaisers Augustus. Und dann finden wir da die Sorgfalt, mit der jede einzelne Zeile geschrieben ist. Das ist sehr selten, es ist etwa so, als ob ein *poète précieux*, ein Dichter, der jede einzelne Zeile, die Kraft jeder einzelnen Zeile empfindet, diese minutiöse Kunst – *in tenue labor* – für ein großes Epos benutzt hätte. Und wir müssen uns daran erinnern, daß während des Mittelalters, vielleicht sogar bis zur Bewegung der Romantik, die *Aeneis* das große Gedicht war; Homer wurde geehrt, aber das war nicht mehr als ein Glaubensakt. Wir finden ihn zum Beispiel im *nobile castello*, wenn die großen Schatten der klassischen Dichter, es sind fünf, sich Dante nähern und ihn als sechsten in ihre Gruppe aufnehmen, Dante, der natürlich die *Komödie* noch nicht geschrieben hat, aber weiß, daß er fähig ist, sie zu schreiben. Einer der fünf ist jener große Schatten, der mit dem Schwert in der Hand nähertritt, und das ist der Schatten Homers. Dabei fällt mir gerade ein spöttischer Kommentar von Voltaire ein, der sagte: »Falls Homer den Vergil gemacht hat, dann ist er das, was ihm am besten gelungen ist« (*lacht*).

OF: Und wenn Vergil Dante gezeugt hat... könnten wir hinzusetzen.

JLB: Das stimmt, ja. Und wenn irgendwie Vergil Dante gezeugt hat, und Homer irgendwie Vergil... Seltsam, daß ein Dichter im Hinblick auf künftige Dichter arbeiten soll, die er nicht vorhersehen kann, und die er vielleicht nicht einmal verstünde, oder die ihm nicht gefielen.

OF: Ah, das ist möglich...

JLB: Es wäre ja schön zu wissen, ob Homer – oder die Griechen, die wir Homer nennen – die *Aeneis* gebilligt hätten – wahrscheinlich nicht. Und was hätte Vergil über *Die Göttliche Komödie* gesagt? Er hätte einen großen Teil davon nicht verstanden, er hätte verstanden, was sich auf die heidnische Mythologie bezieht: Zum Beispiel gibt es im *Inferno* den Minotaurus, es gibt Zentauren; nun ja, und natürlich gibt es ihn selber, aber er ist zu einer anderen Person geworden, denn selbstverständlich muß der historische Vergil keineswegs dieser großen Persönlichkeit gleichen, der größten Gestalt in der *Göttlichen Komödie*, denn das ist Vergil. Und man könnte sogar sagen, das Wichtigste an diesem Werk, abgesehen davon, daß alles darin wichtig ist, sei die Freundschaft zwischen Vergil und Dante; denn Dante weiß, daß er erlöst werden wird, und er weiß, daß der andere verdammt ist – jedenfalls von der Schau Gottes ausgeschlossen –, und daß er, zusammen mit den vier anderen großen Schatten, dieses melancholische Leben führt.

OF: Ja, wie zuvor Aeneas in der *Aeneis*.

JLB: Richtig.

OF: Im sechsten Buch.

JLB: Ja, im sechsten Buch, das wohl für Dante die Hauptquelle der Inspiration gewesen ist, denn die Vorstellung von der Reise ... also, die ganze Idee der *Göttlichen Komödie* ist irgendwie eine Ausdehnung, eine glanzvolle Erweiterung des sechsten Buches der *Aeneis*. Aber seltsam, wenn ich an die *Aeneis* denke, fallen mir weniger Situationen als Sätze ein; doch das kommt jedem Dichter zu ... Und ich glaube, heute könnten wir Vergil barock nennen.

OF: Jeder einzelne seiner Verse ist erarbeitet.

JLB: Ja, jeder einzelne Vers. Zum Beispiel sagte er so großartig, *Troia fuit* – Troja ist gewesen –, was im Spanischen im allgemeinen ganz schlecht mit »Aquí fue Troya« – »Hier war Troja« – übersetzt wird, wodurch die ganze Wucht verloren geht. »Troya fue« dagegen ist wie eingefärbt von Melancholie ... »Troya fue« – das ist, als sagte man, irgendwann einmal konnte man sagen: »Troya es« – Troja ist – und heute können wir nur noch sagen »fue«. Dieses »fue« ist wunderbar; es ist natürlich ein literarischer Kunstgriff, aber die gesamte Literatur besteht aus Kunstgriffen. Dabei fällt mir ein, Chesterton weist darauf hin, daß die ganze Welt, daß alle Länder von den Trojanern abstammen wollten, und nicht von den Achaiern.

OF: Das ist seltsam.

JLB: Und das führt uns zu dem Verdacht, daß der wahre Held – jedenfalls für uns, vielleicht auch für Homer – der wahre Held der *Ilias* Hektor ist.

OF: Der Trojaner.

JLB: Der Trojaner, ja, und ein Beweis dafür ist, daß das Buch *Ilias* heißt, das heißt, es bezieht sich auf Ilion.

OF: Auf Ilion, das heißt, auf Troja.

JLB: Natürlich, denn es hätte ja auch »Achillee« heißen können, wie die *Odyssee*, aber nein, es heißt *Ilias*. Jedenfalls haben beide ein tragisches Los, denn Achilles weiß, daß er Troja nie betreten wird, und Hektor weiß, daß er eine Stadt verteidigt, die zu Feuer und Auslöschung verdammt ist. Deshalb sind die beiden tragische Gestalten – beide kämpfen, Hektor für eine verlorene Sache, Achilles für eine Sache, die siegen wird, aber zu einem Zeitpunkt, zu dem er bereits gestorben sein wird; deren Triumph er nicht erleben wird.

OF: Hier ist das griechische Schicksalsverständnis wesentlich.

JLB: Ja, und außerdem die Weite des Meeres, denn in der Handlung der *Ilias* haben wir die Schlachten und auch einige Szenen unter den Göttern …

OF: Ja, aber es ist sehr interessant zu sehen, auf welche Weise sich die einzelnen Gestalten der *Ilias* dem von den Göttern verhängten Schicksal unterwerfen – der griechischen Fatalität, könnte man sagen.

JLB: Ja, aber auch die Götter sind dem Schicksal unterworfen.

OF: Ihrerseits.

JLB: Ich glaube, das Wort, das im Griechischen das Schicksal symbolisiert, entspricht im Altenglischen dem *wyrd, weird*, unheimlich, fatal. So sind die drei Hexen zu Beginn von *Macbeth* auch die Weird Sisters, das heißt, die fatalen Schwestern, oder auch die Parzen. Ja, diese Hexen sind auch die Parzen, und Macbeth ist ein Werkzeug der Parzen und des Ehrgeizes seiner Frau. Und man empfindet das auch, wenn sie zu ihm sagt, in ihm gebe es zuviel von der »milk of human kindness«. Das heißt, man spürt, daß er eigentlich nicht grausam ist; er wird manipuliert von der Prophezeiung, von seinem Glauben an die Prophezeiung – die Banquo seinerseits nicht teilt, denn wenn die Hexen auftauchen, ihre Prophezeiungen verkünden und wieder verschwinden, sagt Banquo: »Es gibt Blasen in der Erde, wie im Wasser, und die da sind solche.« Er sieht also in den Hexen ... Zufallsphänomene der Erde, Blasen.

OF: Darin lebt irgendwie das Heidentum fort, wenn auch abgemildert.

JLB: ... Sicher, ja, denn die drei Hexen sind ja die drei Parzen. Auch in der skandinavischen Mythologie taucht die Parze auf, dort heißt sie Norne. Ja, die »Nornen«. Aber apropos skandinavische Mythologie, es scheint, als ob im Norden die Faszination der *Aeneis* so stark gewesen sei, daß dieses etwas schwerfällige Epos der Angelsachsen sie zum *Beowulf* inspirierte – ich glaube, man hat darin zwei Passagen aus der *Aeneis* gefunden –, und denken Sie außerdem an den Gott Thor der Skandinavier; in irgendeinem skandinavischen Text las ich, daß Thor ein Bruder von Hektor war.

OF: Wieder Hektor, der Trojaner.

JLB: Der Trojaner; das heißt, die Skandinavier, da oben, verloren in ihrem Norden, wollten – womit sie natürlich dem künftigen Ethnologen Hitler widersprachen – Trojaner sein. Und außerdem klingen die Namen Thor und Hektor ähnlich.

OF: Das wäre wiederum das Bedürfnis des Nordens, sich dem Süden verbunden zu fühlen, wie Sie bei anderer Gelegenheit sagten.

JLB: Ja, und andererseits ist da das Prestige von Rom, immer das Prestige von Rom und des ganzen Südens. Nun, natürlich spürten die Barbaren das Prestige, das Ansehen ...

OF: Der alten Kultur.

JLB: Der Kultur, ja. Ein klassisches Beispiel dafür wäre das der Tataren: Die Tataren oder Mongolen erobern China, und nach zwei oder drei Generationen werden sie zu chinesischen Edelleuten, die das *Buch der Wandlungen* studieren, die *Analekten* des Konfuzius (*lacht*).

OF: Kehren wir zum Süden zurück. Es fällt mir auf, daß Vergil, der sich als Schüler von Lukrez bezeichnet, ein solcher Idealist oder Phantast war, im Gegensatz zum Materialismus des Lukrez; der natürlich auf Epikur zurückzuführen ist.

JLB: Ja, man scheint zwischen beiden keinerlei Ähnlichkeit feststellen zu können, aber Lukrez muß auf Vergil Einfluß ausgeübt haben. Natürlich erwähnt Dante Lukrez nicht. Die fünf Dichter, die ihm begegnen, die ihn als ihresgleichen begrüßen, da sie ja schon wissen, daß er die *Göttliche Komödie* schreiben wird, sind Vergil, Homer, Horaz, Ovid und Lukan. Lukrez ist nicht dabei, denn Lukrez war Atheist und mußte natürlich ausgeschlossen bleiben, nicht wahr? Obwohl er mit einer Anrufung der Venus beginnt, und Venus wäre so etwas wie eine Entsprechung für den Willen bei Schopenhauer oder die schöpferische Evolution bei Bergson oder die *life force* bei Shaw; also eine Art Kraft, oder wie Glandville sagte: »Gott ist ein Wille.« Ein Wille, der in den Steinen, in den Pflanzen, in den Tieren, in uns, in jedem einzelnen von uns, Gestalt annimmt. Ja, ohne Zweifel gibt es bei Lukrez ein religiöses Empfinden, aber ich glaube, eher im Sinne des Pantheismus.

OF: Obwohl er die Religiosität leugnet; er verneint die Götter und den Einfluß der Götter auf die Menschen.

JLB: Ja, aber man spürt, daß es für ihn etwas Heiliges gibt, sagen wir im Universum, im Leben.

OF: Er sagt es nicht, aber man spürt es. Das stimmt.

JLB: Deshalb hat Hugo, der ja offenkundig kein Christ war, in seinem Buch über Shakespeare die Liste der großen Dichter oder der Genies mit Homer begonnen und Lukrez aufgenommen, aber ich glaube, er schließt Vergil und Dante aus, ja, und die ganze Zeit zieht er da eine Art Parallele zwischen Aischylos und Shakespeare, die erst später verständlich wird, wenn er sagt: Wie kann man diesen großen Meistern gleichen? »Indem man anders ist«, erwidert er.

OF: Und wem, meinen Sie, fühlt sich Borges näher, Lukrez oder Vergil?

JLB: ... Das ist schwer zu beantworten. Ich glaube, intellektuell würde ich sagen, näher bei Lukrez, aber literarisch oder poetisch bei Vergil.

OF: Perfekt.

JLB: Ich habe Lukrez in der englischen Fassung von Monroe gelesen, die als die beste gilt. Aber Vergil ... vielleicht habe ich von fern die Stimme Vergils gehört in den sieben Jahren, in denen ich mich dem Studium des Lateinischen näherte – und der Liebe zum Lateinischen.

Über den Bücherkult

OF: Einer Ihrer Essays, der den Titel *Vom Bücherkult* trägt, ließ mich an Titel und Autoren denken, die Sie, sagen wir, häufiger zitieren.

JLB: Ich erinnere mich an absolut nichts aus diesem Artikel... aber spreche ich da von den heiligen Büchern? Von der Tatsache, daß sich jedes Land sein Buch erwählt?

OF: Ersteres erwähnen Sie, ja, aber Sie beziehen sich auch auf die Leute, die gegen Bücher gesprochen haben, gegen die Schrift, zugunsten des gesprochenen Wortes. Es gibt da zum Beispiel eine Anekdote von Platon, in der es heißt, übermäßige Lektüre führe dazu, daß wir das Gedächtnis vernachlässigen und uns von den Symbolen der Schrift abhängig machen.

JLB: Ich glaube, es war Schopenhauer, der sagte, Lesen sei denken mit fremdem Gehirn. Es ist die gleiche Idee, nicht wahr? Oder nein, es ist nicht die gleiche Idee, aber es richtet sich in jedem Fall gegen die Bücher. Habe ich das zitiert?

OF: Nein.

JLB: Vielleicht habe ich darüber gesprochen, daß sich jedes Land sein Buch erwählt – sich gern von einem Buch repräsentiert fühlt –, und daß dieses Buch dem Land nicht zu ähneln pflegt. So ist man sich zum Beispiel darüber einig, daß Shakespeare England sei. Aber keiner der üblichen Charakterzüge des Engländers findet sich bei Shakespeare; die Engländer sind im allgemeinen reserviert, wortkarg, Shakespeare dagegen fließt wie ein reißender Strom, überreich an Hyperbeln, an Metaphern; er ist das genaue Gegenteil eines Engländers. Oder im Falle von Goethe. Da haben wir die Deutschen, die leicht zu Fanatikern werden, und Goethe ist das genaue Gegenteil davon: ein toleranter Mann, ein Mann, der, als Napoleon in Deutschland einmarschiert, Napoleon begrüßt. Goethe hat nichts von einem Deutschen. Und so scheint es doch ganz allgemein zu sein, nicht wahr?

OF: Vor allem im Fall der Klassiker.

JLB: Vor allem im Fall der Klassiker, ja. Oder, zum Beispiel, Spanien und Cervantes ... Nun ja, das Spanien zur Zeit von Cervantes ist das Spanien der Scheiterhaufen des heiligen Offiziums, das fanatische Spanien. Und Cervantes, der Spanier war, ist ein lächelnder Mann, man stellt ihn sich als tolerant vor; er hatte nichts damit zu tun. Es ist beinahe, als ob jedes Land bei dem Autor, den es sich erwählt, eine Art Gegengift suchte. Was Frankreich betrifft ... dort gibt es eine so reiche Literatur, daß man keine Einzelperson erwählt hat; doch täte man es, dann am ehesten Hugo, und offenkundig ähnelt Hugo der Mehrheit der Franzosen überhaupt nicht.

OF: Richtig.

JLB: Und hier haben merkwürdigerweise die Militärs mit Begeisterung der Kanonisierung des *Martín Fierro* zugestimmt, und *Martín Fierro* war Deserteur – ein Deserteur, der zum Gegner überläuft. Trotzdem verehren die argentinischen Militärs den *Martín Fierro.*

OF: Was nun Ihren persönlichen Bücherkult angeht, Borges, fallen mir unter Ihren besonderen Vorlieben *Tausendundeine Nacht* ein, die *Bibel* und, neben vielen anderen, die *Encyclopaedia Britannica*.

JLB: Ich glaube, für einen Menschen mit Muße und Neugier kann die Enzyklopädie die angenehmste aller literarischen Gattungen sein. Außerdem hat sie einen berühmten Ahnen, nämlich Plinius; die *Naturalis historia* von Plinius ist eine Enzyklopädie. Dort finden Sie Notizen über die Künste, über die Geschichte – es ist ja nicht eine bloße Naturgeschichte in dem Sinn, wie wir heute das Wort verstehen –, und auch über die Legenden, über die Mythen; wenn er nämlich über irgendein Tier spricht, sagt er zum Beispiel nicht nur all das, was er hat feststellen können, sondern auch all das, was die Legende behauptet: Die magischen Eigenschaften, die dem Tier zugeschrieben werden, und an die Plinius vermutlich nicht glaubte. Jedenfalls hat er diese hervorragende, dazu in einem barocken Stil geschriebene Enzyklopädie verfaßt.

OF: Und was haben Sie im Lauf der Zeit speziell in der *Encyclopaedia Britannica* gefunden?

JLB: Vor allem lange Artikel – heute werden Enzyklopädien als Nachschlagewerke angelegt, so daß es zahllose und sehr kurze Artikel gibt. Die *Encyclopaedia Britannica* dagegen war zur Lektüre gedacht; das heißt, sie enthielt auch eine Reihe von Essays: Essays von Macaulay, Essays von Stevenson, von Swinburne; in den späteren Ausgaben fand sich auch der eine oder andere Essay von Bernard Shaw. Essays von Bertrand Russell zum Beispiel über Zenon von Elea. Ich habe Ihnen bestimmt erzählt, daß ich mit meinem Vater oft in die Nationalbibliothek gegangen bin; ich war sehr schüchtern – ich bin immer noch sehr schüchtern –, und ich habe mich nicht getraut, nach Büchern zu fragen. Aber in den Regalen standen Nachschlagewerke, aus denen ich einfach so, auf gut Glück, zum Beispiel einen Band der *Encyclopaedia Britannica* herausgezogen habe. Eines Tages hatte ich sehr viel Glück, denn ich griff den Band mit den Buchstaben *Dr*, und so konnte ich eine hervorragende Biographie von Dryden lesen, über den Eliot ein Buch geschrieben hat. Dann einen langen Artikel über die Druiden, und einen anderen über die Drusen im Libanon, die zum Beispiel an die Seelenwanderung glauben; und es werden dort auch die chinesischen Drusen erwähnt. An diesem Tag hatte ich also sehr viel Glück: Dryden, Druiden und Drusen, und all das im selben Band, *Dr*. An anderen Tagen hatte ich nicht so viel Glück; ich bin immer mit meinem Vater gegangen... mein Vater suchte psychologische Werke – er war Dozent für Psychologie –, aber ich habe dann die *Encyclopaedia*

Britannica gelesen und später *Huckleberry Finn* von Mark Twain, alles in der Nationalbibliothek. Und niemals hätte ich auch nur im Traum daran gedacht, daß ich in irgendeiner sehr unwahrscheinlichen Zukunft Direktor der Bibliothek sein würde; hätte mir jemand das gesagt, ich hätte es für einen Witz gehalten. Und doch ist es so gekommen, und als ich Direktor wurde, habe ich wieder an jenen Jungen gedacht, der seinen Vater begleitete und schüchtern einen Band der *Encyclopaedia* aus dem Regal zog.

OF: Und Sie waren fast zwei Jahrzehnte lang Direktor, glaube ich.

JLB: Ich weiß die Daten nicht so genau; ernannt wurde ich 1955, und ich weiß nicht, in welchem Jahr Perón zurückkam; da konnte ich dann ja nicht einfach weitermachen …

OF: 1973; achtzehn Jahre in der Bibliothek.

JLB: Nicht schlecht, wie? Wer ist heute Direktor?

OF: Bis vor kurzem war es Gregorio Weinberg.

JLB: Ah ja; ich glaube, er ist zurückgetreten, nicht wahr?

OF: Er ist zurückgetreten, und ich weiß im Moment nicht, wer sein Nachfolger ist.

JLB: Ich weiß noch, daß die Zuschüsse, die wir bekamen, mager waren, nicht wahr? Möglicherweise sind sie es heute noch immer. Vielleicht ist Weinberg deshalb zurückgetreten.

OF: Wie auch immer; Sie mußten damals mit dem Minimum auskommen?

JLB: Das Erziehungsministerium war von allen finanziell am schlechtesten ausgestattet, es war das schwächste. Vielleicht ist es das immer noch.

OF: Eine weitere Anspielung, die Sie in diesem Essay machen, bezieht sich auf das achte Buch der *Odyssee*, wo es heißt, daß die Götter den Menschen das Unglück schicken, damit sie etwas zu besingen haben.

JLB: Ja, ich glaube, es heißt da, daß sie Unheil wirken, damit die Menschen der künftigen Geschlechter etwas zu singen haben, nicht wahr?

OF: Ja.

JLB: Das würde genügen, um zu beweisen, daß die *Odyssee* jünger ist als die *Ilias*, denn in der *Ilias* kann man sich einen solchen Gedankengang nicht vorstellen.

OF: Klar, denn bei Homer denkt man ja an den Beginn …

JLB: Ja, und wie Rubén Darío sagte: Zweifellos hat auch Homer seinen Homer gehabt. Die Literatur setzt ja immer einen Meister voraus, oder eine Tradition. Man könnte sagen, daß die Sprache bereits eine Tradition ist; jede Sprache ist eine Überlieferung, jede Sprache bietet eine Reihe von Möglichkeiten und auch von Unmöglichkeiten oder Schwierigkeiten. Ich erinnere mich nicht an diesen Essay *Vom Bücherkult*.

OF: Er steht in *Otras inquisiciones*.

JLB: Der Essay existiert zweifellos, da ich nicht glaube, daß Sie ihn erfinden, um meine Erinnerung oder meine Gedächtnislücken zu prüfen.

OF (*lacht*): Er existiert, und er stammt aus dem Jahre 1951.

JLB: Ach so, in diesem Fall habe ich jegliches Recht, ihn vergessen zu haben; es wäre ein ziemlich trauriger Umstand, hätte ich mich an das Jahr 1951 erinnert.

OF: Aber Sie beschließen ihn mit jenem Satz von Mallarmé ...

JLB: Ah ja, daß alles in ein Buch mündet, nicht wahr?

OF: Natürlich.

JLB: Ja, ich nehme nämlich diese Verse von Homer und sage, daß beide das gleiche aussprechen. Aber Homer dachte noch an den Gesang, er dachte an die Dichtung, die fließt; Mallarmé dagegen dachte schon an ein Buch, und irgendwie an ein heiliges Buch. Aber tatsächlich läuft es auf das gleiche hinaus; alles endet in einem Buch oder führt uns zu einem Buch.

OF: Das heißt, in letzter Instanz ist alles Geschehen literarisch. Aber ein Buch, das Sie immer empfehlen, auch solchen, die sich nicht der Literatur widmen, ist die Bibel.

JLB: Ja, weil die Bibel eine Bibliothek ist. Heute erscheint uns die Idee der Juden sehr seltsam, so unterschiedliche Werke wie die Genesis, das Hohelied, das Buch Hiob, den Prediger ... alle diese Werke einem einzigen Autor zuzuschreiben, dem Geist. Und es sind ja ganz offenbar Werke, die sehr unterschiedlichen Köpfen und sehr unterschiedlichen Regionen entsprechen – vor allem auch verschiedenen Jahrhunderten, verschiedenen Augenblicken des Denkens.

OF: Es wird etwas mit jenem anderen Satz aus der Bibel zu tun haben: »Der Geist weht, wo er will.«

JLB: Ja, das steht im Evangelium nach Johannes, glaube ich, nicht wahr? In den ersten Versen.

OF: Ja, und Sie haben das in einem unserer Gespräche mit jenem Satz von Whistler verglichen: »Art happens.«

JLB: Das wußte ich nicht mehr, aber natürlich, es ist die gleiche Idee: »Kunst ereignet sich«, »Der Geist weht, wo er will«. Das heißt, es ist das Gegenteil der Literatursoziologie, nicht wahr, des sozialen Studiums der Poesie, des Studiums der Bedingungen, die Dichtung produziert haben ... Das erinnert mich an einen Satz von Heine, in dem es heißt, der Historiker sei ein retrospektiver Prophet (*lacht*), der etwas prophezeit, was sich bereits ereignet hat. Das wäre die gleiche Idee.

OF: Natürlich, ein umgekehrter Prophet.

JLB: Ja, der prophezeit, was schon geschehen ist und wovon er schon weiß, daß es geschehen ist, nicht wahr? »Der rückwärts gewandte Prophet«; der Historiker.

OF: Von wem ist der Satz, Borges?

JLB: Von Heine; das liefe auf die Kunst des Wahrsagens der Vergangenheit, der Geschichte, hinaus, nicht wahr?

OF: Ja, die Kunst des Historikers.

JLB: Ja, wenn erst einmal etwas geschehen ist, dann beweist man, daß es zwangsläufig so geschehen mußte. Aber es wäre interessant, dies auf die Zukunft anzuwenden. *(Beide lachen.)*

OF: Das ist noch schwieriger als das Wahrsagen der Vergangenheit; es ist schwieriger, Prophet zu sein als Historiker.

JLB: Also, Literaturgeschichten werden ungefähr so

gemacht: Man nimmt einen Autor, und dann zeigt man die Einflüsse des Ambientes auf. Und dann muß das Werk gleichsam logisch von diesem Autor stammen. Aber auf die Zukunft wird das noch nicht angewandt, das heißt, man sagt uns noch nichts von den Namen und Werken der argentinischen Schriftsteller des 21. Jahrhunderts, oder?

OF: Aber in den Literaturgeschichten wird keine solche Sachlichkeit verlangt wie in der eigentlichen Geschichte. Es ist immer noch gestattet, darin literarisch zu sein.

JLB: Das wollen wir hoffen.

OF: Ein weiteres sehr vertrautes Buch in Ihrer Bibliothek ist, glaube ich, *Tausendundeine Nacht*.

JLB: Ja; und meine Unkenntnis des Arabischen hat es mir gestattet, das Buch in vielen Übersetzungen zu lesen, und zweifellos habe ich Ihnen erzählt, daß von allen, die ich gelesen habe, die mir vielleicht liebste die von Rafael Cansinos Assens ist; aber die liebste sollte mir natürlich die erste sein, die von Antoine Galland, durch die das Buch dem Abendland offenbart wurde.

OF: In Ihrem Essay gibt es noch eine Idee, die mich interessierte; es heißt da, den Alten sei das geschriebene Wort nur ein Surrogat für das gesprochene Wort gewesen.

JLB: Ja, ich glaube, Platon sagt, daß Bücher lebendige Dinge zu sein scheinen, aber daß es einem mit ihnen ergehe wie mit einem Standbild: Man spricht mit ihnen, und sie antworten nicht.

OF: Ah, natürlich.

JLB: Und eben damit das Buch antworten kann, erfand er den Dialog, der die Fragen des Lesers vorwegnimmt und eine Verzweigung des Denkens und eine Erklärung erlaubt.

OF: Ja, soviel zum gesprochenen Wort; aber Sie fügen hinzu, daß etwa im vierten Jahrhundert die Vorherrschaft des geschriebenen Wortes über das gesprochene beginnt.

JLB: Ah ja, und da zitiere ich die Anekdote von dem Menschen, der erstaunt darüber ist, daß ein anderer leise liest.

OF: Ja, ich glaube, es war Augustinus, der sich über den heiligen Ambrosius verwunderte.

JLB: Ja, er ist verwundert darüber, daß er etwas sieht, was er nie zuvor gesehen hat: einen Menschen, der leise liest. Die Bücher waren ja damals Manuskripte – Sie werden das selbst oft genug festgestellt haben, wenn man einen Brief bekommt, und dieser Brief ist abgefaßt in, sagen wir, einer nicht gerade trefflichen Kalligraphie, dann liest man den Brief laut, um ihn überhaupt zu verstehen, nicht wahr?

OF: Ja.

JLB: Ja, und wenn die Bücher Manuskripte waren, dann war es ganz natürlich, sie laut zu lesen. Aber abgesehen von diesem Umstand glaube ich, wenn man etwas leise liest und zu einer Passage kommt, die beredt ist, die einen bewegt, dann neigt man dazu, sie laut zu lesen. Ich glaube, daß eine gut geschriebene Passage zu lauter Lektüre verpflichtet. Auf jeden Fall dann, wenn es sich um Verse handelt, denn die Musik des Verses muß hörbar werden, und sei es auch nur gemurmelt; aber in jedem Fall muß man sie hören können. Wenn Sie dagegen etwas rein Logisches, rein Abstraktes lesen, dann nicht; in diesem Fall können Sie auf laute Lektüre verzichten. Nicht verzichten können Sie aber darauf, wenn es sich um ein Gedicht handelt.

OF: Es gehört zu dieser wenigstens minimalen Erregung oder Erhebung, die die Lyrik verlangt.

JLB: Ja, aber das verliert sich jetzt natürlich, da ja die Menschen das Gehör verlieren. Leider sind heute alle imstande, leise zu lesen, weil sie nicht mehr hören, was sie lesen; sie gehen direkt zum Inhalt des Textes über.

Erinnerung an Kipling

OF: In einigen unserer Gespräche sind wir für kurze Zeit sozusagen nach Indien übergesiedelt und sprachen vom Buddhismus, von Indiens Kultur und Religion.

JLB: Ja, ein unendliches Thema.

OF: Und beim Gedanken an Indien erinnere ich mich an einen Schriftsteller, dessen Erzählungen Sie immer wieder lesen – er scheint eine Ihrer dauerhaften Vorlieben zu sein: Rudyard Kipling.

JLB: Stimmt. Möchten Sie, daß ich über Kipling spreche?

OF: Ich dachte mir schon, ich brauche nur seinen Namen zu nennen ... Und so ist es ...

JLB: Als Kipling starb, sprach man über ihn mit, nun ja, einer eher lauen Begeisterung; aber das lag daran, daß man ihn nach seinen politischen Ansichten beurteilte. Vielleicht sollte ein Schriftsteller seine politischen Ansichten gar nicht öffentlich kundtun, denn später beurteilt man ihn danach. Nun war natürlich Kiplings Empire-Begriff ein sehr nobles Konzept. Das heißt, er sah das Empire als eine Pflicht des *white man*, des weißen Mannes. Und ich weiß nicht, ob das so genau der Realität entspricht, zumal Lope de Vega im Hinblick auf ein anderes Imperium sagt: »Unter dem Vorwand von Religion / wollen sie Silber und Gold / aus dem versteckten Schatz holen.« Das heißt, es gibt immer eine ökonomische Erklärung für die Dinge – die Erklärung, die die Kommunisten vorziehen, die melancholischste –, aber daneben gibt es ohne Zweifel andere. Kipling dachte an das Empire als an eine Pflicht Englands, an eine »Bürde« Englands, er nannte es: »The white man's burden«. Über dieses Urteil hinaus findet sich in Kiplings Werk die, sagen wir, ethische und religiöse Auffassung von Empire. Seltsamerweise hat Kipling schon, als er zu schreiben begann, großartige Erzählungen verfaßt; ich habe sie vor ein paar Tagen wieder gelesen, die Erzählungen aus *Plain Tales from the Hills*. Drei oder vier davon sind ganz knappe und fast geheime Meisterwerke; ich denke da an *Beyond the Pale, The Gate of the Hundred Sorrows* und an einige andere.

OF: Ich glaube, die von Ihnen erwähnten sind die vollkommensten.

JLB: Ja, aber später, gegen Ende seines Lebens, tat er etwas völlig anderes, gemessen daran, daß die ersten sehr knappe und relativ schlichte Geschichten sind – wenn in diesem verwickelten Universum überhaupt etwas Schlichtes existieren kann. Aber gegen Ende seines Lebens, in seinen letzten Jahren, änderte Kipling seine Themen, er ging, wie einmal jemand sagte, von den Soldaten und den Matrosen zu den Ärzten über. Und neben anderen Gründen hat das vielleicht mit dem Krebs zu tun – ich weiß nicht, ob Sie wissen, daß man Kipling zwei Krebsoperationen unterzogen hat und daß er nach der letzten starb. Es gibt auch eine Erzählung, *The Wish House*, deren Thema der Krebs ist. Ich will den Inhalt kurz skizzieren: Es geht um zwei Frauen, zwei Frauen aus dem einfachen Volk, aus Sussex, in Südengland. Die beiden Frauen unterhalten sich, und die eine gibt Kommentare über die andere ab, die, sagen wir, sehr freigebig mit ihrer Gunst war. Daraufhin erzählt die andere die folgende Geschichte: Eine Frau wird von ihrem Liebhaber verlassen, und später stellt sie fest, daß es ein Haus gibt – dieses Haus befindet sich in einem neuen Viertel der Stadt, und es ist nichts besonderes daran –, daß dieses Haus ein *wish house* ist, ein Haus, in dem Wünsche erfüllt werden. Aber das magische Geschenk ist an Bedingungen geknüpft – sie erfährt, oder man erzählt ihr, daß der Mann, der sie verlassen hat, jetzt eine andere Geliebte hat, und daß er krank ist, und man weiß, daß er Krebs hat. Darauf geht sie zu dem neuen Haus, in einer neuen Straße, und dann hört sie, wie sich Schritte aus dem hinteren Teil des Hauses nähern, dann ein kaum noch menschliches Grunzen, und sie weiß, daß auf der anderen Seite der Tür jemand steht und wartet. Darauf bittet sie jenen magischen Jemand darum, daß das, was der krebskranke Mann erleidet, ihr auferlegt werde.

OF: Daß ihr die Leiden des Mannes auferlegt werden?

JLB: Ja. Dann hört sie, wie sich die Schritte entfernen, geht nach Hause – sie hat ihr Bett schon gemacht, legt sich hin und beginnt, den Krebsschmerz zu empfinden. Furchtbar, nicht wahr?

OF: Furchtbar und sehr edel.

JLB: Ja, und sehr edel. Später werden die Schmerzen schlimmer; sie erzählt ihrer Freundin die Geschichte, und man ahnt, daß sie sich nicht mehr sehen werden, weil sie schon im Sterben liegt. Und dann muß die Frau den letzten Bus nehmen – vorher wird beschrieben, wie die andere den Tee zubereitet hat, mit Gebäck, Süßigkeiten und allem anderen ... und, nun ja, das ist die Geschichte.

OF: Wunderbar.

JLB: Es ist eine sehr schöne Erzählung, ja. Und manchmal begegnet sie ihm und stellt fest, daß es ihm ein wenig besser geht; aber er spricht sie nicht an, er kann ja nicht wissen, daß der Schmerz, von dem er sich erholt, von ihr übernommen worden ist.

OF: Er erfährt es nie?

JLB: Nein, er erfährt es nicht, sie gibt ihm ihr Leben ... gibt ihm ihren Tod, und er wird es nie erfahren. Aber wir dürfen es wissen, Sie und ich und die Millionen Leser Kiplings. Es ist eine ganz eigenartige Erzählung, eine magische Geschichte, und der Anfang der Erzählung ist trivial, denn Kipling läßt die beiden Frauen – es sind Frauen aus dem Volk, ungebildete Frauen – von Alltäglichem reden; die eine probiert den Tee, den die andere ihr anbietet, sie erzählen einander ein wenig Klatsch, und dann kommt die Geschichte, diese furchtbare Geschichte. Es ist eine der letzten Erzählungen, die Kipling geschrieben hat, und dann... dann hat auch ihn der Krebs geholt. Übrigens ist Kiplings Sohn im Ersten Weltkrieg gefallen – er war einer der *first hundred thousand* Freiwilligen, die England nach Frankreich schickte. Ja, unter ihnen war Kiplings Sohn, da konnte er nicht fehlen. Der Sohn wurde getötet, und Kipling bezieht sich nie direkt auf diesen Tod, aber es gibt eine Geschichte, in der ein römischer Soldat stirbt – diese Erzählung ist mit äußerster Sorgfalt geschrieben –, und dort erklärt Kipling indirekt – das ist die expressivste Möglichkeit, Dinge zu sagen – diesen Schmerz, den Schmerz über den Tod des Sohnes. Allerdings spricht er nicht vom Vater, er spricht vom Onkel; Kipling war nämlich sehr schamhaft, er scheint auch ein schüchterner Mensch gewesen zu sein; ich glaube, man hat ihn einmal mit Bernard Shaw zusammengebracht, und Kipling floh. Es heißt, *he ran like a rabbit*, er floh wie ein Kaninchen, weil er wußte, daß Shaw ein geistreicher, beredter Mann war; daß er ihn in ein Gespräch verwickeln würde. Und Kipling hatte zwar seine Überzeugungen, mochte aber nicht diskutieren. So scheint es, daß das Gespräch nicht sehr lange dauerte.

OF: Außerdem kam Kipling ja aus einer völlig anderen Welt.

JLB: Völlig anders, natürlich; er hatte diese ganze indische Vergangenheit – ich weiß nicht, ob Sie wissen, daß Kipling zuerst Hindi und erst dann Englisch gesprochen hat. In einem Gedicht bezieht er sich auf die

»Umgangssprache«, und das ist Hindi. Es gibt da eine Erzählung von ihm – der Sprecher ist ein Sikh –, geschrieben auf Englisch; ich habe sie einem befreundeten Sikh geliehen, und er gab sie mir zurück und sagte: »Diese Geschichte ist großartig; mir ist aufgefallen, daß Kipling sie ohne Zweifel auf Hindi erdacht hat, ich habe nämlich beim Lesen jeden Satz ins Hindi zurückübersetzt.« So hat er sich Indien immer verbunden gefühlt. Ich kannte ... ich hatte einige indische Freunde, und immer wenn die Rede auf indische Literatur kam, nannten sie fast an erster Stelle Kiplings Namen; das heißt, er gilt als ...

OF: Einverleibt ...

JLB: Ja, wir dürfen einverleibt sagen; und die Tatsache, daß das Land heute unabhängig ist, spielt keine Rolle, weil sie Kiplings Liebe zu Indien kennen. Kipling hatte noch eine weitere Leidenschaft – neben seinem Indien und seinem England – und diese Leidenschaft war Frankreich. Es gibt von ihm ein Gedicht mit dem Titel *A Song of Fifty Horses* – »Ein Lied von fünfzig Pferden«, das waren die fünfzig Pferdestärken seines Wagens. Er wendet sich an diese fünfzig Pferde und sagt ihnen, daß sie durch Frankreich reisen werden; es sind drei oder vier Strophen, und jede endet mit der Zeile: »It is enough, it is France« – »Es ist genug, es ist Frankreich.«

OF: Er bekam zu Beginn des Jahrhunderts den Nobelpreis, und ...

JLB: Ja, er war damals schon berühmt, *Kim* war ja schon 1901 erschienen – das Buch war illustriert mit

Fotografien von Basreliefs, die sein Vater, Lockwood Kipling, gemacht hatte – und, seltsamer Zufall, heute früh habe ich einer Dame von »La Prensa«, der Señora de Barili, die von Kiplings Vater angefertigten Illustrationen, die verschiedene Inder zeigen, in der elften Auflage der *Encyclopaedia Britannica* gezeigt. Kipling wurde in Indien geboren – er war, glaube ich, ein Neffe von William Morris, dem Übersetzer der skandinavischen Sagas –, weil sein Vater mit einem offiziellen Auftrag nach Indien geschickt worden war; er sollte das indische Kunsthandwerk gegen die kommerziellen britischen Erzeugnisse verteidigen. Die englische Regierung ernannte also jemanden, der das indische Kunsthandwerk gegen England verteidigen sollte, und diese Person war Kiplings Vater. Damals hatte er seinen Sohn schon gezeugt, nahe an einem See – ich weiß nicht mehr, in welchem Teil Englands – der Rudyard heißt; deshalb wurde er Rudyard Kipling genannt. Er hatte also kein indisches Blut, wie viele Leute angenommen haben. Aber er wurde in Indien geboren, in Bombay, und sein erster Gedichtband, *The Seven Seas* – »Die sieben Meere«, ist der Stadt Bombay gewidmet, und er hat mehrmals mit Geringschätzung von den englischen Engländern gesprochen, die er *the islanders*, die Insulaner, nennt (*lacht*).

OF: Natürlich, er selber ist ein kontinentaler.

JLB: Ja, und es gibt ein Gedicht, in dem er sagt: »Was wissen die von England, die nur von England wissen.« Das heißt, er kannte das Empire, und es gibt von ihm noch einen weiteren Gedichtband, *The Five Nations* –

»Die fünf Nationen«, das wären England, Indien, Kanada, Südafrika und Australien. Er bereiste alle diese Länder und schrieb über sie mit mehr oder minder großer Begeisterung.

OF: Assoziieren Sie ihn mit einer Schriftstellergeneration oder sehen Sie ihn als einsame Gestalt innerhalb der Literatur?

JLB: Ich glaube, jeder wirkliche Schriftsteller ist eine einsame Gestalt. Außerdem gilt in diesem besonderen Fall, was Novalis sagte: »Jeder Engländer ist eine Insel.« Heute kommt es einem seltsam vor, daß Kipling kurz vor 1890 nach England zurückkehrt und ein Zeitgenosse Oscar Wildes ist, von dem, was man »the yellow nineties«, die gelben neunziger Jahre, nennt – diese ganze dekorative Literatur und Malerei. Er und Wells und Shaw sind Zeitgenossen von eher dekorativen Autoren wie Wilde.

OF: Dennoch verbindet man sie nicht miteinander.

JLB: Nein, man verbindet sie nicht, aber sie sind Zeitgenossen. Und Wilde schrieb mit einiger Geringschätzung über Kipling: »A genius of dropping haches« – »ein Genie im H-Weglassen«, weil im vulgären Englisch das H nicht ausgesprochen wird. Später sagte Wilde, wenn man Kiplings *Plain Tales from the Hills* lese, wenn man darin blättere, dann lese man das Leben selbst, beleuchtet von glänzenden Blitzen der Vulgarität (*beide lachen*). Wilde sprach also mit einiger Geringschätzung über diese »glänzenden Blitze der Vulgarität«, aber gleichzeitig räumte er ein, daß Kipling ein Genie war.

OF: Im übrigen war die Geringschätzung in diesem Fall ein Irrtum.

JLB: Ja. Jetzt, bei meinen letzten Reisen, gewann ich den Eindruck, daß Kipling in Frankreich mehr geschätzt wird als in England ... Ich weiß nicht, vielleicht ist er wegen anderer Schriftsteller ein wenig in Vergessenheit geraten. Nicht so in Frankreich. Wie ein französischer Kritiker sagte: Er war auf eine sehr wirksame, sehr energische und vor allem sehr neue Art der typische Engländer. Nun waren die großen Zeitgenossen Kiplings natürlich Sozialisten; zum Beispiel Bernard Shaw oder Wells oder Bennett, und sie beurteilten ihn im Zusammenhang mit dem Empire, das sie nicht interessierte. Ein periodisch wiederkehrender Vorgang in Europa scheint die Entdeckung des Orients zu sein – dieses vagen Dings, das wir Orient nennen und das vielleicht die Orientalen selber gar nicht empfinden. Ich weiß nämlich nicht, also, wenn ein Perser mit einem Chinesen zu tun hat – ich glaube nicht, daß sie viel gemein haben; ich glaube nicht, daß ein Araber und ein Japaner viel gemein haben. Aber für uns durchaus; wir »komponieren« dieses Ding, dieses heterogene und wunderbare Ding, das wir Orient nennen. Und man könnte sagen, daß immer wieder, alle paar Jahrhunderte, dieser Orient von Europa entdeckt wird. Und jetzt entdeckt der Orient das Abendland, das ist offenkundig. Und einige Etappen dieser Entdeckung wären ... zum Beispiel haben die Griechen zweifellos Indien so empfunden, und auch Ägypten, das zum Orient gehört oder ihm sehr nahe ist, haben sie so empfunden. Und später die Reisen von Marco Polo, *Tausendundeine Nacht*. Und einer der letzten Entdecker des Orients war ohne Zweifel Kipling. Natürlich war der Orient, den er kannte, vor allem Indien; aber schon dieser Orient ist zugleich hinduistisch und islamisch; und er ist vielerlei, da ja Indien, wie die Vereinigten Staaten – und mehr als die Vereinigten Staaten –, kein Land ist, sondern viele Länder, viele Religionen, viele Rassen, und eine sehr verwickelte Geschichte von Feindschaften zwischen den unterschiedlichen Teilen. Aber darüber hinaus haben wir Kiplings Lyrik und da ist ein Zug, den, wie ich glaube, niemand bemerkt hat, nämlich daß Kipling, der mit soviel Geschick die schwierigsten Versformen beherrschte, sich nie am Sonett versucht hat. Vielleicht deshalb nicht, weil er meinte, das Sonett werde für etwas Intellektuelles gehalten, etwas, das einer bestimmten Art Lyrik entspreche; und er wollte die Vorstellung, daß er ein populärer Schriftsteller sei, nicht enttäuschen, indem er sich am Sonett versuchte. Was wirklich schade ist, denn er hätte dem Sonett Ehre gemacht.

Erinnerungen an Bibliotheken, Hahnenkämpfe und seltene Gedichte

OF: In vielen unserer Gespräche, Borges, haben wir uns, ohne darauf einzugehen, der Bibliothek in der Calle México genähert, der Nationalbibliothek, die Sie so viele Jahre lang geleitet haben.

JLB: Ja.

OF: Aber seit langem würde ich gern mehr über die Wegstrecke davor wissen, die Sie schließlich zu dieser Bibliothek geführt hat, das heißt, über die Bibliotheken, in denen Sie so lange gearbeitet haben, bevor Sie zur Nationalbibliothek kamen.

JLB: Ich habe ungefähr neun Jahre lang in der Biblioteca Miguel Cané gearbeitet, Ecke Carlos Calvo und Muñiz. Ich fing an als Assistent zweiter Klasse und dann bestand jemand darauf, vielleicht allzusehr, daß man mich zum Assistenten erster Klasse mache – der Unterschied waren dreißig Pesos. Ich glaube, heute kann man dreißig Pesos kaum mehr wahrnehmen, aber damals waren es wirklich dreißig Pesos. Damals war, glaube ich, Honorio Pueyrredón der Direktor, und er sagte, sehr gut, er werde mich zum Assistenten erster

Klasse machen, unter der Bedingung, daß er nie wieder meinen Namen höre. Ich glaube allerdings, daß er ihn inzwischen möglicherweise einige Male gehört hat, oder? (*Beide lachen.*) Jedenfalls bin ich befördert worden, und dann habe ich – *incredibile dictu* – zweihundertvierzig Pesos im Monat verdient. Aber zweihundertvierzig Pesos im Monat waren gar nicht zu verachten. Also, eigentlich hätte ich diese Bibliothek verlassen sollen – es war eine ziemlich mittelmäßige Umgebung –, aber ich habe weiter dort gearbeitet. Ich weiß nicht, ob »arbeiten« das treffende Wort ist; wir waren, glaube ich, an die fünfzig Angestellte, und die Arbeit, die man uns zuteilte, mußte sehr langsam ausgeführt werden. Ich weiß noch, daß man mir am ersten Tag Bücher zum Klassifizieren gab, und das Brüsseler Handbuch, das mit dem Dezimalsystem arbeitet – das gleiche, das in der Library of Congress in den Vereinigten Staaten verwendet wird. Ich habe gearbeitet, und ich glaube, ich habe an die achtzig Bücher klassifiziert – man mußte jeden Tag so tun, als ob man arbeitete – ich habe die Bücher klassifiziert, und das sprach sich herum; am nächsten Tag jedenfalls kam einer der Kollegen zu mir und machte mir Vorwürfe. Er sagte, ich verhielte mich unkollegial. Die anderen hätten sich darauf geeinigt, daß sie im Durchschnitt vierzig Bücher am Tag klassifizierten. Nun waren aus Gründen des Realismus diese vierzig nicht immer vierzig; es konnten neununddreißig, achtunddreißig, einundvierzig sein, damit alles ein bißchen wahrscheinlicher wurde, nicht wahr, gemäß den Erfordernissen des naturalistischen Romans. Er sagte mir also, so könnte ich nicht weitermachen, und am nächsten Tag klassifizierte ich achtunddreißig Bücher, um nicht als anmaßend zu gelten. Ja, und was geschah dann? Die Arbeit, die wir zu erledigen hatten, war in, sagen wir, einer halben Stunde oder einer dreiviertel Stunde getan; und dann blieb der Rest der sechs Stunden für Gespräche über Fußball – ein Thema, dessen ich zutiefst unkundig bin – oder Klatsch, oder, warum nicht, schlüpfrige Geschichten. Ich bin dort gewissermaßen untergetaucht, denn ich hatte eine sehr seltsame Beschäftigung für mich gefunden: die Bücher der Bibliothek zu lesen. Diesen neun Jahren verdanke ich die Kenntnis der Werke von Léon Bloy, von Paul Claudel; ich las noch einmal die sechs Bände *Verfall und Untergang des römischen Reiches* von Gibbon, und ich lernte Bücher kennen, von denen ich vorher nichts gewußt hatte. Auf diese Weise nutzte ich die Zeit.

OF: In dieser Umgebung haben Sie sich zu schwierigerer Lektüre als zu Hause aufgerafft.

JLB: Das stimmt, ja (*lacht*). Aber das wurde auch nicht gern gesehen: die Tatsache, daß ich Bücher las. Deshalb bewahre ich eine bittersüße Erinnerung daran ... wenn ich mich auch an einige herausragende Freundschaften erinnere. Zum Beispiel mit Alfredo Doblas, einem sehr guten Kameraden. Später gab es auch andere, weniger empfehlenswerte; zum Beispiel einen, an dessen Namen ich mich nicht erinnern möchte, der stolz darauf war, aus Villa Crespo zu stammen, und eines Tages, als er sich wusch, sah ich seine

Brust: eine Art Landkarte aus Messernarben. Einmal fragte ihn jemand, ob er Tango tanze, und er antwortete mit einer gewissen Hochmut: »Was für eine Frage! Ich bin aus Villa Crespo!« Außerdem wurde ich gefragt, was mein liebstes *cuadro* sei. Ich dachte, es ginge um Gemälde. Das war aber nicht der Fall: sie meinten, welche Fußballmannschaft. Daraufhin sagte ich, daß ich absolut keine Ahnung vom Fußball hätte, und sie erklärten mir, da wir nun einmal in diesem Viertel Boedo und San Juan seien, müßte ich sagen, mein Lieblingsclub sei San Lorenzo de Almagro. Ich lernte diese Antwort auswendig und habe immer gesagt, mein Club sei San Lorenzo, um den Kameraden nicht weh zu tun. Ich habe jedoch bemerkt, daß San Lorenzo de Almagro fast niemals gewonnen hat. Daraufhin habe ich mit ihnen gesprochen, und sie erklärten mir, nein, ob man gewinne oder verliere sei von sekundärer Bedeutung – damit hatten sie recht –, aber es sei nun einmal der »wissenschaftlichste« aller Clubs.

OF: Das haben sie gesagt?

JLB: Ja, sie waren so wissenschaftlich …

OF: Daß sie wissenschaftlich verloren.

JLB: Ja, sie konnten nicht gewinnen, aber sie taten es methodisch, oder? (*Beide lachen.*)

OF: Also, das war die Biblioteca Miguel Cané.

JLB: Ja, die Biblioteca Miguel Cané, und sie wurde geleitet von Francisco Luis Bernárdez. Ah, ja, ich habe auch sehr angenehme Erinnerungen an Horacio Schiavo, der dort arbeitete. Und wenn ich mich an diese beiden Namen erinnere, Doblas und Schiavo, dann bedeutet das nicht, daß ich nicht auch gute Erinnerungen an andere hätte, die ich jetzt nicht erwähne. Sie wissen, das Gedächtnis hat seine Aufs und Abs ... und in diesem Moment erinnere ich mich besonders an Doblas und ganz besonders an Schiavo. Er schrieb ein Buch mit dem Titel *La catedral*, ein langes Poem, das er der Kathedrale von Chartres widmete. Später schrieb ich ein Gedicht über Schiavo. Schiavos Gedicht entsprach – zumindest was den Raum angeht – der Kathedrale von Chartres. Das heißt, daß zum Beispiel ein Teil des Poems den Seitenschiffen gewidmet war, ein anderer dem Portikus, der Apsis, was auch immer. Und ich glaube, die Anzahl der Zeilen entsprach der Anzahl der Meter oder Yards der Kathedrale. Man könnte sagen, es war ein symmetrisches Gedicht. Natürlich weiß ich nicht, ob es eine sehr überzeugende Idee war, denn wenn man eine Kathedrale sieht, kann man solche Entsprechungen zwar schätzen, doch im Fall eines Gedichts – ein Gedicht ist ja sukzessive Lektüre – weiß ich nicht, ob man so genau feststellen kann, daß ein Teil des Gedichts der Hälfte eines anderen Teils entspricht; es ist eine seltsame Idee. Doblas nahm uns – Bioy Casares und mich – zu einem Hahnenkampf mit. Ich hatte in Uruguay schon viele gesehen, aber Bioy noch keinen.

OF: Und wo war das?

JLB: In dem Viertel Saavedra, wo heute das Museo Saavedra ist. Meine Mutter hat zu dem Museum etwas beigesteuert – irgendwie sind wir mit diesem wirren Magnaten Don Cornelio Saavedra verwandt. Damals gab es dort eine ganz kleine Estancia, und es gab ein armseliges Dorf, und zu diesem Dorf sind wir an einem Sonntag hinausgegangen, um einen Hahnenkampf zu sehen. Hervorragendes Schauspiel für einen Kurzsichtigen, denn wenn man direkt am Ring ist, dann sind die Hähne … höchstens zwei Meter entfernt. Außerdem bekommt man dort Zeitungen, und die breitet man sich über die Knie, damit man nicht vom Blut der Hähne bespritzt wird. Also, die Besitzer kommen in den Ring, mit dem Hahn unter dem Arm, und stellen die Tiere einander gegenüber auf. Zuerst passiert überhaupt nichts, und dann sorgen sie dafür, daß die Tiere einander mit den Schnäbeln picken. Darauf kommt dann eine Art kriegerischer Furor über sie, und sie bringen einander um. Ich habe Hähne gesehen, die längst keine Hähne mehr waren, sondern irgendwelche scharlachroten Vögel, aber schon ohne Federn.

OF: Überlebende.

JLB: Ja, Überlebende; sie waren blind und haben immer noch weitergekämpft. Es sind sehr einfache Tiere, ich weiß nicht, von welchem Wahn sie besessen sind.

OF: Die argentinische Dogge scheint auch diesen Wesenszug zu haben. Sie kämpft bis zum Ende. Aber, Borges, Sie haben immer vom Glück in den Bibliotheken gesprochen. Haben Sie dieses Glück damals empfunden?

JLB: Ja, aber was mir nicht gefallen hat, war die Vorstellung, daß das etwas mit diesen sechs Stunden zu tun haben sollte (*lacht*); ein begrenztes Glück. Außerdem kostete es mich Mühe, allein zu sein, weil man selbstverständlich mitreden und den neuesten Klatsch anhören mußte...

OF: Man mußte diesen Ritus mitmachen.

JLB: Ja, man mußte den Ritus mitmachen. Aber ich habe sehr viele Bücher gelesen, und insgesamt behalte ich, na ja, versuche ich, diese Bibliothek im Süden von Almagro in guter Erinnerung zu behalten. Und später, als der Sie-wissen-schon-wer an die Macht kam, ernannte die Stadtverwaltung mich zum Inspektor für den Verkauf von Hühnern und Eiern auf dem Markt... Natürlich verstehe ich absolut nichts davon, und ich habe um meine Entlassung nachgereicht, was man ja erwartet hatte. In Wirklichkeit war das am Ende sehr gut für mich, denn ich wurde sofort ins *Colegio Libre de Estudios Superiores* geholt, wo ich anfing, Vorträge zu halten – ich mußte ja irgend etwas tun –, und damit verdiente ich genügend Geld und hatte außerdem die Gelegenheit, durch die ganze Republik zu reisen und ein paarmal nach Montevideo zu fahren, um Vorträge zu halten. Andernfalls hätte ich auf unbestimmte Zeit weiter in der Bibliothek vegetiert. Ich weiß nicht warum, zumal ich mir jedes Jahr sagte: »So, dies ist das letzte Jahr.« Und dann hinderte mich irgendeine Art von Feigheit daran, sie tatsächlich zu verlassen. Mir war ein Lehrstuhl angeboten worden, aber ich war sehr schüchtern und dachte mir: »Nein, öffentlich würde ich kein Wort sagen können.« So bin ich neun Jahre in dieser Bibliothek geblieben, kaum zu glauben. Ich weiß noch, wie ich jeden Wochentag durch San Juan und Boedo gegangen bin und immer dasselbe Zehntellos der Lotterie kaufte. Ich weiß jetzt nicht mehr, welches die Losnummer war, aber sie endete mit 74. Ich habe mir gedacht: »Mein Großvater ist in der Schlacht von La Verde ums Leben gekommen, im Verlauf der Revolution von 1874, nach der Kapitulation von Mitre, also schuldet mir das Jahr 74 etwas ...« Dieser Nummer bin ich treu geblieben, und irgendwann habe ich auch einmal eine Trostprämie gewonnen. Aber, der Symmetrie entsprechend hat die Nummer, als ich die Stelle aufgab und kein Los mehr kaufte, den Haupttreffer gemacht.

OF: Mir ist aufgefallen, daß Sie in Ihre *Antología Personal* und Ihre *Nueva Antología Personal* nicht *Die Bibliothek von Babel* aufgenommen haben, wohl aber Ihren Text *Die Mauer und die Bücher*, den Sie vorzuziehen scheinen.

JLB: *Die Bibliothek von Babel* ist nichts als ein Versuch, ein eitler Versuch, Kafka zu sein, so scheint mir. Es heißt zwar, das Ergebnis sei ein anderes – zum Glück für Kafka ist das Ergebnis ein anderes, zum Unglück für mich. Damals, als ich *Die Bibliothek von Babel* schrieb, war ich Angestellter dieser Bibliothek, und jene unendliche Bibliothek, die das Universum umfaßt, und mit dem Universum verschmilzt, war für mich diese kleine und fast geheime Bibliothek in Almagro.

OF: Dann ist da das Gedicht *Lectores*.

JLB: An dieses Gedicht kann ich mich nicht erinnern.

OF: In diesem Gedicht neigen Sie eher Alonso Quijano zu als Cervantes ...

JLB: Ach so, Alonso Quijano, ja.

OF: Und über den *Quijote* sagen Sie ...

JLB: Ja, ich glaube, ich sage, daß Alonso Quijano den Entschluß faßte, Don Quijote zu sein, und seine Bibliothek verließ. Ich dagegen bin ein schüchterner Alonso Quijano, der seine Bibliothek oder »librería«, wie man damals sagte, nicht verlassen hat.

OF: »Ewig am Vorabend des Abenteuers«, sagen Sie?

JLB: Ja, richtig. Seltsam, die Vorabende sind das Wichtigste, sowohl bei unangenehmen als auch bei angenehmen Ereignissen: die Vorabende sind furchtbar.

OF: Dumas äußert einen ähnlichen Gedanken, nur anders herum. Er sagt, der wirkliche Tatmensch sei jener, der die Erinnerung an seine große Tat vorzieht und am liebsten bei dieser Erinnerung verweilt.

JLB: Ah, das ist gut. Aber ich weiß nicht, ob Männer der Tat bei Erinnerungen verweilen.

OF: Dumas zufolge tun sie das.

JLB: Ich habe den Verdacht, das stimmt nicht. Ich vermute, sie sind ziemlich oberflächlich. Möglicherweise – nehmen wir absichtlich ein falsches Beispiel – war der Trojanische Krieg für Homer wichtiger als für Hektor oder Ajax oder Achilles.

OF: Oh, sicher.

JLB: Ich glaube, das Leben eines Tatmenschen muß ziemlich oberflächlich sein. Das heißt, eine Reihe intensiver Momente, an die man sich jedoch möglicherweise nicht erinnert. Ich denke da zum Beispiel an die verwaschenen Memoiren, die mein Urgroßvater hinterließ, Oberst Suárez – eines der langweiligsten Bücher, die ich im Leben gelesen habe. Obwohl es darin um die Schlacht von Ayacucho geht, und um die Schlacht von Junín.

OF: Bei denen er offenbar einer der Protagonisten war.

JLB: Ja, und die ganze Geschichte ist furchtbar öde, und ich vermute, auch für ihn wäre die Erinnerung daran furchtbar öde. Oder, besser gesagt, wir dürfen annehmen, daß er keinerlei literarisches Talent besaß und einfach Vorgänge registrierte, wie jeder andere sie hätte registrieren können. Nun ja, letzten Endes ist alles, was einem widerfährt, einem anderen widerfahren. Wenn man sich viele Male an etwas erinnert, verwandelt man es in eine Art Formel, nicht wahr? Es gibt Menschen, die ihr eigenes Leben erzählen und es immer auf die gleiche Weise erzählen; ich habe meine Großmutter von Vorgängen erzählen hören, die für sie wichtig gewesen sein müssen, aber sie erzählte sie immer mit denselben Worten. Das heißt, daß die Erinnerung längst geschwunden war. Es blieb nur etwas, das auswendig wiederholt wurde …

OF: Ein Mechanismus …

JLB: Ja, wie man … wie wir ein Sonett aufsagen oder das Vaterunser.

Dante, eine unendliche Lektüre

OF: Es gibt einen Klassiker, der immer gewissermaßen von der Seite in unsere Dialoge hineinspielt, und mit dem wir uns einmal direkt befassen sollten; ein italienischer Klassiker, bei dem Ihnen zuweilen die Abenteuer des Odysseus außerhalb des Ägäischen und des Mittelmeers einfallen. Ich spreche natürlich von Dante.

JLB: Ah, natürlich, und ... das ist ein unendliches Thema.

OF: Ja, unerschöpflich.

JLB: In einem Brief an Cangrande della Scala sagte er, man könne sein Buch auf vier verschiedene Weisen lesen, wie die Heilige Schrift, nicht wahr? Aber zweifellos gibt es noch viele weitere Möglichkeiten, nicht nur die vier. Ich weiß nicht mehr genau, wie diese vierfache Unterteilung aussieht; er hat sie jedenfalls von der Heiligen Schrift übernommen, von den Theologen seiner Epoche. Den Kabbalisten zufolge wäre die Heilige Schrift – genauer: das Alte Testament – im Hinblick auf jeden einzelnen Leser geschrieben, da ja die Leser die

Gläubigen sind; das ist nicht so schwierig, denn die Leser sind nicht weniger das Werk Gottes als die Heilige Schrift. Gott kann alles in ein und demselben Augenblick vorbedacht haben – wenn man im Zusammenhang mit Gott von Augenblick sprechen kann –, nicht wahr?

OF: Das erinnert mich an etwas, was mir vor kurzem Alberto Girri sagte, und zwar über Dichtung. Es war die Vorstellung, daß das Gedicht seinen Leser sucht, seinen Leser findet, seinen Leser erschafft.

JLB: Ah, sehr gut.

OF: Damit wird plötzlich auch der mögliche Leser für ein ganz bestimmtes Gedicht faßbar.

JLB: Ja, und ich glaube, daß es wichtig ist, daß das Buch seinen Leser findet. Wenn einer nämlich nicht seinen Leser findet, hat er vergeblich geschrieben. Also, die Kabbalisten glaubten, daß jeder Vers, jede Zeile der Heiligen Schrift zu Nutz und Frommen jedes einzelnen der Leser aus den vielen Generationen, die es je lesen würden, geschrieben wurde. Ganz speziell für jeden einzelnen. Wenn man nämlich die Bibel liest, empfängt man eine persönliche Mitteilung der Gottheit. Darauf läuft es hinaus, nicht wahr?

OF: Von der Gottheit an jeden einzelnen Leser.

JLB: Ja, an jeden einzelnen Leser. Ich habe mir einmal überlegt, man könnte eine Erzählung schreiben – abgesehen davon, daß es undurchführbar ist; schon die Erfindung der Handlung wäre unmöglich, aber es ist eine hübsche Vorstellung: Wir wissen, daß Dante, nachdem er die *Göttliche Komödie* geschrieben hatte, in Venedig war. Und da Dante im wesentlichen ein *homme de lettres* war, warum nicht annehmen, daß ihm dort ein Thema für eine weitere Dichtung begegnete oder, besser gesagt, daß er ein Thema entdeckte, ahnte. Wenn wir dahin kommen könnten, hätten wir schon etwas geschafft ... Dann wären wir beinahe Dante; denn was kann einer noch schreiben, wenn er die *Göttliche Komödie* geschrieben hat? Man könnte meinen, daß in diesem Buch bereits alles enthalten ist; mich erstaunt die Tatsache, daß es italienische Schriftsteller gibt, die sich nach Dante überhaupt noch zum Schreiben haben aufraffen können. Und doch, da haben wir, um nur ein einziges Beispiel zu nennen, Ariost, dessen *Orlando* vielleicht nicht weniger bedeutend, nicht weniger kostbar ist als die *Göttliche Komödie* und ihr in keiner Weise gleicht. Das heißt, kein Schriftsteller erschöpft die Literatur, aber was hätte Dante schreiben können, das Individuum Dante Alighieri, nachdem er dieses totale Buch *Die Göttliche Komödie* geschrieben hatte? Wenn wir nur ganz einfach das Thema beschreiben könnten, hätten wir schon eine sehr, sehr schöne Geschichte. Aber diese Geschichte könnte nur Dante schreiben. Man müßte etwas finden, etwas, was Dante interessiert haben könnte, nachdem er die *Göttliche Komödie* geschrieben hatte.

OF: Und dazu in Venedig.

JLB: Nun ja, Venedig müßte ein Anreiz sein.

OF: Sicher.

JLB: Und da Venedig ein Ort ist, der für künstlerische Anreize gemacht scheint, wäre das nicht schlecht.

Zweifellos muß diese Stadt Dante überrascht haben. Außerdem darf man ruhig annehmen, daß er sie nie zuvor gesehen hatte – möglicherweise spricht er irgendwo in der *Komödie* von Venedig; soweit ich mich erinnere tut er es nicht, aber mein Gedächtnis ist weniger vollkommen als das Gedicht, es gibt gewisse Ausfälle; also nehmen wir an, daß er nichts über Venedig weiß, daß er Venedig entdeckt; daß er in diese Stadt kommt, in der die Straßen, wie Pascal sehr viel später sagte, »fließende Wege« sind, die Kanäle. Nur, das muß Dante zu irgend etwas angeregt haben; ja, aber welche Idee wäre Dantes würdig? Eben das scheint mir sehr schwierig oder vielleicht sogar unmöglich zu sein.

OF: Möglicherweise fällt es Ihnen irgendwann in einem inspirierten Moment ein ... Vor kurzem haben Sie Dante ein Buch mit Essays gewidmet.

JLB: Ja. Das Buch ist erschienen ... ich höre, es soll eine Sammlung von Druckfehlern sein, und es hat ein Vorwort, an das ich mich aus verschiedenen Gründen nicht erinnern möchte. Außerdem höre ich, es soll eine Ausgabe sein, in der man, vielleicht zu Recht, ganze Absätze ausgelassen hat; ich konnte die Fahnen nicht korrigieren. Im übrigen kann ich Fahnen auch gar nicht mehr korrigieren. Jedenfalls enthält das Buch nur einen Teil dessen, was mir eine unendliche Lektüre wie die Dantes eingeben kann. Ich besaß zu Hause zehn oder zwölf Ausgaben der *Göttlichen Komödie*, weil ich das Gedicht gern wiedergelesen habe, und dazu benutzte ich jedesmal eine andere Ausgabe, weil ich immer den Text und die Kommentare gelesen habe. Und so bin ich dazu gekommen, Kommentare aus dem neunzehnten Jahrhundert und zeitgenössische Kommentare zu lesen. Das heißt, ich habe verschiedene Ausgaben der *Göttlichen Komödie* gelesen, und ich besitze noch immer die englische Übertragung von Longfellow, mit langen Anmerkungen, die er von italienischen Kommentatoren übernommen hat, deren Werke heute nicht mehr nachgedruckt werden. So daß die alte Longfellow-Ausgabe Neuigkeiten enthalten kann, da ja das, was jene Kommentatoren gesagt haben, in Vergessenheit geraten ist. Nun, diese Geschichte mit den Kommentatoren ist merkwürdig; ich glaube, die ersten Kommentare waren theologischer Natur, und ich glaube, es war Boccaccio, der als erster das Gedicht *Die Göttliche Komödie* genannt hat; der Autor hatte daran nicht gedacht. Also, die ersten waren theologischer Natur, danach kamen andere Kommentare historischer Natur, und später suchte man in anderen Kommentaren »Sympathien und Differenzen«, um Alfonso Reyes zu zitieren, zwischen Dante und Vergil. Noch später, in diesem Jahrhundert, versuchte man sich an einem anderen Typ von Kommentaren – Kommentaren ästhetischer Natur, in denen zum Beispiel vermerkt wird, warum dieser oder jener Vers euphonisch ist; man befaßt sich mit dem Klang der Wörter, mit den Konnotationen der Wörter. Dem hatte man vorher keine Beachtung geschenkt. Es wäre also schon die Geschichte der Kommentare über Dante interessant, oder vielmehr ein gutes Thema.

Man liest sein Buch jedesmal auf andere Weise – man sollte dem Buch ein Schaubild mit den vier Lesarten beigeben, von denen Dante sprach. Er jedoch dachte vor allem an den Inhalt, an die Tatsache, daß man das Buch als eine wahrscheinliche Darstellung von Hölle, Fegefeuer oder Paradies lesen könnte; ich glaube, es war Dantes Sohn, der sagte, Dante habe die Absicht gehabt, das Leben der Gerechten zu beschreiben, und das entspräche dem Paradies; das Leben der Reumütigen, das dem Fegefeuer entspricht; und das Leben der Schlechten, der Verworfenen, das der Hölle entspräche. Das heißt, Dantes Absicht war nicht nur eine Beschreibung dieser Schauplätze, sondern …

OF: Eine ethische Absicht.

JLB: Ja, eine ethische Absicht, und dann auch eine allegorische Absicht. Über das Thema Allegorie zu reden, erscheint gegenwärtig ein wenig artifiziell, aber es war die natürliche Denkweise der Zeit, die wir das Mittelalter nennen. Nebenbei bemerkt: Der Name Mittelalter ist absurd; es war ein holländischer Historiker, Horn, der diese Einteilung der Geschichte erfunden hat, und er wurde von Spengler auf den ersten Seiten von *Der Untergang des Abendlandes* dafür getadelt. Wie die Geschichte in Altertum, Mittelalter und Neuzeit unterteilen, da sich doch das Altertum unendlich weit zurückerstreckt, der Begriff Mittelalter sich vielleicht gar nicht rechtfertigen läßt und die Neuzeit immer noch wächst und wächst; und dann muß man die zeitgenössische Geschichte hinzufügen. Diese Unterteilung ist von aller Welt akzeptiert worden, obwohl sie ganz offenkundig unlogisch ist. Früher nahm man an, das Mittelalter sei eine Epoche gewesen, in der die Geschichte verfiel, denn die Renaissance ist ja eine *petitio principii*, weil sie von der Voraussetzung ausgeht, daß vorher alles tot gewesen und nun wiedergeboren worden sei. Dabei verdanken wir dem sogenannten Mittelalter zum Beispiel die Architektur, die man später gotisch nannte und die durchaus nicht zu verachten ist, ferner die großen Heldengesänge: das *Rolandslied*, den *Beowulf*...

OF: Ganz allgemein die Epik.

JLB: Die Epik, ja, und auch die *Göttliche Komödie*, woran man sieht, daß diese Epoche gar nicht so tot war. Außerdem änderte damals die Philosophie ihr Vokabular, doch da gibt es verschiedene Schulen. Anzunehmen, das Mittelalter sei eine Art langen dogmatischen Traums gewesen, ist ein Irrtum, ein offensichtlicher Irrtum. Bis vor kurzem wurde zum Beispiel in den Geschichten der Philosophie, sogar noch in der von Deussen, in der Regel etwa ein Band der Philosophie des Mittelalters gewidmet, ein einziger, und eben dort sind zum Beispiel drei Bände der indischen Philosophie gewidmet, und das, was danach kommt, von der Renaissance an aufwärts, füllt Bände über Bände; unter anderem gibt es einen ganzen Band über Schopenhauer. Ich weiß nicht, warum das Mittelalter derart unterschätzt wurde. Später haben die Romantiker es wiederentdeckt.

OF: Diese Beschäftigung mit Dante erinnert mich daran, daß wir über Erzählungen und Gedichte von Ihnen, nicht aber über Ihre Essays geredet haben, und Sie haben sich ja immer wieder mit dem Essay befaßt.

JLB: Ja, aber ich habe ihn längst beiseite gelegt, weil ich glaube, daß der Essay eine Sache von Ansichten ist; Ansichten aber erscheinen mir so wechselhaft und vergänglich ... Ich weiß nicht, ob ich in meinem Leben noch einmal einen Essay schreiben werde, wahrscheinlich nicht, und wenn, dann auf indirekte Art, so wie wir beide es im Moment tun. Dagegen sehe ich meine Zukunft – meine kurze Zukunft, wie ich hoffe – als der Erzählung gewidmet, der phantastischen Erzählung natürlich, und auch der Lyrik, da ich mir nun einmal die schlechte Angewohnheit des Verseschmiedens zugelegt habe.

OF: Aber Sie wissen, wenn der Dichter reflektiert, wie dann, wenn er einen Essay schreibt, dann entwickelt er eine Form von Scharfsinn, die sich von der des Philosophen oder Theologen unterscheidet; und sie kann gleichzeitig nützlich sein, sie kann uns neue Gefilde entdecken.

JLB: Ja, natürlich, und außerdem bin ich überzeugt davon, daß die Kritik die Werke bereichert; was Sie zu Girri gesagt haben, nicht wahr?

OF: Ja.

JLB: Auch das ist möglich, und sicherlich ist Shakespeares Werk heute reicher als zu der Zeit, als es geschrieben wurde, da ja Coleridge, Bradley und andere Kritiker durch dieses Werk hindurchgegangen sind; und das muß es bereichert haben. Ebenso im Falle

Dantes: so viele Lektüren müssen das Werk bereichert haben. Und die Tatsache, daß Unamuno über das Leben von Don Quijote und Sancho schrieb, hat für viele den *Quijote* modifiziert; jedesmal ist das Werk erneuert worden. Vor allem, wenn es von einfallsreichen Kritikern gelesen wird.

OF: Dante stellt vielleicht auch einen Markstein in der Auffassung der Liebe dar, die mit Platon beginnt, unter anderem mit Dante weitergeht und sich in der romantischen Auffassung der Liebe fortsetzt.

JLB: Ja, die Liebe, »die die Sonne bewegt und die anderen Sterne«. Nun ja, er gibt auch der Liebe einen theologischen Sinn.

OF: Genau, gleichsam eine Möglichkeit der Transzendenz mittels der Liebe; eine Möglichkeit der Verzückung, nicht wahr?

JLB: Ja, und dazu kommt die ästhetische Schönheit, die für mich das Wichtigste an der *Göttlichen Komödie* ist, da ich nicht an ihre, sagen wir, Mythologie glauben kann; die Idee von Strafen zum Beispiel, die Idee von Belohnungen, das ist mir völlig fremd; diese Ideen erscheinen mir sogar unmoralisch. Während wir *Die Göttliche Komödie* lesen, akzeptiert unsere Phantasie allerdings ohne die geringste Schwierigkeit das Konzept von Strafe und Belohnung. Und darüber vergessen wir, daß später zum Beispiel Swedenborg kam, der nicht daran glaubte, da er glaubte, daß jeder Mensch selbst den Himmel oder die Hölle wähle. Das heißt, es ist nicht etwas, das ihm ein Richter auferlegt, es ist etwas, wozu ein Mensch neigt. Swedenborg dachte, wenn ein Mensch stirbt, fühle er sich zunächst ein bißchen verloren, und dann treffe er auf Unbekannte; und diese Unbekannten – er weiß es nicht – können Engel sein oder Teufel. Und er empfindet Vergnügen beim Gespräch mit den einen und Mißbehagen beim Gespräch mit den anderen – und so wählt er freiwillig Himmel oder Hölle.

OF: Man hat also die Freiheit der Wahl.

JLB: Ja, diese Willensfreiheit hat man nicht nur während des Lebens, sondern auch nach dem Tod. Swedenborg malt verschiedentlich den Fall eines Verworfenen aus, der ins Paradies kommt, in den Himmel; und dann befindet sich dieser Verworfene zum Beispiel in den Himmelsgärten, hört himmlische Musik, unterhält sich mit Engeln, und all das erscheint ihm furchtbar und widerlich. Und außerdem leidet er, indem er zum Beispiel das Licht als Verletzung empfindet.

OF: Sein Himmel wäre die Hölle.

JLB: Ja, und so geht er zur Hölle zurück. Dabei fällt mir der *Satanas* von Milton ein, in dem es heißt, wo auch immer er sei, sei die Hölle. Dann sagt er: »I myself am hell« – »Ich selbst bin die Hölle«. Das heißt, er begreift die Hölle nicht als einen Ort, sondern als einen Geistes- oder Seelenzustand. Und im Fall von Swedenborg leben die Teufel natürlich in einer Welt ... die der der Politiker sehr gleicht; zum Beispiel konspirieren sie mit- und gegeneinander – man kann annehmen, daß der Teufel nicht immer dasselbe Individuum ist, da sie ja unaufhörlich gegeneinander Ränke schmieden und einander nachfolgen ...

OF: Sie sehen hier eine Analogie zur Politik?

JLB: Ja, ich glaube, daß ... mir scheint das alles ziemlich unzweifelhaft, oder? Eine Welt von persönlichem Ehrgeiz, von Hierarchie.

OF: Von Macht.

JLB: Ja, von Caudillos ... Also mehr oder minder eine Welt namens *Der Prozeß*, die weniger dem Himmel als der Hölle gleicht.

Über den Mystiker Swedenborg

OF: Es gibt einen Mystiker, der auch Theosoph ist, und den Sie, Borges, sehr gut zu kennen scheinen. Dieser Visionär ist derselbe, den Emerson als Archetyp des Mystikers bezeichnete.

JLB: Swedenborg, ja ... Also, man könnte seine Lehre zusammenfassen ... Jesus Christus zufolge wird der Mensch durch ethisches Verhalten erlöst. Es gibt da diese demagogischen Sätze wie »Die Letzten werden die Ersten sein« und »Selig sind, die da geistlich arm sind, denn ihrer ist das Himmelreich«, oder auch »Lasset die Kindlein zu mir kommen« ... Andererseits haben wir dann im 18. Jahrhundert den großen schwedischen Mystiker Swedenborg, und seine Lehre ist ganz anders. Er stützt seine ganze Lehre auf lange persönliche Gespräche mit den Engeln, in London. Und diese Gespräche dauerten viele Jahre. Er war ein vorzüglicher Wissenschaftler, er hatte sich in der Mineralogie, der Anatomie und auch der Astronomie ausgezeichnet. Und dann ließ er all das fahren, als er in London seine erste Christus-Erscheinung hatte. Von da an widmete er sich ganz dem Besuch der verschiedenen Regionen von Himmel und Hölle – das ist auch der Titel seines vielleicht bekanntesten Buches: *De Coelo et Inferno*. Aber es gibt andere, zum Beispiel eines über das Jüngste Gericht, das ihm zufolge bereits stattgefunden hat. Ja, diese beiden Bücher sind – wie ich schon in irgendeinem Sonett sagte – in einem trockenen Latein abgefaßt. Natürlich ist Swedenborg kein Dichter, aber die Bücher sind geschrieben mit der Genauigkeit eines Reisenden: Es ist, als schriebe er über Gebiete in Afrika oder Asien...

OF: Als handelte es sich, statt um Visionen, um konkrete Landschaften.

JLB: Ja, denn diese Visionen sind obendrein minutiös beschrieben. Aber das könnte ein Thema für einen anderen Dialog sein; am wichtigsten ist vielleicht seine Überzeugung, daß die Erlösung des Menschen nicht nur ethisch, sondern auch intellektuell sein müsse. Es gibt eine Art Parabel von ihm, die sich auf einen Asketen bezieht. Der Asket setzt sich die Erlösung zum Ziel; er verzichtet auf alles, lebt in der Wüste, stirbt und gelangt tatsächlich in den Himmel. Aber als er in den Himmel kommt, ist er verloren, denn laut Swedenborg gibt es alles, was auf der Erde existiert, sagen wir, alles, was sich auf Formen und Farben bezieht, all das gibt es auch im Himmel, aber es ist dort viel intensiver und viel komplexer. Außerdem gibt es da sogar eine Spur von vierter Dimension, denn es heißt, daß die Engel, während sie miteinander sprechen, doch immer Gott zugewandt sind. Seltsam, nicht wahr?

OF: Ja, sehr seltsam.

JLB: Und nun kommt dieser arme Mann, der Asket, von dem ich gesprochen habe, in den Himmel; das Gespräch der Engel ist eine intellektuelle Konversation, natürlich theologischen Charakters, aber sehr kompliziert. Und dieser arme Mann kann dem Dialog der Engel nicht folgen. Darauf überlegen sie, was sie mit ihm machen können. Ihn in die Hölle zu schicken, das wäre natürlich absurd, da er sich in der Hölle sehr unglücklich fühlen würde, weil er ebensowenig mit den Teufeln zusammenleben kann ... Ah, hier möchte ich anmerken, daß, laut Swedenborg, niemand verurteilt und in den Himmel oder in die Hölle geschickt wird, sondern daß man sich im Lauf des Lebens auf eines dieser beiden posthumen Ziele vorbereitet.

OF: Mit jeder Tat.

JLB: Ja, und wenn man stirbt, befindet man sich für einige Zeit in einer Zwischenregion, und dann nähern sich einem Unbekannte. Und wenn man für die einen von ihnen Sympathie empfindet, dann geht man mit ihnen; empfindet man den anderen gegenüber Antipathie, läßt man sie zurück. Aber diese Besucher können Engel oder Dämonen sein. Und die Personen, die sich für den Himmel vorbereitet haben, empfinden Sympathie mit den Engeln und finden die Dämonen furchtbar. Die anderen dagegen, die ihr Leben vergeudet, die sich mit Sünde befleckt haben, fühlen sich bei den Dämonen wohler und finden in der Hölle eine relative Glückseligkeit. Zurück zum Fall des Asketen; der Asket hat in seinem Leben auf alle Freuden, auf alle Formen von Appetit verzichtet. Aber der Himmel ist nicht so, er ist kein Ort der Buße. Er ist im Gegenteil wie das Leben auf der Erde, nur viel reichhaltiger. Und die Gespräche sind intellektuell. Und der arme Mann kann ihnen nicht folgen. Ihn in die Hölle zu schicken, wäre eindeutig ungerecht. So findet man schließlich folgende Lösung: Der Asket projiziert um sich her eine Art Einöde, eine Wüstenillusion. Und dort läßt man ihn dann allein.

OF: In einer Wüstenei.

JLB: In einer Wüstenei, das heißt, er wiederholt das Leben, das er auf der Erde geführt hat. Aber er wiederholt es auf eine andere Art, denn auf der Erde hat er es ja in der Hoffnung auf den Himmel getan. Jetzt dagegen befindet er sich in seiner illusorischen Wüste, ohne jegliche Hoffnung, da er sich nicht ändern kann. Das ist schrecklich.

OF: Es ist furchtbar, es heißt …

JLB: Also, Swedenborg beharrt darauf, daß niemand in die Hölle verdammt oder ins Paradies erhoben wird; daß jeder selbst sein Geschick erwählt. Und dann gibt es eine weitere Parabel – ich weiß nicht, ob es für Swedenborg Parabeln oder reale Tatsachen sind: Es ist die Geschichte von einem Verworfenen, der sich irgendwie in den Himmel begeben hat. Und im Himmel umgibt ihn ein leuchtendes Licht, doch er empfindet dieses Licht als Verbrennung. Und die himmlischen Düfte empfindet er als Gestank. Das heißt, er ist seinem Wesen nach für die Hölle bestimmt und fühlt sich darum im Himmel unglücklich. Für Swedenborg ist die Erlösung nicht nur eine ethische, sondern eine intellektuelle Angelegenheit.

OF: Er hat die Intelligenz geschätzt und gefördert.

JLB: Natürlich, er hat sie gefördert, und seine Bücher sind die Werke eines sehr intelligenten Mannes, wenn auch schriftstellerisch ohne besonderen Reiz; ohne anderen Reiz als den des Themas. Er beschreibt die verschiedenen Regionen des Himmels, die verschiedenen Regionen der Hölle ... Ja, die Hölle – er hat sie durchwandert –, er sieht die Hölle als eine Reihe von Sümpfen; ferner gibt es dort Hütten, es gibt die Überreste niedergebrannter Dörfer, und es gibt auch Spelunken und Bordelle. Und es gibt dort Geräusche, die ihm gräßlich erscheinen, die aber für die Verworfenen Sphärenmusik sind. Und was den Teufel angeht – ich glaube, irgendein lutheranischer Theologe stimmt da mit ihm überein –, der Teufel ist eher ein Titel: Er ist der Chef. Aber da sie in einer derartigen, von Neid und Rivalität erfüllten Welt leben – die Welt der Politiker, könnte man sagen –, ist keiner längere Zeit Chef, weil die übrigen gegen ihn konspirieren, zugunsten eines anderen, der ihm dann nachfolgt und gegen den sie sich dann wiederum verschwören. Die Bezeichnung Teufel bezieht sich also nicht auf ein bestimmtes Einzelwesen, sondern auf verschiedene Individuen, die sich gegenseitig hassen. Und sie führen ein schreckliches Leben, aber dieses Leben ist für sie natürlich viel erhebender als das unerträgliche Paradies.

OF: Wenn ich Sie recht verstanden habe ...

JLB: Und er beschreibt all dies mit sehr vielen Einzelheiten: Die Hölle, wie gesagt, mit Sümpfen, Bordellen, Spelunken und vor allem unausgesetzten Verschwörungen. Die Teilnehmer an diesen Verschwörungen betrügen wiederum einander, wie es ihrer teuflischen Natur gemäß ist. Und trotzdem werden beide Welten, Himmel und Hölle, vom Herrn geleitet. Das Universum besteht aus einer Art Gleichgewicht zwischen diesen beiden Regionen, der Zone von Schatten und Verbrechen und Sünden und der anderen, dem heiteren, konservativen, philosophischen Himmel. All dies ist Material aus verschiedenen Büchern; ich besitze mehrere Swedenborg-Biographien ... Er ging nach England, weil er Newton kennenlernen wollte, ist ihm jedoch nie begegnet. Und dann empfing er in London die erste Heimsuchung durch Jesus Christus. Und seine Diener hörten alles. Er ging hin und her, und sie hörten seine Schritte. Da ging er oben im Himmel auf und ab und unterhielt sich mit den Engeln. Er hat auch auf Londons Straßen mit Engeln gesprochen; darüber habe ich ein Sonett geschrieben.

OF: Ja, das würde ich gern vorlesen.

JLB: Gut, und irgendwann sollten wir noch einen Dialog über Blake bestreiten, denn Blake ergänzt die, sagen wir, ethische Erlösung und die intellektuelle Erlösung um eine dritte, deren seiner Meinung nach jeder Mensch bedarf, und das ist die Erlösung durch die Ästhetik. Blake wäre also ein rebellischer Jünger Swedenborgs, zumal er schlecht von Swedenborg spricht; aber er selbst ist ohne Swedenborg nicht denkbar. Nun war Blake ein großer Dichter, etwas, was Swedenborg nicht war und auch nicht hätte sein wollen. Und so haben wir nun dieses umfangreiche Werk Swedenborgs, alles in Latein, abgesehen von irgendwelchen in schwedischer Sprache geschriebenen Berichte über den Bergbau, und diese Jahre seines Lebens... Ich weiß nicht, ob sein Leben in London einsam war, denn wenn er sich dauernd mit Engeln unterhalten hat, war er ja nicht so allein.

OF: In Ihrer Bibliothek habe ich viele Bände Swedenborg gesehen, und, wie ich glaube, aus verschiedenen Epochen seines Lebens.

JLB: Ja, ich glaube, das erste habe ich in Buenos Aires gelesen, und dann entdeckte ich, daß es in Everyman's Library vier Bände gibt; darunter eine kurze Abhandlung über das Jüngste Gericht. Außerdem schrieb ich ein Vorwort für eine hier bei uns erschienene Swedenborg-Ausgabe, einen Text, der sich auch in meinem Buch *Prólogos* findet. Ja, wenn Sie das Sonett vorlesen wollen...

OF: Ich lese es vor, aber vorher wollte ich Sie fragen... Was ist bei Ihnen – Sie bezeichnen sich ja gewöhnlich als Agnostiker – der Ursprung dieses Glaubens, dieses Vertrauens auf einen Mystiker wie Swedenborg.

JLB: Nein, nein, nein, ich weiß nicht, ob das stimmt. Ich weiß, daß er ein aufrichtiger Mann war, und ein berühmter Mathematiker, Astronom, Mineraloge, daß er durch ganz Europa reiste.

OF: Ein vielseitiger Mann.

JLB: Ja, und er gab alle diese wissenschaftlichen Disziplinen auf, weil er glaubte, er sei zur Verbreitung dieses Glaubens berufen. Nun scheint es, daß er im Gespräch nie darauf beharrt hat; das tat er in seinen Schriften, im Gespräch hat er diese Themen nie behandelt. Er führte ein eher nüchternes Leben, außer wenn irgendein Landsmann von ihm nach London kam. Dann feierten die beiden den Besuch – ich nehme an, auch in Spelunken, oder vielleicht mit Frauen, ich weiß es nicht, es wurde dergleichen angedeutet. Zur Zeit gibt es viele Swedenborg-Jünger, vor allem in den Vereinigten Staaten. De Quincey erzählt von Gesprächen mit einem Engländer in Manchester, der Swedenborgianer war; und auch der Vater von Henry und William James war ein Swedenborg-Jünger.

OF: Es waren also Anhänger von Swedenborgs Lehre über das neue Jerusalem.

JLB: Ja, und dann gibt es da eine Kirche, die sehr hübsch ist – man denkt bei Kirchen ja immer an düstere Orte –, und diese ist wie ein Gewächshaus, wie aus Glas; das heißt, es ist eine Kirche der Klarheit, was gut zu Swedenborgs Lehre paßt.

OF: Jetzt möchte ich Ihr Gedicht an Emanuel Swedenborg vorlesen.

Más alto que los otros, caminaba
Aquel hombre lejano entre los hombres;
Apenas si llamaba por sus nombres
Secretos a los ángeles. Miraba
Lo que no ven los ojos terrenales:

La ardiente geometría, el cristalino
Laberinto de Dios y el remolino
Sórdido de los goces infernales.
Sabía que la gloria y el Averno
En tu alma están y sus mitologías;
Sabía, como el griego, que los días
Del tiempo son espejos del Eterno.
En árido latín fue registrando
Ultimas cosas sin porqué ni cuando.*

JLB: Nun ja, da habe ich in Verse gebracht, was ich Ihnen gerade sagte.

* Viel größer als die andren wanderte / einst dieser Mann entrückt unter den Menschen; / sprach er, so rief er bei ihren geheimen / Namen die Engel. Er betrachtete / was irdische Augen niemals sehen: / die glühende Geometrie, kristallen / Gottes Labyrinth und dazu den Unflat / des Mahlstroms aller höllischen Gelüste. / Er wußte, daß in deiner Seele Himmel / und Hölle sind, und ihre Mythenkreise; / er wußte, wie der Grieche, daß die Tage / der Zeit nur Spiegel des Ewigen sind. / In trockenem Latein verzeichnete / er letzte Dinge ohne Weil und Wann.

Über den Humor

OF: Es gibt verschiedene Mutmaßungen über die Quellen Ihres Humors, über Ihren literarischen Humor und über Ihren Humor hinsichtlich aller möglichen Dinge. Man denkt zum Beispiel an Bernard Shaw, man denkt an Dr. Samuel Johnson oder an andere.

JLB: Ich wußte nicht, daß ich Humor habe, doch scheint es so zu sein. Ich glaube, da dies ein sehr abergläubisches Land ist, braucht jemand nur etwas gegen diesen Aberglauben und seine vielfältigen Formen zu sagen, damit man es für einen Witz hält. Und ich glaube, daß die Leute, um das, was ich sage, nicht ernst nehmen zu müssen, mich des Humors bezichtigen; aber ich glaube nicht, daß ich Humor habe. Ich glaube, daß ich ein ganz einfacher Mensch bin, ich sage das, was ich denke, aber da ich damit vielen Vorurteilen widerspreche, nimmt man an, daß es sich um Scherze von mir handelt. Und so bleibt mein, nun ja, mein Ruhm unangetastet... Und ebenso die Dinge, die ich angreife. Zum Beispiel habe ich kürzlich einen

Artikel veröffentlicht, *Unsere Heucheleien*, und was ich darin gesagt habe, war alles vollkommen ernst gemeint, aber man nahm an, es handle sich um eine Reihe sehr einfallsreicher Witze, so daß ich genau von den Leuten gelobt wurde, die ich angegriffen hatte.

OF: Indem man etwas Humor nennt, wird es harmlos.

JLB: Ja, ich glaube schon. Aber zugleich ist der Humor etwas, was ich bewundere – vor allem bei anderen. Was mich betrifft, so kann ich mich an keinen Scherz von mir erinnern.

OF: Aber in der Tradition von Dr. Johnson, zum Beispiel.

JLB: Das ja, also Humor und vor allem Einfallsreichtum. Aber es scheint so schwierig ... es ist schwierig, die Dinge zu definieren; gerade bei den offensichtlichsten Dingen ist eine Definition unmöglich, denn definieren bedeutet ja, etwas mit anderen Wörtern auszudrücken. Diese anderen Wörter können weniger ausdrucksvoll sein als das Definierte. Und außerdem läßt sich das Elementare nicht definieren; wie wollen Sie zum Beispiel den Geschmack von Kaffee definieren oder diese angenehme Traurigkeit der Abenddämmerungen, oder diese zweifellos illusorische Hoffnung, die man zuweilen am Morgen empfindet. Diese Dinge lassen sich nicht definieren.

OF: Sie lassen sich nicht definieren.

JLB: Abstrakte Dinge dagegen durchaus. Sie können zum Beispiel eine exakte Definition für ein Vieleck liefern oder für einen Kongreß; derlei Dinge lassen sich definieren. Ich weiß jedoch nicht, wie weit Sie einen Zahnschmerz definieren können.

OF: Man kann aber durchaus den Mangel an Humor definieren. Zum Beispiel in unserem Land.

JLB: Ah, das ja, das Fehlen von Humor und die feierliche Steifheit, eines unserer Übel, nicht wahr, das sich in so vielen Dingen zeigt. Zum Beispiel gibt es wohl kaum ein Land mit einer so kurzen Geschichte wie Argentinien – es sind ja kaum zwei Jahrhunderte –, und trotzdem werden wahrscheinlich nur in wenigen Ländern die Leute derart überschüttet mit Jahrestagen, vaterländischen Terminen, Reiterstandbildern, mit Huldigungen für ruhmreiche Tote.

OF: Und mit Beschimpfungen ruhmreicher Toter.

JLB: Und mit Beschimpfungen, ja. Es ist schlimm, und natürlich ist das gefördert worden.

OF: Sie charakterisieren die argentinische Geschichte manchmal als sehr grausam. Unter den wesentlichen Merkmalen heben Sie die Grausamkeit hervor.

JLB: Ich glaube, das stimmt. Ich habe heute gerade eine von der Polizei veröffentlichte Statistik über die in den letzten Jahren begangenen Morde gelesen, und seit einem ziemlich jungen Datum scheint es jedes Jahr mehr Verbrechen gegeben zu haben. Aber das hängt natürlich mit der Armut zusammen; je ärmer die Menschen sind, um so leichter werden sie zu Verbrechern.

OF: Außerdem ist es ein Merkmal unserer Epoche.

JLB: Die Gewalttätigkeit, ja.

OF: Leider...

JLB: Ja, aber ich glaube, daß dieses ethische Delikt eine ökonomische Wurzel hat.

OF: Ja. Was nun den Humor angeht, so sagte ich Ihnen, daß Sie, wie ich glaube, über die Jahre hin wenn nicht den Humor, so doch die Ironie eines Mannes wie Shaw oder wie Johnson bewundert haben.

JLB: Ja, natürlich, ohne Zweifel.

OF: Und wie würden Sie die entsprechenden Wesenszüge der beiden definieren? Sie sind doch beide sehr ausgefallen und beide sehr typisch für das englische Genie.

JLB: Also, bei beiden wurzelt die Ironie im Verstand, glaube ich, oder? Das heißt, sie ist nicht willkürlich. Mir persönlich ist das, was Gracián »Ingenio« [Geist, Erfindungsgabe] nannte, eher unangenehm, weil es sich um Wortspiele handelt, und Wortspiele beziehen sich nur auf die Wörter, das heißt, auf Konventionen. Der Humor dagegen läßt sich auf reale Vorgänge anwenden, nicht nur auf Ähnlichkeiten zwischen einer Silbe und einer anderen.

OF: Natürlich. Und bei den Engländern ist der Humor ja tatsächlich sehr vernünftig.

JLB: Sehr vernünftig, aber trotz allem gibt es da etwas Phantastisches... glaube ich, zwischen Witz und Humor; der Humor mag zwar reale Dinge kritisieren, aber mir scheint, im Humoristischen ist immer etwas Phantastisches, nicht wahr? Da ist immer ein Element von Phantasie, von Vorstellungskraft, das möglicherweise in der Ironie oder im Witz nicht vorkommt.

OF: Ah, natürlich.

JLB: Also, eine Spur von Fabel, eine Spur von Traum; das Humoristische hat etwas Irrationales. Auch etwas leicht Magisches. Das wäre dann der Unterschied. Leider fällt mir im Moment kein Beispiel ein, aber da ich über das Thema länger nachgedacht habe, hoffe ich, daß die Behauptung, die ich hier jetzt bekräftige, gültig ist.

OF: Das Beispiel, auf die eine oder andere Weise, sind Sie selber. Im Gegensatz zu Lugones, zu Mallea und vielen anderen argentinischen Schriftstellern, bei denen sich leider ein Mangel an Humor feststellen läßt, haben Sie den Humor ja kultiviert.

JLB: Nun ja, Lugones hat sich manchmal daran versucht, aber mit eher unglücklichem Resultat, möchte ich sagen. Zum Beispiel: »Die Gouvernante, eine hagere Schottin, vollkommen gleichschenklig, neben der feisten Schwiegermutter.« Da gibt es natürlich eine humoristische Absicht, aber das Ergebnis ist eher melancholisch.

OF: Es springt einem nicht direkt ins Auge …

JLB: Also, das Wort »gleichschenklig« ist grazil, nicht wahr? Es paßt alles viel besser zu einer Karikatur als zu einem realen Bild, und das hatte Lugones sich vorgenommen. Mir fallen keine anderen Versuche von Lugones in Richtung Esprit ein; bei Groussac dagegen wohl; da ist die Ironie offensichtlich. Zum Beispiel finden wir sie in seiner Polemik, in der es heißt: »Die Tatsache, daß ein *opusculum* von Dr. X käuflich feilgeboten wird, könnte sich als ernstes Hindernis für seine Verbreitung erweisen« (*lacht*). Hier ist es offensichtlich, nicht wahr, wer soll es denn kaufen?

OF: Da ich nun schon auf Samuel Johnson herumreite, fällt mir ein, daß Sie gesagt haben, wenn man denn schon in England einen Nationalautor wählen mußte, hätte die Wahl auf ihn fallen sollen.

JLB: Gut, ich würde sagen, Johnson, Wordsworth ... Aber ich kann auch auf ein nicht englisches und kaum weniger berühmtes Buch verweisen. Ich würde sagen, wenn es eine Konvention gäbe, derzufolge jedes Land durch ein Buch vertreten sein müßte, dann müßte in diesem Fall das Buch die Bibel sein. Die Bibel, das ist allgemein bekannt, enthält hebräische und griechische Texte, die ins Englische übersetzt wurden. Aber heute stellen diese Texte einen Teil der englischen Sprache dar. Ein Bibelzitat auf spanisch oder französisch mag pedantisch klingen, oder es wird vielleicht nicht sofort identifiziert. Im Gegensatz dazu ist die englische Umgangssprache voll von biblischen Sentenzen. Und ich – also, meine Großmutter – sie kam aus einer Familie methodistischer Prediger, konnte die Bibel auswendig. Man konnte einen beliebigen Satz aus der Bibel zitieren, und sie sagte: »Buch Hiob, Kapitel soundso, Vers soundso«, und dann setzte sie das Zitat fort. Oder: »Buch der Könige« oder »Hoheslied«.

OF: Sie war immer nahe an der Quelle, könnte man sagen.

JLB: Ja, sie las jeden Tag in der Bibel. Und ich weiß nicht, ob Ihnen das bekannt ist: In England hat jede Familie eine Bibel, und auf den leeren Seiten am Schluß ist die Familienchronik verzeichnet. Zum Beispiel die Heiraten, die Geburten, die Taufen, die Todesfälle. Also, diese Familienbibeln besitzen juristische Gültigkeit: Sie können in einem Gerichtsverfahren verwendet werden; sie werden vom Gesetz als authentische Dokumente akzeptiert. Wenn zum Beispiel in der *Family Bible* das und das steht. In Deutschland, einem anderen mehrheitlich protestantischen Land, gibt es das Adjektiv *bibelfest*, das auf jemanden angewendet wird, der die Bibel auswendig kann. Das gleiche gilt, wie Sie sich erinnern werden, für den Islam, wo die Leute den Koran auswendig können. Ich glaube, der Name des berühmten persischen Dichters Hafis bedeutet: »Der sich Erinnernde«, und das heißt: Der, der den Koran auswendig kann.

OF: So ähnlich wie *el memorioso*.

JLB: Ja, irgendwie wie der arme Funes (*beide lachen*).

OF: Oder wie Sie selber.

JLB: Bitte?

OF: In einer Zeitung aus Buenos Aires wurden Sie »el memorioso« genannt.

JLB: Apropos Funes: Es ist mir nicht nur einmal, sondern häufig geschehen, daß ich gefragt wurde, ob ich ihn gekannt hätte; ob Funes existiert hat. Aber das ist noch nichts im Vergleich dazu, daß ein spanischer

Journalist mich fragte, ob ich noch immer den siebten Band der Enzyklopädie von *Tlön, Uqbar, Orbis Tertius* besäße.

OF: Der aus einer Erzählung von Ihnen stammt.

JLB: Ja, aus einer Erzählung von mir. Und als ich ihm sagte, das sei alles erfunden, sah er mich voller Verachtung an – er hatte geglaubt, dies alles sei Historie, und so war es nicht; es waren nur persönliche Phantastereien von mir, und man brauchte sie überhaupt nicht ernst zu nehmen. Und das gleiche ist mir in Madrid passiert mit meiner Geschichte *Das Aleph*. Ich weiß nicht, ob Sie sich erinnern, aber das Aleph ist ein Punkt, in dem alle Punkte des Raums zusammenfallen, genauso wie in der Ewigkeit alle Momente der Zeit enthalten sind. Ich hatte die Ewigkeit als Modell für *Das Aleph* gewählt. Also eine Geschichte über das Aleph, der unverdienter Ruhm zuteil wurde, und die diesen Titel trägt. Ein Journalist fragte mich, ob es in Buenos Aires tatsächlich ein Aleph gebe. Ich sagte ihm: »Also, wenn es eines gäbe, dann wäre es der berühmteste Gegenstand der Welt, und dann käme es nicht nur in einem Buch mit phantastischen Erzählungen eines südamerikanischen Schriftstellers vor.« Worauf er mir mit einer geradezu rührenden Naivität erklärte: »Ja, aber Sie nennen doch die Straße und die Hausnummer – es heißt da Calle Garay, Nummer soundso.« Gibt es denn etwas Einfacheres, als eine Straße und eine Hausnummer zu nennen?

OF: Er glaubte, die Straße und die Hausnummer wären nicht erfunden.

JLB: Nein, natürlich waren die Straße und die Hausnummer nicht erfunden, wohl aber die Tatsache, daß dort dergleichen stattfindet. Ich habe gehört, daß es viele Leute gibt, aus den verschiedensten Gegenden, vor allem aus ganz Südamerika, die herkommen und sich in der Calle Corrientes ein bestimmtes Haus ansehen, weil es einen Tango mit dem Titel Corrientes 1214 oder so ähnlich gibt.

OF: 3-4-8.

JLB: Ah! Sehr gut, Sie erinnern sich. Es gibt also Leute, die dieses Haus suchen, und wir kennen einen ähnlichen Fall, in dem Fabel oder Literatur ernst genommen werden: Es scheint, daß viele Leute nach London reisen, um dort das Haus von Sherlock Holmes zu sehen. Sie gehen in die Baker Street und suchen die bestimmte Hausnummer. Um diese Leute zufriedenzustellen, oder einfach nur als Scherz, hat man dort ein Sherlock-Holmes-Museum eingerichtet; und da finden die Touristen das, was sie suchen, weil es dort alles gibt, also, Mantel, Stock, Laboratorium, Geige, Lupe, Pfeifen, alles.

OF: Genau wie die Besucher es sich vorstellen.

JLB: Ja, all das Zubehör, all die Attribute von Holmes sind jetzt dort zu finden. Nun ja, das hat schon Oscar Wilde gesagt, mit seinem Satz: »Die Natur imitiert die Kunst.«

OF: Richtig.

JLB: Und ein Beispiel dafür, daß Oscar Wilde liefert, ist die Geschichte einer Dame, die nicht auf den Balkon treten wollte, um sich den Sonnenuntergang anzusehen, weil sie diesen Sonnenuntergang schon auf einem Gemälde von Turner hatte. Und er setzte hinzu: »Einer der schlechtesten Sonnenuntergänge von Turner« (*lacht*), weil die Natur den Maler nicht gut imitiert hatte.

Über Shakespeare

OF: Wir haben schon einige Male über die Klassiker gesprochen, auch über die, denen Ihre Vorliebe gilt. Aber wir haben noch nicht über den gesprochen, der Ihre Erzählung *Everything and Nothing* inspiriert hat.

JLB: Shakespeare.

OF: Von dem Sie zum Beispiel sagen, daß der Stoff ihn nur in zweiter Linie interessiert habe.

JLB: Ich glaube ja, aber außerdem hat er aus kommerziellen Gründen Stoffe gesucht, die bereits bekannt waren. Zum Beispiel im Falle von *Macbeth*; da gab es auf dem Thron von Großbritannien einen König von Schottland, der eine Abhandlung über Dämonologie geschrieben hatte, und außerdem stammte er von einem der Protagonisten des Dramas ab, von Banquo. All das kam gelegen. Nun hatte Banquo in der Chronik von Holinshed, die Shakespeare gelesen haben dürfte, eine ziemlich traurige Rolle; Shakespeare jedoch mußte ihn zum Helden machen, um nicht das Mißfallen des Königs zu erregen. Deshalb hat er den Stoff modifiziert. Und es scheint, daß Macbeth ganz ordentlich regiert hat, doch ihn mußte er zu einem Tyrannen machen; und er regierte, glaube ich, neun oder zehn Jahre lang, aber für Shakespeare war es sinnvoll, alle diese Abläufe zusammenzudrängen, und tatsächlich ist *Macbeth* Shakespeares »schnellstes« Drama; das heißt, es beginnt, könnte man sagen, schon im Laufschritt, mit der Hexen-Szene: »When shall we three meet again? / In thunder, lightning, or in rain?« Bioy Casares und ich haben einmal eine *Macbeth*-Übersetzung begonnen, und haben das so übersetzt: »Cuando bajo el fulgor del trueno« [Unter dem Strahlen des Donners], eine absichtliche Vermischung von Donner und Blitz, »... otra vez seremos una sola cosa las tres« [werden wir drei wieder eins sein]. Das ist ganz gut, scheint mir, oder?

OF: Sehr gut.

JLB: Das heißt, es ist keine wörtliche Übersetzung, aber das ist auch besser so ... Nun ja, Shakespeare hätte sie wohl gebilligt, oder?

OF: Bestimmt.

JLB: Wir haben drei oder vier Szenen übersetzt, und dann, ich weiß nicht warum – man weiß nie, weshalb solche Dinge passieren –, haben wir aufgehört, haben das Projekt beiseitegelegt, und ich weiß nicht, ob wir es jemals wieder aufnehmen werden.

OF: Später sind Sie von Victoria Ocampo zusammengetrommelt worden, für die Shakespeare-Nummer von *Sur*, und da haben Sie eine Seite über ihn geschrieben.

JLB: Das wußte ich nicht, aber gab es wirklich eine Shakespeare-Nummer von *Sur*?

OF: Das ganze Heft war Shakespeare gewidmet.

JLB: ... Ich glaube fast, Sie sind dabei, die Vergangenheit zu modifizieren.

OF (*lacht*): Nein, nein, es stimmt.

JLB: Wenn es um Shakespeare geht, meint man immer, man habe nicht genug gesagt, nicht wahr? Daß man hätte mehr sagen müssen. Seltsam, es ist, als ob der Name Shakespeare unendlich wäre. Ich habe manchmal diesen Namen erwähnt und nicht den eines anderen Dichters, weil ich diese Konnotation des Unendlichen empfunden habe, die in seinem Namen steckt und die bei anderen Dichtern, die vielleicht nicht einmal schlechter waren, nicht anklingt. Zum Beispiel, wenn ich sage John Donne, dann nenne ich einen großen Namen, aber es ist kein großer Name für die Phantasie des Lesers. Wenn ich dagegen Shakespeare sage, dann wohl; und auch Hugo hat dazu beigetragen, dem Namen Shakespeares eine unendliche Konnotation zu geben.

OF: Aber wenn wir über das Unendliche des Namens Shakespeares sprechen, dann sprechen wir zugleich über das Unendliche der englischen Sprache.

JLB: Das auch, ja. Also, das Englische, wie ich einmal sagte, hat den anderen abendländischen Sprachen gegenüber einen Vorteil. Statistisch gibt es mehr Wörter lateinischen Ursprungs als angelsächsischen Ursprungs im Englischen; die grundlegenden Wörter aber sind angelsächsisch, das heißt, germanisch. Und das, sagen wir, Umfeld jedes einzelnen Wortes ist ein wenig anders. Das ist nicht weiter wichtig, wenn wir ein Buch über Logik oder Philosophie übersetzen; wenn wir aber ein Gedicht übersetzen, sind vielleicht die Kadenz und das Umfeld der Wörter wichtiger als der Sinn. So daß eine wörtliche Übersetzung am wenigsten getreu wäre. Also, im Englischen gibt es für jede Vorstellung immer zwei Wörter: eines angelsächsischen Ursprungs, in der Regel kurz, und eines lateinischen Ursprungs, in der Regel länger und abstrakter. Das Englische ist die körperlichste Sprache, die ich kenne; Spanisch ist eine relativ abstrakte Sprache, und sogar Latein. Aber Englisch ist eine sehr physische Sprache, und das ist ein sehr wichtiger Umstand für die Dichtung. Hinzu kommt, daß man angelsächsische und lateinische Wörter miteinander spielen lassen kann ... Man sieht das an dem, was vielleicht *das* klassische Buch der englischen Literatur ist, man sieht es an der Übersetzung, die zu Zeiten Jakobs I. angefertigt wurde, des Autors der Abhandlung über Dämonologie und des Zeitgenossen von Macbeth, ja: *The King James Bible*. Da wird unausgesetzt mit diesen beiden Quellen der englischen Sprache gespielt: Der sächsischen und der lateinischen Quelle, und man bemerkt das, sagen wir, Zusammenspiel, *the interplay* beider Elemente. In Deutschland dagegen hat man die lateinischen Wörter genommen und sie übersetzt. So ist zum Beispiel *Vaterland* eine genaue Übersetzung von *patria*, und man hat sie genommen, weil den Germanen diese

Idee von der Bedeutung des *Landes der Väter* fehlte. Sie haben zum Beispiel an ihre Loyalität diesem oder jenem Häuptling gegenüber gedacht, nicht aber an die Tatsache, daß sie an einem bestimmten Ort geboren waren; etwas, was natürlich ist für Leute, die unaufhörlich hin und her gezogen sind.

OF: Aber in diesem Fall, im Falle Shakespeares, sehen Sie die englische Sprache als mysteriös an; Sie sprechen von der »mysteriösen englischen Sprache« im Zusammenhang mit Shakespeare.

JLB: Ja, weil er Wörter aus beiden Sprachen benutzte ... Zu seiner Zeit war das Englische vielleicht noch flexibler als heute: Man konnte dauernd Neologismen verwenden, und sie wurden von den Zuhörern akzeptiert. Heute dagegen werden zusammengesetzte Wörter im Deutschen ganz natürlich verwendet, während sie im Englischen ein bißchen artifiziell klingen. Obwohl Joyce sich dem Prägen von Wörtern verschrieben hat. Aber er hat ein literarisches Werk geschaffen, das für die Allgemeinheit unverständlich ist, nicht wahr? Dem hat er sich verschrieben, und ich glaube, daß in *Finnegans Wake*, abgesehen von den Konjunktionen und den Präpositionen und den Artikeln, jedes Wort ein Neologismus ist; und ein zusammengesetztes Wort. Und das gilt nicht nur für die Substantive, sondern auch für die Adjektive und für die Verben. Joyce erfindet Verben. Natürlich bietet das Englische diese Möglichkeit: daß ein Wort, ohne seine Form zu verändern, ein Adjektiv sein kann, ein Substantiv oder ein Verb; man muß es einfach entsprechend verwenden.

So haben wir im Spanischen zum Beispiel *vals* und *valsear* [Walzer und Walzer tanzen], aber im Englischen ist *waltz* beides, und man könnte es auch als Adjektiv verwenden, ohne daß die Form sich änderte.

OF: Ja, vielleicht ist das Englische die funktionellste Sprache überhaupt.

JLB: Ja, in diesem Sinn ja. Im Japanischen dagegen, von dem ich etwas zu begreifen versuche, stellte ich mit Entsetzen fest, daß man die Adjektive konjugiert, das heißt, das Adjektiv verändert sich je nachdem, ob es sich auf eine gegenwärtige, eine vergangene oder auf eine zukünftige Tatsache bezieht. Es verändert sich nicht nur das Substantiv oder das Verb, sondern auch das Adjektiv. Und ein japanisches Kind lernt das, ohne zu wissen, daß es etwas sehr, sehr Kompliziertes lernt. Es ist derselbe Vorgang wie der, den ich in einem anderen Gespräch erwähnt habe, daß sich die Zahlen verändern je nachdem, was gezählt wird: So daß es zwei verschiedene Arten von Wörtern gibt für vier Instrumente, vier kleine Tiere, vier große Tiere, vier abstrakte Begriffe, vier Personen, vier große zylindrische Gegenstände; immer ändert sich das System.

OF: Es sind viele Sprachen in einer.

JLB: Ja, viele Sprachen in einer, aber einem Kind scheint das keine größere Schwierigkeit zu bereiten, da für ein Kind jede Sprache einfach ist.

OF: Das stimmt.

JLB: Deshalb hat ein englischer Dichter gesagt: »Wax to receive and marble to retain« – »Wachs im Aufnehmen und Marmor im Bewahren«, was man später auf den Liebhaber anwandte, der ganz leicht einen Eindruck aufnimmt von der Frau, die er liebt, und der ihn für immer bewahrt; aber ursprünglich wurde er auf die Kinder angewandt, die mühelos aufnehmen und für immer behalten.

OF: Kommen wir auf Shakespeare zurück, auf Shakespeares Leben; Sie sagen, nachdem das wirtschaftliche Wohlergehen gesichert war, hörte er, der Theaterunternehmer und Theaterautor war, auf zu schreiben …

JLB: Ja.

OF: Das wäre ein außerordentliches Indiz dafür, daß die Muse bisweilen, um Ausdruck zu finden, vorübergehend einen Menschen wählt.

JLB: Das könnte man meinen, doch könnte man auch meinen, daß er diesen Stimulus brauchte, den Stimulus des Arbeitenmüssens, für eine bestimmte Gruppe von Schauspielern, in diesem oder jenem Theater; und daß ohne diesen Stimulus nichts geschah. So etwas kommt vor … Ein kleineres Beispiel dafür hätten wir mit unserem Hilario Ascasubi, der während der Bürgerkriege sehr hübsche Verse schrieb, weil er den Stimulus der Schlacht brauchte; er wollte die Gauchos, die Soldaten begeistern. Und später, in Paris, als er all das neu schaffen wollte, schrieb er diesen gereimten Schundroman mit dem Titel *Santos Vega o Los mellizos de la Flor* [Santos Vega oder die Zwillinge von La Flor], in dem es nur wenige denkwürdige Seiten gibt, weil ihm dieser Stimulus fehlte.

OF: Ah, klar.

JLB: Es scheint, daß Shakespeare den Stimulus brauchte, also, den Zwang, ein Theaterstück für seine Schauspieler zu schreiben, das an einem bestimmten Tag zum erstenmal aufgeführt werden mußte. Und später, als er wirtschaftlichen Wohlstand erreicht hatte, empfand er diesen Stimulus nicht mehr; und es scheint, daß er in den letzten Jahren nichts mehr schrieb, abgesehen von seinem Epitaph oder seinem absichtlich prosaischen Testament. Und wie Groussac in einem hervorragenden literaturkritischen Buch schreibt, starb er nach einem Gelage mit Schauspielern, die aus London gekommen waren, um ihn zu besuchen. Kurz danach starb er. Er hatte einen Hang zu Rechtshändeln. Die Juristerei hatte ihn immer interessiert, das bemerkt man an der Überfülle juristischer Metaphern in seinen Werken; es gibt darin viele Metaphern, die er den Gesetzestexten entnommen hat. Er greift oft auf juristische Metaphern zurück, die in der Umgangssprache nicht unbedingt gebräuchlich sind. Aber Shakespeare war daran interessiert, und später interessierte es ihn so sehr, daß sein ganzes Alter voll von Rechtsstreitigkeiten war, aus nebensächlichen Motiven. Ja, und außerdem war er Pfandleiher – tut mir leid, das sagen zu müssen. Das heißt, er vergaß, daß er ein großer Dichter sein konnte, und zog es vor, Pfandleiher und Prozessierer zu sein. Er wählte sich also ein seltsames Schicksal, für mich ein wenig unverständlich.

OF: Aber er hat sich nie ganz von der Metapher entfernt.

JLB: Nein.

OF: Nun, gegen Ende Ihrer Geschichte über Shakespeare, *Everything and Nothing*, heißt es, daß Shakespeare mit Gott sprach und daß er ihm sagte: »Ich, der ich vergebens so viele Menschen gewesen bin, will nur einer sein.«

JLB: Ja, das heißt, daß er gern Shakespeare gewesen wäre, und nun entdeckt er, natürlich ... die Literatur verlangt diese Parallele –, daß Gott ebensowenig weiß, wer er ist, nicht wahr?

OF: Ja, man begreift dies bei der Antwort Gottes an Shakespeare, die ich vorlesen möchte.

JLB: Natürlich läuft es in gewisser Weise darauf hinaus, Shakespeare mit Gott zu vergleichen.

OF: Richtig.

JLB: Was das allerhöchste Lob wäre, nicht wahr?

OF: Das allerhöchste Lob.

JLB: Einen Menschen mit der Gottheit zu vergleichen.

OF: Gottes Antwort an Shakespeare lautet: »Auch Ich bin nicht; ich habe die Welt geträumt wie du, mein Shakespeare, dein Werk geträumt hast.«

JLB: Natürlich sagt Gott im Gegensatz dazu, den heiligen Schriften zufolge: »Ich bin, der ich bin.« Aber ich glaube, daß die ganze Kraft dieses Abschnitts in »mein Shakespeare« liegt, denn das deutet auf eine Art persönlicher Zuneigung Gottes zu Shakespeare hin, nicht wahr? Und außerdem ist Shakespeare eines seiner Geschöpfe, und er erkennt es unter all den Tausenden ...

OF: Es weist auch auf Ihre persönliche Zuneigung zu Shakespeare hin.

JLB: ... Ich, oder die Muse, wir haben mit diesem »mein« das Richtige getroffen; das Wort war notwendig, damit dieser Satz ein wenig Wirkung, ein wenig Wucht hat.

Über die Metapher

OF: Da Ihre Ansicht, Borges, von der anderer Autoren in dieser Beziehung abweicht, interessiert mich Ihre Vorstellung von der Metapher in der Literatur.

JLB: Ja, anfangs habe ich mich gewissermaßen zum Metaphernkult bekannt, wie Leopoldo Lugones ihn uns gelehrt hatte. Seltsamerweise sprach sich diese ganze Generation, deren Angehörige sich Ultraisten nannten, gegen Lugones aus, und dennoch war Lugones unter uns immer gegenwärtig. Ich weiß noch, González Lanuza, mein Vetter Guillermo Juan Borges, Norah Lange und ich, wir konnten keinen Sonnenuntergang sehen, ohne jedesmal wieder zu sagen: »Y muere como un tigre el sol eterno.« – »Und wie ein Tiger stirbt die ewige Sonne.« Und der Mond brachte uns immer wieder zu Anspielungen auf das *Lunario sentimental* [Empfindsamer Mondkalender]. Und wir alle bekannten uns zu dieser Ästhetik, der Ästhetik der Metapher. Nun weist Lugones im Vorwort zum *Lunario sentimental* darauf hin, daß die Sprache aus Metaphern bestehe, da ja jedes abstrakte Wort eine Metapher sei; nehmen wir nur das Wort Metapher, das, wenn ich mich nicht irre, im Griechischen »Übertragung« bedeutet.

OF: Richtig.

JLB: Und ganz ähnlich sagte Emerson, die Sprache sei fossile Poesie; aber hier sollte man bemerken, daß wir, um uns überhaupt verständigen zu können, die Etymologie der Wörter vergessen sollten. Ortega y Gasset sagte, um etwas zu verstehen, müsse man die Etymologie verstehen, während ich eher sagen würde, um uns zu verständigen, müssen wir die Etymologie der Wörter vergesssen. Ein Beispiel dafür hätten wir in dem Wort »Stil«; der Stil war eine Art Stichel, mit dem die Alten geschrieben haben, ich glaube, auf Wachs. Aber wenn ich jetzt von barockem Stil spreche, dann sollten wir nicht an einen Stichel denken, auch nicht daran, daß Barock eine der Bezeichnungen des Syllogismus ist; denn wenn ich nun denke: Ein mit einem Syllogismus vergleichbarer Stichel, dann bin ich sicher ziemlich entfernt vom Begriff des Stils. Deshalb müssen wir, um uns zu verständigen, den metaphorischen Ursprung der Wörter vergessen.

OF: In diesem »Übertragen« steckt ja irgendwie die Vorstellung, etwas über das eigentliche Ziel hinauszutragen, über das Ziel hinauszuschießen.

JLB: In diesem Fall wäre es ein Volltreffer; ich glaube nämlich, wenn das, was man schreibt, genau das ausdrückt, was man ausdrücken wollte, dann verliert es an Wert; man muß darüber hinausgehen. Das ist das, was mit jedem alten Buch geschieht: Man liest es über die darin enthaltene Absicht hinaus. Und die Literatur besteht eben darin, daß man nicht genau schreibt, was man sich vornimmt, sondern auf geheimnisvolle oder prophetische Weise darüber hinausgeht, über das ursprüngliche Ziel hinaus.

OF: Im Fall der Metapher kommt man unweigerlich auf Platon zurück. Im *Gastmahl* sagt Alkibiades: »Sokrates will ich mittels Vergleichen loben, denn das Ziel des Gleichnisses ist die Wahrheit.«

JLB: Also, ich bin vollkommen einverstanden mit Alkibiades. Außerdem können wir uns gar nicht anders ausdrücken; und überdies hat das, was man indirekt sagt, mehr Kraft als das, was direkt gesagt wird. Ich weiß nicht, ob wir darauf schon einmal zu sprechen gekommen sind, aber wenn ich sage: »Soundso ist gestorben«, dann sage ich etwas Konkretes. Wenn ich aber auf eine biblische Metapher zurückgreife und sage: »Soundso ruht bei seinen Ahnen«, dann ist das wirkungsvoller. Außerdem ist hier indirekt die Idee ausgedrückt, daß alle Menschen sterben und zu ihren Ahnen zurückkehren. Oder, wie man etwas weniger schön im Englischen sagt: »Join the majority«; Soundso hat sich der Mehrheit angeschlossen. Und da es mehr Tote als Lebende gibt, heißt das, er ist gestorben; und wir, die wir leben, sind eine Minderheit, und zwar eine provisorische Minderheit.

OF: Klar.

JLB: Irgendwann werden wir uns der Mehrheit anschließen, den Toten.

OF: Da werden wir Gesellschaft haben (*lacht*).

JLB (*lacht*): Da werden wir sehr viel Gesellschaft haben, ja.

OF: Sie haben einmal gesagt, vielleicht würde ein einziger guter Vers ohne Metapher ausreichen, um die Theorie zu widerlegen, daß die Metapher ein wesentliches Element sei.

JLB: Ja. Bestimmt habe ich von der japanischen Dichtung gesprochen, die die Metapher nicht kennt, und vielleicht wäre es ganz einfach, Beispiele für Verse zu finden, die ohne Metaphern geschrieben worden sind; abgesehen davon, daß man nicht vergessen darf, daß jedes Wort eine Metapher ist. Aber ich glaube, wenn man zum Beispiel »Die Milchstraße« hört oder sagt, ist es besser, nicht an einen Weg aus Milch zu denken. Mauthner weist darauf hin, daß die Milchstraße bei den Chinesen »Das Silbergeräusch« heißt, und er sagt, uns erscheine das poetisch; und zweifellos wird es einem Chinesen poetisch erscheinen, daß man von der Milchstraße spricht, dem Weg aus Milch, statt der Galaxis. Galaxis heißt Milchstraße auf Griechisch.

OF: Ich glaube, Sie haben schon einmal darauf hingewiesen, daß Aristoteles die Metapher auf Dinge stützt und nicht auf Sprache.

JLB: Ich glaube, er sagt, daß einer, der Ähnlichkeiten bemerkt, seine eigene Metapher schmieden kann. Einer, der Verwandtschaften wahrnimmt, die nicht unmittelbar zu bemerken sind. Und die Metapher bestünde darin, die geheimen Verbindungen zwischen den Dingen auszudrücken.

OF: Sie erwähnen gelegentlich die Metaphern der isländischen Dichtung, die Snorri Sturluson gesammelt hat.

JLB: Ah, ja, aber diese Metaphern waren, was wir heute »funktionale Metaphern« nennen würden; das heißt, sie entsprachen keiner poetischen Intuition, sondern sie waren vernunftgemäß, vielleicht zu vernünftig. Wenn ich nämlich von einem Krieger sage, er ist »der Helmpfosten«, dann ist diese Metapher reichlich gewöhnlich, sie hat keinerlei Schönheit, finden Sie nicht?

OF: Nein, »der Helmpfosten« nicht.

JLB: Vielleicht ist das der Fehler der alten germanischen Metaphern – angelsächsisch oder skandinavisch –, daß sie vernünftig waren.

OF: Sie sind weniger poetisch.

JLB: Ja. Anders sieht es aus mit »Walweg« für das Meer.

OF: Das ist nicht schlecht.

JLB: Nein, ich glaube, darin liegt Schönheit, aber ich weiß nicht, ob sie sich darüber im klaren waren; möglicherweise nicht. Natürlich ist »Walweg« gut für das Meer: Die Großartigkeit des Wals scheint sich zu vereinen mit der Großartigkeit des Meeres. In der angelsächsischen Dichtung ist die Metapher »Lanzentreffen« für Schlacht sehr geläufig. Ich glaube, es gibt einen wesentlichen Unterschied zwischen den germanischen Metaphern, die vernunftbetont sind, und, zum Beispiel, den orientalischen, persischen oder arabischen Metaphern, die sich durch die Emotion rechtfertigen. Zum Beispiel, wenn man einen Prinzen oder eine Prinzessin mit dem Mond vergleicht, dann denkt man offensichtlich nicht an die Form des Mondes; man denkt an seine Helligkeit oder seine Poesie, nicht wahr?

OF: An den Glanz.

JLB: An den Glanz, gut, und ich glaube, das ist wirkungsvoller, und so läßt sich derlei rechtfertigen; wenn ich nämlich die Sonne »Tagesauge« nenne, weiß ich nicht, ob das besonders hübsch ist. Diese Metapher hat das englische Wort »daisy« [Margerite] erzeugt, weil eine Margerite, wenn man sie zeichnet, einer Sonne gleicht; das heißt, sie gleicht dem »Tagesauge«. Und schließlich fand ich einen Ausdruck, den, glaube ich, die Kabbalisten benutzen: »linkes Auge des Himmels«. Das linke Auge des Himmels wäre der Mond. Ich nehme an, das rechte Auge wäre die Sonne; möglicherweise, weil das Wort »izquierdo« [links] etwas irgendwie Minderwertiges oder vielleicht Unwürdiges anklingen läßt ... Also, das Wort »siniestro« [links, »unheimlich«] das auch links bedeutet, auf jeden Fall.

OF: Merkwürdig, daß Sie, obwohl Sie ein Dichter sind, was Sie auf natürliche Weise mit der Metapher zu verbinden scheint, in der Bewertung der Metapher nicht mit Lugones und dem Ultraismus übereinstimmen.

JLB: Ich weiß gar nicht, ob Lugones dieser Idee immer treu gewesen ist. Lugones wußte, daß die Kadenz, die Musik der Sprache sehr wichtig ist: Er muß es gewußt haben. Ich weiß nicht, ob ich die folgenden Verse von

Lugones schon einmal zitiert habe: »El jardín con sus intímos retiros / dará a tu alado sueño fácil jaula« – »Der Garten mit seiner intimen Abgeschiedenheit wird deinem geflügelten Traum einen behaglichen Käfig geben.« Nun, das könnte man auf eine Art Gleichung reduzieren: »Der Traum ist ein Vogel, sein Käfig ist der Garten.« Aber wenn man es so sagt, verfliegt die Poesie.

OF: Sie löst sich auf.

JLB: Sie verschwindet. Auch wenn da eine Metapher ist, und vielleicht sogar eine neue, wenn auch nicht sehr interessante, wir spüren sofort, daß die Poesie in der Kadenz liegt. Und vor allem dieses: »dará a tu alado sueño fácil jaula« wirkt unmittelbar, man empfindet es als Poesie. Und danach kann man all dies logisch rechtfertigen, indem man sagt, daß der Traum ein Vogel und daß der Käfig des Traums der Garten ist. Aber es so zu begründen, hieße fast, es vollkommen zu zerstören.

OF: Natürlich, diese Rechtfertigung ist der Poesie fremd.

JLB: Fremd, ja... Im allgemeinen, glaube ich, empfindet man die Schönheit eines Satzes; und danach, wenn man will, kann man ihn erklären oder nicht. Aber ich glaube, es ist notwendig, gleichzeitig zu spüren, daß dieser Satz nicht willkürlich ist.

OF: Daß die Rechtfertigung auf irgendeine Weise implizit ist.

JLB: Ja, auf irgendeine Weise, obwohl man sie vielleicht nicht kennt.

Über Borges und das Gedächtnis

OF: Vor kurzem, Borges, haben wir über Ihre Gestalt Funes und das Gedächtnis gesprochen, und wir erinnerten an den Beinamen »el memorioso« – »der mit dem guten Gedächtnis« –, der, nachdem Sie ihn erfunden haben, in letzter Zeit in Buenos Aires bisweilen auf Sie selber angewandt wird.

JLB: Ohne jede Berechtigung, denn mein Gedächtnis ist nur noch die Erinnerung an ... Zitate, an Seiten, an gelesene Gedichte; was dagegen meine persönliche Geschichte angeht – es mag sein, daß ich sie in einen Plot verwandelt oder versucht habe, ihr Plots zu entnehmen –, aber wenn Sie mich etwas über mein Leben fragen, dann irre ich mich immer. Vor allem, wenn es um die Reisen geht und die zeitliche Abfolge dieser Reisen. Was Daten betrifft, abgesehen vom Jahr 1955 ... nun ja, das ist natürlich mit der Revolution verbunden, von der wir so viel erwartet hatten und die uns auch einige Dinge gebracht hat. Was man leicht übersieht. Ich begann damals blind zu werden. Und dann hat man mich zum Direktor der Nationalbibliothek gemacht, im Jahre 1955, es sind also einige vor allem für mich schwerwiegende Dinge geschehen. Aber abgesehen davon ist mein Gedächtnis eher ein Zitatenspeicher. Ich glaube, ich habe schon einmal auf die melancholische Bemerkung von Emerson hingewiesen, in der er sich auf einen Text mit dem Titel *Quotations* bezieht und sagt: »Das Leben selbst wird zu einem Zitat.« Es ist ein bißchen traurig; man kommt dazu, das eigene Leben, die Schmerzen, das eigene Unglück... gewissermaßen wie zwischen Gänsefüßchen zu betrachten. Und das ist schrecklich, nicht wahr? Ja, für mein fehlbares Gedächtnis ist mein Leben schon ein wenig so etwas: eine Serie von Zitaten. Aber da ich niemals irgend etwas auswendig gelernt habe, sind diese Zitate vielleicht Zitate aus Texten, die sich meinem Gedächtnis auferlegt haben. Die mich so sehr bewegt haben, daß sie heute unvergeßlich sind. Und zugleich erinnere ich mich an Verse, die so schlecht sind, daß ich sie nicht vergessen kann.

OF (*lacht*): Da gibt es sicher einige mögliche Mutmaßungen, was Ihr Gedächtnis angeht, was wir in diesem Fall Ihr literarisches Gedächtnis nennen könnten.

JLB: Ich glaube, man sollte nicht vergessen, was der französische Philosoph Bergson sagte, der behauptete, daß das Gedächtnis selektiv sei, das heißt, das Gedächtnis wählt aus. Wenn die Menschen von Natur oder Temperament her eher pathetisch sind, neigen sie dazu, sich an ihr Unglück zu erinnern, da das

Unglück ihnen als Vorwand für pathetische Reden dient. Da ich aber keinen Hang zum Pathos habe, oder versuche, nicht pathetisch zu sein, vergesse ich das Schlechte und die Erinnerung an Kummer. In diesem Zusammenhang gibt es ein unvermeidliches Zitat aus dem *Martín Fierro*:

»Sepan que olvidar lo malo
también es tener memoria.«*

Also, ich glaube, daß die Erinnerung des Vergessens bedarf. Was die Rechtfertigung für diese Meinung angeht, kann ich eben auf meine Geschichte *Funes el memorioso (Das unerbittliche Gedächtnis)* verweisen – der Fall von Funes ist natürlich hypothetisch: Ein von einem unendlichen Gedächtnis erstickter Mann – er erinnert sich an jeden einzelnen Augenblick, er erinnert sich nicht an eine Person, sondern an all die Male, da er sie gesehen hat; er erinnert sich daran, ob er sie von vorn, im Profil, im Halbprofil gesehen hat. Er erinnert sich an die Tageszeit, zu der er sie gesehen hat; das heißt, er erinnert sich an so viele Einzelheiten, daß er unfähig ist zu generalisieren, unfähig zu denken – da ja das Denken des Abstrahierens bedarf, und diese Abstraktionen entstehen, indem man kleine Unterschiede vergißt und die Dinge den in ihnen enthaltenen Ideen gemäß zusammenfaßt. Und mein armer Funes ist unfähig zu all dem, und so stirbt er, erdrückt von diesem unendlichen Gedächtnis. Er stirbt sehr jung, wenn ich mich nicht irre.

* Man muß wissen, daß Schlechtes zu vergessen / auch ein Erinnern ist.

OF: Das stimmt, und deshalb eben meine Mutmaßung: Sie sagen, das Gedächtnis bedürfe irgendwie des Vergessens; kann es dann sein, daß das literarische Gedächtnis von Borges sich manchmal erstickt fühlt wie das von Funes, und daß es das Gespräch braucht, um die Bürde zu erleichtern?

JLB: Jedenfalls mag ich das Gespräch sehr. Natürlich erinnere ich mich auch gern. Inzwischen ist es mir gelungen zu vergessen – ich glaube, das habe ich schon einmal gesagt –, daß ich dasselbe Konzept in verschiedenen Formen wiederholt habe, ohne mir dessen bewußt gewesen zu sein: Jedenfalls gibt es Geschichten von mir, die man für Varianten von anderen halten könnte.

OF: Das kreative Vergessen und das kreative Gedächtnis.

JLB: Ja, Vergessen und Gedächtnis sind kreativ. Ich weiß nicht, ob ich Ihnen schon von den beiden Sonetten über Schach erzählt habe, von der Erzählung *Die kreisförmigen Ruinen* und von einem Gedicht, dessen unendliche Kettenglieder Tiger sind. Also, diese drei Fälle entsprechen genau derselben Idee. Aber dessen war ich mir nicht bewußt. Und dann gibt es noch ein Thema, das ich mit Variationen wiederhole – mit so variierten Variationen, daß ich nicht mehr bemerke, daß ich wiederhole –, und zwar das von etwas Kostbarem, das Thema von einem kostbaren Geschenk, das sich als furchtbar, als unerträglich herausstellt. Gerade vor ein paar Momenten haben wir an das unendliche

Gedächtnis von Funes erinnert – ein unendliches Gedächtnis scheint ein Geschenk zu sein, aber es tötet den, der es besitzt oder der von ihm besessen wird. Das wäre dieselbe Idee wie in *Das Aleph*: Jener Punkt, wo alle Punkte des Raumes zusammenkommen, was einen Menschen erdrücken kann. Und in einer weiteren Geschichte, *Der Zahir*: Ein unvergeßbarer Gegenstand, und weil er unvergeßbar ist, denkt der Protagonist unaufhörlich daran, kann deshalb aber an nichts anderes denken; er ist verrückt geworden oder wird gerade verrückt, als er die Geschichte schreibt. Es ist dieselbe Idee. Oder auch *Das Sandbuch*: Ein unendliches Buch, das sich ebenfalls gräßlich erweist für den, der es besitzt. Das also wären Variationen über dasselbe Thema: Ein kostbares Objekt, ein kostbares Geschenk, das sich als furchtbar herausstellt. Und zweifellos werde ich weitere Geschichten mit dem gleichen Plot schreiben, oder besser gesagt, ich habe für mein nächstes Buch bereits eine geschrieben: *La memoria de Shakespeare* [Shakespeares Gedächtnis]; darin geht es um einen deutschen Gelehrten, der Shakespeares persönliches Gedächtnis besitzt oder davon besessen wird – das Gedächtnis Shakespeares einige Tage vor seinem Tod –, und schließlich ist er wie überflutet von diesem unendlichen Gedächtnis und muß es an irgend jemanden weitergeben, um nicht verrückt zu werden. Das heißt, es ist die gleiche Geschichte, und ich spiele Variationen durch. Aber vielleicht ist ja die ganze Weltliteratur eine Reihe von Variationen über dasselbe Thema. Vor allem über das Thema der getrennten

Liebenden, oder der Liebenden, die sich treffen und wieder trennen. Es ist ein unendliches Thema.

OF: Diese Variationen können zu einer größeren Perfektion der Erzählung führen, aber ich wollte Sie fragen, ob Sie schon einmal, nach Art von Funes, Angst vor Ihrem eigenen Gedächtnis gehabt haben?

JLB: Nein, weil mein Gedächtnis auswählt; es hat einige Tatsachen ausgewählt und versucht, die unangenehmen Tatsachen zu vergessen.

OF: Und das literarische Gedächtnis – ist es in Ihrem Fall nie erstickend, erdrückend gewesen? Haben Sie es nie so empfunden?

JLB: Nein; ich muß ja einen großen Teil meiner Zeit allein verbringen; wenn ich dann auf dem Bett ausgestreckt liege, beginne ich, Strophen zu rezitieren. Vor allem Strophen von Verlaine, Strophen von Swinburne, auch Strophen von Almafuerte; viele Sonette von Quevedo – von denen ich nicht weiß, ob sie mir gefallen, die mir aber jedenfalls unvergeßlich sind –, ein Sonett von Banchs, das ich immer wieder aufsage: *Das Sonett vom Spiegel*. Und das eine oder andere Gedicht von Juan Ramón Jiménez. Und außerdem, na ja, warum nicht, Werke lateinischer Dichter, anonyme angelsächsische Gedichte ...

OF: Ihr Gedächtnis wäre für Sie also ein ständiger Gefährte.

JLB: Und ... irgendwie ist es eine Anthologie.

OF: Klar.

JLB: Allerdings weiß ich, die besten Anthologien sind

jene, die die Zeit zusammenstellt. Betrachten Sie irgendeine Anthologie, sagen wir *Las cien mejores poesías líricas de la lengua castellana* [Die hundert besten lyrischen Gedichte spanischer Sprache] von Menéndez y Pelayo. Zu Beginn ist die Anthologie gut, denn es sind Gedichte, die die Zeit ausgewählt hat – obwohl sich auch die Zeit gelegentlich irrt, denn ich glaube nicht, daß zu den besten Gedichten spanischer Sprache zum Beispiel *Erase un hombre a una nariz pegado* [Es war einmal ein Mann mit einer Nase behaftet] von Quevedo gehört oder *La vaquera de la Finojosa* [Die Sennerin von La Finojosa] des Marqués de Santillana. Sie sind eher des Vergessens und Vergebens würdig. Aber die Anthologie ist mehr oder minder gut, bis man zur Gegenwart kommt; da muß Menéndez y Pelayo natürlich an seine Kollegen denken, an die Zeitgenossen, und wir begegnen Dichtern, die heute glücklicherweise vergessen sind (*beide lachen*). Seltsamerweise schrieb Menéndez y Pelayo bessere Gedichte als seine Freunde, seine spanischen Zeitgenossen, aber sich selbst hat er in die Anthologie nicht aufgenommen. Ein weiterer eigenartiger Aspekt des Falles Menéndez y Pelayo: Niemand denkt an ihn als an einen Dichter. Nun ja, Homero Guglielmini kannte die lange Epistel an Horaz von Menéndez y Pelayo auswendig. Ich kann sie nicht auswendig, erinnere mich aber an einige glückliche Verse, darunter einen sehr mysteriös glückhaften; aber literarische Vortrefflichkeit ist ja immer mysteriös, ist immer unerklärlich. Ich erinnere mich an diese zwei Passagen. Eine ist sehr kurz, nur eine

Zeile: »La náyade en el agua de la fuente« – »Die Najade im Wasser der Quelle«. Das ist sehr hübsch; es gibt da keinerlei Metapher, natürlich ein Bild, aber die Idee des visuellen Bildes der Najade im Wasser der Quelle scheint trivial, das Wichtige scheinen die Wörter zu sein, nicht wahr?

OF: Es ist schlicht und direkt.

JLB: Ja, und dann die andere Passage, in der es um den Raub der Europa durch Zeus geht, der die Gestalt eines Stieres annimmt und mit ihr fortschwimmt. Es lautet:

»Que el níveo toro a la de cien ciudades,
Creta, conduzca la robada ninfa.«*

Nun ist »níveo« [schneeweiß] recht trivial, und sicherlich ist »Creta, la de cien ciudades« die Übersetzung einer griechischen Bezeichnung für Kreta. Aber es bleibt das Hyperbaton, die Umstellung: »La de cien ciudades, Creta« statt »Creta, la de cien ciudades«. Das Wort »conduzca« ist nicht glücklich, aber das ist unwichtig; es wird von der Strömung des Verses getragen, von der Wucht des Verses. Aber heute erinnert man sich an Menéndez y Pelayo als Literaturhistoriker, als Kritiker (er war ein sehr willkürlicher Kritiker, vor allem hat er alles Ausländische negiert und das Spanische in den Himmel gepriesen). Ein wenig wie Ricardo Rojas in der *Historia de la literatura argentina*. Abgesehen davon, daß seine »argentinische Literatur« eher eine

* Daß der schneeweiße Stier zum hundertstädtigen / Kreta die geraubte Nymphe bringe.

Mutmaßung darstellt; jedenfalls scheint mir die Arbeit von Menéndez y Pelayo ernsthafter gewesen zu sein. Dabei fällt mir ein Scherz von Groussac über Menéndez y Pelayo ein. Letzterer hatte eine *Historia de la filosofía española* publiziert, und Groussac sagte: »Der Titel ist recht überwältigend, korrigiert jedoch die Strenge des Substantivs Philosophie mit dem Lächeln des Epithetons spanisch« (*lacht*). Das findet sich in einem der besten Bücher von Groussac, und ich glaube, es ist nicht ins Spanische übersetzt worden: *Un énigme littéraire* [Ein literarisches Rätsel] über das, was man den falschen *Quijote* nannte oder die Fortsetzung des *Quijote*, die Cervantes dazu brachte, zum Glück für ihn und für uns, den zweiten Teil des *Quijote* zu schreiben. Soweit ich weiß, ist Groussacs Buch nicht übersetzt worden, und es ist eines seiner besten Bücher – er hat es in seiner Muttersprache geschrieben, auf französisch. Groussac, der sein Schicksal als das eines von vornherein Gescheiterten ansah: Er wäre gern ein großer französischer Schriftsteller gewesen und wurde zu einem, sagen wir, bei uns berühmten Schriftsteller. Aber wie er damals bemerkte – heute wäre das nicht mehr so sicher –: »In Südamerika berühmt zu sein, heißt nicht, weniger unbekannt zu werden.« Heute dagegen heißt, aus Südamerika zu sein, berühmt sein, möchte ich sagen, oder? (*Beide lachen*) Nach all dem, was man den lateinamerikanischen Boom genannt hat.

OF: In gewisser Weise ...

JLB: Ja, aber Groussac zu seiner Zeit konnte das noch anders sehen ...

OF: Das genaue Gegenteil.

JLB: Ja, er hat im Gegenteil empfunden, daß Südamerika ein etwas vergessener Winkel des Planeten war. Und heute denkt man vielleicht zu sehr an Südamerika; man schreibt uns ja ständig Tugenden zu, von denen ich nicht weiß, ob sie zutreffen, und die in meinem Fall unverdient sind.

OF (*lacht*): Das Gedächtnis, Borges, wäre also ein angenehmer Gefährte, der uns außerdem die Möglichkeit der Kreativität gibt.

JLB: Und er hat uns die Möglichkeit gegeben, eine Viertelstunde miteinander zu plaudern, glaube ich (*lacht*), was heute nicht weniger kostbar ist.

Über die Intelligenz des Dichters

OF: Sie haben einmal gesagt, Borges, jeder intelligente Poet sei ein guter Prosaist.

JLB: Ja, mein Ausgangspunkt war Stevenson, der gesagt hat, die Prosa sei die schwierigste Form der Poesie. Und ein Beweis dafür wäre die Tatsache, daß es Literaturen gibt, die niemals zur Prosa vorgedrungen sind. Zum Beispiel hat die angelsächsische Literatur in fünf Jahrhunderten wunderbare elegische und epische Lyrik hervorgebracht; aber die Prosa, die sie uns hinterließ, ist wirklich kläglich, ist eher ärmlich. Und das würde mit dem übereinstimmen, was Mallarmé sagte: Sobald man ein wenig Sorgfalt auf das verwendet, was man schreibt, versifiziert man. Das liefe etwa auf das gleiche hinaus.

OF: Sie ergänzen die Idee, indem Sie sagen, daß die entgegengesetzte Möglichkeit nicht als eine Konstante angesehen werden könne, das heißt, daß ein intelligenter Prosaautor auch ein guter Poet sei.

JLB: Nun ja, es kann sich ergeben, daß die Prosa die

Poesie nicht unbedingt ausschließt, denn ich nehme an, um eine gute Prosa-Periode zu schreiben, muß man ein feines Ohr haben, und ohne dieses Gehör kann man nicht versifizieren; vor allem nicht im freien Vers, der eine dauernde Erfindung von Kadenzen voraussetzt.

OF: Klar, und Sie schließen die Idee ab, indem Sie sagen, daß gute Prosa jedenfalls nicht mit jenen mysteriösen Poeten korrespondierte, die auf die Intelligenz verzichten können.

JLB (*lacht*): Das habe ich gesagt?

OF: Ja (*lacht*).

JLB: Na gut, ich stimme dem Satz zu, auch wenn ich ihn gesagt habe, und selbst wenn er ein Geschenk wäre, das Sie mir in diesem Moment machen.

OF: Nein, aber mich interessiert besonders Ihre Idee über die Intelligenz des Poeten beim Verfassen von Prosa. Zum Beispiel wurden die faszinierendsten Essays, die ich gelesen habe, von Poeten geschrieben. Und genauso ist es mir mit Erzählungen ergangen; wenn auch natürlich nicht mit dem Roman.

JLB: Nein, nicht mit dem Roman; der Roman scheint einen unsichtbaren oder sagen wir geheimen Erzähler zu verlangen, nicht wahr? In einem guten Roman sind die Gestalten real, nicht der Autor, oder jedenfalls der Autor weniger. Es ist eine Gattung, an der ich mich nie versucht habe, und an der ich mich nie versuchen werde, denn um ein guter Romanautor zu werden, müßte man zunächst ein guter Romanleser gewesen sein, und ich glaube, abgesehen von Conrad, von Dikkens, vom zweiten Teil des *Quijote* – nicht vom ersten – habe ich keinen Roman gelesen, der mir nicht eine Kraftanstrengung, eine Art Lehrzeit abverlangt hätte. Und das scheint mir nicht so gut zu sein, da doch der Sinn der Lektüre, ich will nicht sagen das Glück, aber doch die Bewegtheit des Lesers sein sollte.

OF: Sicher. Aber kommen wir zurück zur Intelligenz des Poeten. Man könnte meinen, daß diese Art Intelligenz geschaffen ist, um die Realität auf andere Weise zu betrachten, oder das, was wir Realität nennen. Sie ist anders als die philosophische oder wissenschaftliche Intelligenz.

JLB: Ja, ich nehme an, daß sie vollkommen anders ist... Ich glaube zum Beispiel, daß alles, was mir geschieht, eine Art Lehm für mein Werk ist, daß ich aber nicht versuchen muß, Wörter zu suchen, die etwa ein Spiegel der Realität wären. Ich muß diese Realität auf gewisse Weise modifizieren, und diese verschiedenen Modifikationen heißen Fabel, heißen Erzählung, heißen Bericht oder auch Gedicht; also würde ich sagen, alles, was ich schreibe, ist autobiographisch. Aber niemals direkt, sondern indirekt – was viel wirkungsvoller sein kann. Außerdem, wenn man die Metapher zuläßt... die Metapher ist eine Art, die Dinge indirekt zu sagen; der Vers desgleichen, denn die Kadenz des Verses entspricht nicht den mündlichen Kadenzen.

OF: Nun scheint die Intelligenz des Poeten eher mit Intuition als mit formaler Logik zu tun zu haben. Sie werden sich in diesem Zusammenhang sicher noch daran erinnern, daß der Zen-Buddhismus vorschreibt, man solle sich nicht von der Logik beherrschen lassen, ohne zugleich auch der Intuition ihren Platz eingeräumt zu haben.

JLB: Ja, man geht davon aus, daß die Intuition in jedem Fall das Ursprüngliche ist.

OF: Das gilt für den Orient, aber im Abendland scheint man die Bedeutung der Intuition noch nicht entdeckt zu haben, und man geht weiterhin davon aus, daß die Logik das einzige ist, was uns zur Wahrheit führen kann. Aber gerade die Dichter und die Mystiker scheinen sich besonders mit der Intuition zu befassen. Oder die mystischen Dichter; dafür gibt es viele Beispiele.

JLB: Ja. Aber ich glaube, daß man unaufhörlich die Dinge intuitiv erfaßt; ich weiß nicht, ob ich es schon gesagt habe, aber für mich ist die Gedankenübertragung kein, sagen wir, seltenes und bezweifelbares Phänomen; es ist etwas, das unaufhörlich geschieht. Das heißt, ich empfange dauernd Botschaften, und ich glaube, ich sende auch dauernd Botschaften aus. Und aus diesem Austausch entsteht, was man Freundschaft nennt, Liebe; und auch Feindseligkeit und Haß. All das entsteht nicht aus dem, was gesagt, sondern aus dem, was empfunden wird.

OF: Sie haben mir aber doch gesagt, daß Sie in Ihrem Leben nie Haß empfunden haben.

JLB: Ja, obwohl Xul Solar mir gesagt hat, Zorn und Haß seien nötig, weil man damit seine Emotion entlädt. Bei mir dagegen ist es so, wenn man mir etwas Böses antut – in Wahrheit sind die Leute immer sehr gut zu mir gewesen, jedenfalls haben sie mir nie absichtlich Böses angetan –, dann löst das bei mir eher Trauer aus. Und vielleicht ist Trauer unangebracht; Spinoza sagt, auch die Reue sei unangebracht, weil die Reue natürlich eine Form der Trauer sei. Das heißt, er dachte etwa: »Böses tun ist ethisch verwerflich, aber die böse Tat bereuen heißt, der ersten Traurigkeit noch eine zweite hinzuzufügen«; und Spinoza glaubte, das, was jeder Mensch suchen solle, sei die Heiterkeit. Und wenn man an die eigenen Sünden denkt, quält man sich und trägt damit zum eigenen Unglück bei. Was meinen besonderen Fall angeht, so fällt es mir leicht zu vergessen, da mein Gedächtnis – wie Bergson es über das Gedächtnis allgemein sagt – selektiv ist: Wenn ich an die vielen, an die allzu vielen Jahre meines Lebens denke, erinnere ich mich nur an die glücklichen Umstände. So habe ich mich zum Beispiel vielen Operationen unterziehen müssen, vor allem Augenoperationen; ich habe einen beträchtlichen Teil meines Lebens in Sanatorien verbracht, und heute habe ich all das vergessen. Das heißt, ich kann an viele Tage, an viele Nächte im Sanatorium denken, aber ich fasse sie in einem einzigen Moment zusammen: meine kleine unbehagliche Ewigkeit. Dabei waren es doch lange aufeinanderfolgende Tage und vor allem lange aufeinanderfolgende und zweifellos qualvolle Nächte, aber all das habe ich vergessen.

OF: Ja, und so kommen wir lieber zur Heiterkeit der letzten Jahre.

JLB: Ja, vorgestern habe ich ein Sonett geschrieben – ich kann es noch nicht aufsagen, weil ich noch daran feilen muß –, aber es geht darum: Das Thema ist, daß diese Jahre meines Lebens vielleicht die besten sind. Diese Jahre, sage ich dort, der hingenommenen Blindheit.

OF: Ja...

JLB: Hingenommene Blindheit, nicht bejammerte oder schmerzende Blindheit. Ich habe die Blindheit akzeptiert, nun ja, wie ich das Alter akzeptiert habe... Und natürlich ist es schon sehr viel, das Leben zu akzeptieren, nicht wahr? Die Blindheit ist einer der Wechselfälle des Lebens. Jemand sagte einmal zu Bernard Shaw, er solle dieses oder jenes nicht tun, weil es unbesonnen sei. Daraufhin sagte Bernard Shaw: »Es ist unbesonnen, geboren zu werden, es ist unbesonnen, weiterzuleben.« Alles ist unbesonnen, aber ein schönes Abenteuer.

OF (*lacht*): Sie erinnern mich damit an zwei Zeilen eines chilenischen Dichters, in denen es heißt: »Ich habe nichts dagegen ein Elf-Ellen-Hemd anzuziehen.«

JLB: Ah, das ist gut, ja. Seltsam, wie stellen Sie sich ein Elf-Ellen-Hemd vor? Ich glaube, elf Ellen weit...

OF: Seit Jahren versuche ich es mir vorzustellen, und es gelingt mir nicht.

JLB: Cunninghame Graham sagt, es handle sich um elf Ellen Weite. Ich glaube nicht; ich glaube, es ist eher ein elf Ellen langes Hemd, wie ein Tunnel, oder?

OF: Ja...

JLB: Das heißt, man zieht das Hemd an und verliert sich in diesem Stofftunnel.

OF (*lacht*): Kommen wir zu einem anderen Dichter, diesmal zu einem Argentinier, Alberto Girri. Er sagte zu mir, für ihn sei die einzige konstante Wahrheit unter den Menschen die des »Erkenne dich selbst«. Und daß die Dichtung den Leser einer besseren Erkenntnis seiner selbst näherbringen kann...

JLB: Also, Walt Whitman hatte ein Buch gelesen, eine berühmte Biographie, und er dachte lange darüber nach, und dann sagte er: »Und das nennt man nun das Leben eines Menschen? Diese Daten? Diese Eigennamen? So etwas wird man über mich schreiben, wenn ich gestorben bin?« Und dann setzte er in Parenthese hinzu – natürlich um dem Satz eine größere Emphase zu geben –, daß er sehr wenig oder nichts über sich selbst wisse; daß er aber, um etwas davon erahnen zu können, seine Gedichte geschrieben habe. Und mit einer anderen Form von Rhetorik sagte Victor Hugo: »Je suis un homme voilé pour moi même«, »Dieu seul sait mon vrai nom.« – »Ich bin für mich selbst ein Verhüllter«, »Gott allein weiß meinen wahren Namen.« Es ist die Idee, daß im Namen die Sache geborgen sei.

OF: Und daß der wahre Name geheim ist.

JLB: Ja.

OF: Und wenn der Dichter sich selbst entdeckt und kennenlernt, indem er schreibt, dann verhilft er dem Leser dazu, seine Intuition zu wecken und auch sich selbst besser kennenzulernen.

JLB: Natürlich, denn der Leser ist auf irgendeine Weise der Dichter. Ich habe vor langer Zeit geschrieben, wenn wir Shakespeare lesen, sind wir in diesem Moment vielleicht Shakespeare.

OF: Das ist allerdings eine für Sie sehr typische Idee.

JLB: Ja, das habe ich vor langer Zeit gesagt, und ich glaube, es stimmt. Allerdings können wir in einigen Fällen vielleicht Shakespeare noch fortsetzen, da ja Shakespeares Text nicht nur durch die Kommentatoren, sondern auch durch die Geschichte bereichert worden ist, durch diese wiederholten Erfahrungen, die sich Geschichte nennen, nicht wahr?

OF: Ja, aber all das stellt wieder einmal eine Beziehung her zu den beiden großen Linien der Philosophie, von denen wir bei anderen Gelegenheiten sprachen: Der von Platon, in der Intuition oder Mythos oder Poesie enthalten sind, und der von Aristoteles, welche die der Logik ist.

JLB: Ja.

OF: Aber da die aristotelische Linie gesiegt hat, ist es, wie mir scheint, die Mission der Dichter, die platonische neu zu erschaffen.

JLB: Ja, das heißt, auch in Form von Mythen oder Fabeln zu denken.

OF: Oder dazu beizutragen, daß man, all dies einschließend, denken kann, ohne die Logik auszuschließen, nicht wahr?

JLB: Nein, denn es sind ja zwei gleichermaßen kostbare Instrumente.

OF: Und sie ergänzen einander.

JLB: Natürlich ist der Mythos älter; die Kosmogonie ist älter als die Astronomie, die Astrologie auch, und der Mythos war vor dem Syllogismus da.

OF: Das ist richtig.

JLB: Natürlich ist der Mythos die älteste Form, und diese uralte Form ist die, zu der wir zurückkehren, wenn wir träumen. Denn wenn wir träumen, dann mag das sehr wirr sein, aber es ähnelt – wie wir bei anderer Gelegenheit gesagt haben – eher einer Fiktion, vor allem einer Theater-Fiktion, als einem logischen Traktat.

OF: Sicher, aber natürlich ist unsere Epoche von allen Epochen vielleicht diejenige, die die Realität des Mythos am wenigsten akzeptiert.

JLB: Und trotzdem schaffen wir unausgesetzt neue Mythen, nicht wahr? So sind ja zum Beispiel die verschiedenen Vaterländer verschiedene Mythen; und die Tatsache, daß man davon spricht ... Also, im Moment spricht man soviel vom nationalen Wesen, und man sucht es: In allen Teilen der Welt meint man, daß eine besondere Tugend darin liege, an diesem oder jenem Ort geboren zu sein, nicht wahr? Und natürlich ist das ziemlich gefährlich, denn es führt zu Zwietracht, zu Kriegen, zu Feindseligkeiten, kurz, zu sehr vielen Übeln. Es entspricht aber auch schönen Träumen, es kann einen ästhetischen Wert haben; sogar einen ethischen, da ja die Leute für solche Kategorien sterben.

OF: Also schafft sich der Mythos gelegentlich selber, ohne daß wir es uns vornehmen.

JLB: Ja, und wir müssen versuchen, vernünftig zu sein, nicht wahr? Da wir von Natur aus zum Fabelhaften und Mythischen neigen... Doch das hängt nicht von uns ab.

OF: Aber die Vernunft schließt, glaube ich, die Hinnahme der Realität der Intuition und der Poesie ein, zusammen mit der Logik.

JLB: Ja, und da haben wir wieder diese beiden entgegengesetzten Kräfte, die sich miteinander aussöhnen und einander ergänzen.

Über Henry James

OF: Guillermo de Torre erinnert uns an einen Schriftsteller, der nordamerikanischen Ursprungs und eingebürgerter Engländer ist und sich im Laufe der Zeit zu einem, wie er es nennt, »Rückkehrer« entwickelt hat. Das heißt, nachdem er offenkundig vergessen war, wenden sich neue Generationen ihm wieder zu; seine Bücher werden verlegt, er wird wieder mit Interesse gelesen. Ich spreche von Henry James.

JLB: Natürlich, ja.

OF: Und Guillermo de Torre sagt noch etwas, was wir schon im Zusammenhang mit Kafka erwähnt haben: Henry James sei in gewisser Weise eine Brücke zwischen dem Ende des vorigen Jahrhunderts und unserem.

JLB: Das heißt, daß Henry James schon zur Dekadenz, zum Niedergang gehörte, nicht wahr? Wobei man immer davon ausgeht, und ich meine, mit vollem Recht, daß dieses Jahrhundert dem vorigen unterlegen ist; insofern wäre er ein erster Niedergänger. Aber das glaube ich nicht, ich glaube, er war ein hervorragender Schriftsteller; es gibt keinen Grund, ihn mit diesem Jahrhundert zusammenzubringen.

OF: Vielleicht ist es besser, ihn mit dem Übergang zwischen den beiden Jahrhunderten zu verbinden.

JLB: Im allgemeinen mißtraue ich jedem historischen Kriterium. Wie sagte doch John Keats: »A thing of beauty is a joy forever« – »Etwas Schönes ist eine Freude für immer.« Und ich glaube, im Fall von James können wir auf die Literaturgeschichte verzichten.

OF: Vielleicht können wir in diesem Fall darauf verzichten, aber wir müssen uns ein bißchen mit der Geographie beschäftigen: James wurde in den Vereinigten Staaten geboren, und während des Ersten Weltkriegs, ungefähr um 1915 ...

JLB: Wurde er englischer Staatsbürger. Das tat er, weil er glaubte, die Vereinigten Staaten hätten die moralische Pflicht, die ethische Pflicht, in den Krieg einzutreten. Um dies emphatisch zum Ausdruck zu bringen, ist er dann britischer Staatsbürger geworden ... Ich glaube, daß er es deswegen tat. Außerdem identifizierte er sich sehr stark mit England. Er und sein Bruder, der Psychologe William James, waren vom Vater, der Angst hatte, sie könnten Provinzler werden, in einer bewußt kosmopolitischen Umgebung erzogen worden, damit sie nicht, nun ja, sagen wir zu sehr oder zu einseitig Amerikaner würden. Sie erhielten eine europäische Erziehung, und tatsächlich wurden sie nicht »national« im engen Sinne des Wortes. Sie waren sehr, sehr großherzig ... Henry James glaubte, im allgemeinen seien die Amerikaner den Europäern ethisch überlegen und intellektuell unterlegen. Und das ist in allen seinen Büchern festzustellen: Der Amerikaner erscheint dort als naiver Mensch, umgeben von sehr komplizierten, bisweilen dämonischen Leuten. Ich glaube, daß er diesen Eindruck hatte. Es gibt einen sehr schönen Roman von ihm – es ist einer der ersten, und er hat ihn mehrfach umgeschrieben; der Titel ist *The American*, und die Geschichte ist ungefähr folgende: Ein Amerikaner verliebt sich in ein Mädchen aus der französischen Aristokratie, und ihre Angehörigen wollen die Ehe verhindern; sie springen mit dem Mädchen ganz furchtbar um. Er weiß all dies, kann sich aber nicht rächen, obwohl er doch gern irgend etwas tun würde – ich glaube, das Mädchen war gestorben, bin mir aber nicht sicher, es ist so lange her, daß ich das Buch gelesen habe. Ich erinnere mich aber an das letzte Kapitel; im letzten Kapitel weiß der Protagonist bereits alles, was die, sagen wir, Gräfin X getan hat – die Mutter des Mädchens, in das er sich verliebt hatte –, und er kennt eine Dame aus der französischen Aristokratie – ich glaube, eine Herzogin – und denkt sich: »Ich weiß, diese Frau ist eine Klatschtante, und wenn ich ihr erzähle, was geschehen ist, wird sie es sicherlich in ganz Paris verbreiten, und auf irgendeine Weise werden die Schuldigen bloßgestellt.« Also schreibt er ihr und bittet sie um ein Treffen. Sie lebt in einem Schloß in der Nähe von Paris und ist ein wenig verblüfft, weil sie ihn vorher nur ein paarmal gesehen hat; aber gleichzeitig, da sie ja eine Klatschtante ist, vermerkt sie, daß hinter diesem Besuch möglicherweise noch mehr interessanter Klatsch steckt. Also lädt sie ihn ein. Es gibt noch einen Gast: Einen ziemlich unangenehmen italienischen Fürsten, der beharrlich sitzen bleibt. Die Dame wirft ihn mehr oder minder hinaus, und sie lädt diesen Herrn, der ein amerikanischer Millionär ist, ein, mit ihr zu Abend zu essen; die beiden speisen gemeinsam, er sagt nichts, und sie denkt: »Na ja, während des Essens möchte er es wohl nicht sagen.« Anschließend gehen sie in den Salon nebenan, trinken Kaffee, und sie wartet auf das, was er ihr sagen will und was die einzige Rechtfertigung für diesen dreisten Besuch wäre. Aber die Zeit verstreicht, und er sagt nichts; dann kommt der Moment, in dem er den letzten Zug erreichen muß, der ihn nach Paris zurückbringen soll; er erhebt sich, verabschiedet sich von der Dame, dankt ihr für die Gastfreundlichkeit und kehrt in sein Hotel zurück. Und am nächsten oder übernächsten Tag begibt er sich an Bord eines Schiffes und fährt in die Vereinigten Staaten zurück, entschlossen, nie wieder nach Europa zu kommen, weil Europa für ihn voller unangenehmer Erinnerungen ist. Und dann, als er sich längst an Bord befindet, fragt er sich: »Warum habe ich der Herzogin bloß nichts gesagt?« Er weiß selber nicht, warum er sich so verhalten hat. Doch dann empfängt er die Offenbarung, die sehr hübsch ist; die Offenbarung ist die folgende: Er haßt die Dame, die er hatte denunzieren wollen, so sehr, daß er sich nicht an ihr rächen will, weil dadurch ein weiteres Band zwischen ihnen geknüpft würde. Das heißt, die Rache wäre etwas, was ihn noch mehr an sie binden würde. Deshalb hat er geschwiegen, aber in jenem Augenblick wußte er nicht, weshalb er schwieg.

OF: Das ist wirklich bemerkenswert.

JLB: Es ist eine sehr hübsche Idee; anscheinend aber läßt Henry James – der seine Bücher umzuschreiben pflegte – in der ersten Fassung des Romans seine Gestalt nicht so handeln, weil er der Rache die Vergebung vorzieht. Aber die Idee der zweiten Fassung, die ich gelesen habe, ist sehr viel hübscher; ich habe erst später erfahren, daß es eine frühere Fassung gibt. Es ist die Idee, daß er sich nicht rächt, weil die Rache ein weiteres Band ist zwischen dem Rächer und der Person, an der er sich rächt.

OF: Zweifellos ist das die originellere Idee.

JLB: Es ist die originellere, und es ist die zweite, diejenige, die ich gelesen habe und die auch meine Mutter las, der sie sehr gefiel. Es ist ein langer Roman; man sieht das, nun ja, perverse Verhalten der Europäer, und das ist die Vorstellung, die James von den Europäern allgemein hatte. Und die Hauptgestalt des Romans, der Amerikaner, ist in diesem Sinn ein naiver Mensch; obwohl er natürlich ein Millionär ist, der sein Vermögen gemacht hat . . . unbarmherzig, wie Vermögen nun einmal gemacht werden – aber in diesem Fall nicht, in diesem Fall ist er ein Gerechter. Nun ja, das mag diese allgemeine Vorstellung, die James von den Amerikanern hatte, illustrieren. Er dachte vor allem … möglicherweise dachte er nicht an Leute aus Chicago oder San Francisco; er dürfte an Leute aus Neu-England gedacht haben, das heißt an Menschen, zu deren Erbe die beste englische Tradition gehört …

OF: Aber James hat sich sein ganzes Leben lang mit diesem geistigen Konflikt zwischen dem Amerikanischen und dem Europäischen herumgeschlagen, den er später kreativ genutzt hat.

JLB: Ja, aber ich glaube, daß er vor allem diesen Unterschied sah: daß er die Amerikaner als sehr einfache Menschen und die Europäer als sehr komplizierte und zugleich perverse Menschen sah, nicht wahr? Das heißt, den Amerikanern intellektuell überlegen und ethisch unterlegen.

OF: Daraus entwickelte sich mit der Zeit das, was man als Henry James' hervorstechendsten Charakterzug angesehen hat, nämlich die Mehrdeutigkeit.

JLB: Die Mehrdeutigkeit, ja.

OF: Dieser Mehrdeutigkeit hat sich James auch persönlich gestellt und er hat sie akzeptiert; er sagte nämlich, die Tatsache, daß die Nordamerikaner nicht ganz sicher seien, ob es sich bei ihm nicht doch um einen Engländer handle, der über die Vereinigten Staaten schreibe, oder daß die Engländer ihn als Amerikaner sähen, der über England schreibe – diese Mehrdeutigkeit erschien ihm …

JLB: Aber für uns läuft das aufs gleiche hinaus, nicht wahr? Wir denken an Henry James, nicht daran, daß er

Amerikaner oder Engländer war, denn das wesentliche für uns ist Henry James.

OF: Aber ihm erschien diese Mehrdeutigkeit als Charakterzug eines kultivierten Menschen. Das sagt er wörtlich: Daß diese Mehrdeutigkeit, der man ihn beiderseits des Ozeans bezichtigte, eben das Merkmal eines zivilisierten Menschen sei.

JLB: Natürlich; das heißt, daß er reichhaltiger war, vielfältiger; das ist gut so.

OF: Genau.

JLB: Allerdings muß er ein sehr unglücklicher Mensch gewesen sein, ich glaube nämlich, daß ein ästhetisches Werk immer... Emotionen entspricht, und zwar Emotionen, die unglücklich sein müssen. Denn das Glück ist sein eigener Zweck, nicht wahr?

OF: Ja.

JLB: Also bedarf das Glück nicht der Umwandlung in Schönheit, wohl aber das Unglück; und damit kommen wir auf etwas zurück, worum es in einem anderen Gespräch schon einmal ging, jenen Satz, der sich irgendwo in der *Odyssee* findet: »Die Götter wirken Ungemach, damit die künftigen Geschlechter etwas zu singen haben.« Das heißt, die Götter bewirken Unglück mit einem ästhetischen Ziel. Im Gegensatz dazu ist das Glück schon sein eigenes Ziel und muß nicht in Schönheit umgewandelt werden. Henry James muß viel gelitten haben, um diese großartigen Bücher schreiben zu können – und dabei sind sie nie, in keinem Moment Bekenntnisse. Es gibt aber noch ein Charakteristikum, auf das zweifellos schon viele hingewiesen haben: Ich habe den Eindruck, daß James sich Situationen ausmalt, aber keine Charaktere. Er wäre also der extreme Gegenpol beispielsweise zu Dickens. Bei Dickens ist der Plot nicht wichtig, er ist nur ein Vorwand, um die Charaktere vorzuführen; im *Quijote* ebensowenig, im *Quijote* sind alle Abenteuer nur ein einziges – wichtig ist die Tatsache, daß wir dauernd Alonso Quijano sehen, der davon geträumt hat, Don Quijote zu sein, und der dies manchmal erreicht, manchmal nicht. Jedenfalls, das Wichtige ist er. Juan Ramón Jiménez sagte, man könnte sich *Don Quijote* mit anderen Abenteuern vorstellen, und ich glaube, da hatte er vollkommen recht. Auch könnten wir uns etwa einen dritten Teil des *Quijote* vorstellen – und möglicherweise bliebe, wenn alle Exemplare des *Quijote* verloren gingen, Alonso Quijano als Teil der Menschheitserinnerungen übrig, und man könnte für ihn neue Abenteuer erfinden, vielleicht bessere als jenes, das Cervantes fand; denn das, was zählt, ist seine Persönlichkeit. Es ist das, was mit Shakespeares Gestalten geschieht: Man glaubt an sie und nicht an den Plot. Nun glaube ich bei Henry James, daß er Situationen erdenkt und dann die Gestalten passend zu den Situationen erschafft; das ist das Gegenteil dessen, was bei Cervantes geschieht oder bei Shakespeare. Oder vielleicht auch bei Dostojewskij, der sich eher Gestalten vorstellt. Henry James nicht; er erdachte Situationen und schuf dann die passenden Gestalten.

OF: Zu diesen Situationen passend.

JLB: Zu diesen Situationen, ja. Er besaß auch keinerlei

visuelle Vorstellungskraft; ein extremes Gegenbeispiel wäre natürlich Chesterton, bei dem eine neue Gestalt so auftaucht wie ein Schauspieler, der die Bühne betritt. In der Welt von Henry James nicht: Sie wirkt wie eine Welt ohne Farben, ohne Formen. Nun, er war vor allem Schriftsteller, und zwar einer, den die Situationen interessierten, und die Charaktere nur im Zusammenhang mit den Situationen.

OF: Aber bedenken Sie, Eliot hat ihn als den intelligentesten Schriftsteller seiner Generation bezeichnet, und Julien Benda spricht, wie in seinem eigenen Fall, von der »brillanten Situation eines dunklen Autors« …

JLB: Das ist durchaus richtig.

OF: Das heißt, in seinem Leben und in seinem Werk umgibt ihn das Geheimnis. Und es gibt einen weiteren Aspekt, den hervorzuheben wir allenfalls versuchen können: James kultivierte etwas, das heute geringgeschätzt wird; er kultivierte, würde ich sagen, die Distinguiertheit, die Eleganz beim Schreiben, im Leben, in seinen Gestalten – alle Porträts von ihm haben etwas sehr Distinguiertes – und ich glaube nicht, daß das bei ihm oberflächlich war.

JLB: Nein, ich glaube, er war ohne Zweifel ein distinguierter Mann. Es ist sehr merkwürdig, daß er sich am Theater versuchte und scheiterte. Als zum Beispiel ganz Europa schockiert war von Ibsen, hielt James ihn als Autor für »primaire« [ursprünglich, »primitiv«], wie die Franzosen sagen; er meinte, all das sei sehr rudimentär, und das war es natürlich nicht. Und er versuchte sich am Theater und ist völlig gescheitert, nicht wahr?

OF: Ebenso wie er Ibsen nicht verstanden hat, hat er zunächst auch Whitman nicht begriffen ...

JLB: Er konnte ihn gar nicht verstehen; sie waren zu verschieden.

OF: Gegen Ende jedoch scheint sich seine Haltung gegenüber Whitman geändert zu haben.

JLB: Das wußte ich nicht; ich wußte nicht einmal, daß er ihn überhaupt gelesen hat. Natürlich muß er von ihm gewußt haben, denn Whitman wurde in England von den Präraphaeliten verbreitet; von Dante Gabriel Rossetti und einem Bruder von Rossetti, die eine erste Whitman-Ausgabe herausbrachten, eine gereinigte Ausgabe – aber das mußte wohl so sein, damit sie nicht konfisziert wurde, nicht wahr? (*Lacht*)

Über den »Geschmack des Epischen«

OF: Es gibt, wie Sie in einem Essay sagen, Borges, einen Geschmack, den unsere Zeit nicht mehr wahrnimmt: den elementaren Geschmack des Heroischen.

JLB: Ja, seltsamerweise begann die Dichtung mit dem Epischen, das heißt, am Anfang sangen die Dichter von ihren Kümmernissen oder von ihrem persönlichen Glück; sie wählten Themen aus dem Bereich des Epischen. Und es ist gesagt worden, der Roman sei eine Degenerationsform des Epos. Nun ist das Wort Degenerationsform pejorativ, und ich möchte es nicht verwenden; aber warum nicht sagen, daß alles mit dem Vers begann – der natürlich besser in der Erinnerung haftet, besser wiederzugeben ist als Prosa –, und daß dieser Vers ... heroisch war, episch.

OF: Ja.

JLB: Seltsamerweise berührt mich das Epische mehr als das Lyrische oder auch das Elegische. Manchmal – warum soll ich es nicht zugeben, zumal wir beide ja hier unter uns sind –, manchmal habe ich geweint, wenn ich etwas las, und das geschah immer nur, wenn ich etwas Episches gelesen habe; nicht wenn ich etwas Pathetisches in einem anderen Sinne gelesen habe, elegisch oder sentimental. Aber meine Vorliebe für die Epik ist so groß, daß ich dazu neige, die Romanciers nach dem epischen Element zu beurteilen, was ganz offenkundig unlogisch ist. Vielleicht aus diesem Grund, möchte ich sagen, ist für mich *der* Romanautor – auch wenn es eigentlich keinen Grund gibt, einen auszuwählen, da es doch so viele gibt – Joseph Conrad. Bei Conrad ist das epische Element offenbar; außerdem haben wir bei ihm das Thema des Meeres, das episch ist, denn es ist das Thema des Abenteuers, der heroischen Seefahrten; so kommt es, daß man bei Conrad – der für mich *der* Romancier ist – diesen schwierigen, diesen heute so raren Geschmack des Epischen spürt. Und da wir nun schon davon sprechen, möchte ich *en passant* an etwas erinnern, an das ich sicher schon einmal erinnert habe, und zwar daran, daß in einer Zeit, in der die Dichter ihren epischen Ursprung und, warum nicht, auch ihre Pflicht, episch zu sein, vergessen hatten, Hollywood für die Welt diese Pflicht übernahm. Und heute ist der Westen – der Far West – überall in der Welt, da sich überall in der Welt der Mythos – wir können ihn schon Mythos nennen – von der Ebene und dem Reiter, der Mythos vom Cowboy ausgebreitet hat. Überall in der Welt gibt es Leute, die aus einem Kino kommen und dann ein wenig verblüfft sind, sich in . . . na ja, wo auch immer wiederzufinden; in Bukarest, in Moskau, in

Buenos Aires, in London, in Montreal; und sie gehen hinaus in diese Städte, ihre Städte, aber sie kommen aus dem Westen. Und nicht aus dem Westen, so wie er heute ist, sondern aus dem mythischen Westen: dem Westen des Cowboys.

OF: Das heißt, daß Hollywood für unsere Zeit das Epos ökumenisiert hat.

JLB: Ja, und die Tatsache, daß es das aus wirtschaftlichen Gründen getan hat, hat keine Bedeutung; wichtig ist der Geschmack des Epischen. Ich weiß nicht, ob ich Ihnen irgendwann einmal eine Episode erzählt habe – die gut hierher paßt –, aus der *Grettir-Saga*, glaube ich, der Saga vom starken Grettir. Die Episode geht so: Ein Mann hat seinen Hof oben auf einem Berg, und er hört, wie jemand kommt und ihn ruft, aber er ruft mit schwacher Stimme, und er achtet nicht darauf. Da ruft der andere erneut, diesmal stärker, und der Mann geht hinaus; als er draußen ist, ärgert er sich ein wenig, daß er hinausgegangen ist, weil es gerade etwas regnet. Und in diesem Moment – der, der gekommen ist, ist sein Feind, und der Feind lauert ihm hinter der Hausecke auf, stürzt sich auf ihn und tötet ihn mit einem Messerstich. Und im Sterben sagt der Mann – natürlich mochte er blanke Waffen sehr –, sterbend sagt er: »Ja, heute benutzt man diese breiten Klingen.« Und man sieht, daß es ein sehr tapferer Mann ist, daß er nicht an seinen persönlichen Tod denkt; er sagt nichts Pathetisches, sondern konzentriert sich auf das Detail, daß zu diesem Zeitpunkt derlei breite Klingen verwendet werden, breite Klingen wie die, die ihn nun tötet.

OF: Das hat den Geschmack des Epischen.

JLB: Ja, und als ich es zum erstenmal las, habe ich geweint. Inzwischen habe ich es schon so oft erzählt, daß ich es mit trockenen Augen erzählen kann; aber ich glaube, das hat den Geschmack des Epischen. Jeder andere Schriftsteller, und ob er auch Euripides oder Shakespeare hieße, hätte den Mann etwas sagen lassen, das sich auf den Moment bezieht; aber eben weil der Mann tapfer ist, vergißt er, daß er stirbt, und macht diese Bemerkung. Ich muß Ihnen noch eine schlechte Nachricht überbringen, und zwar, daß der deutsche Übersetzer – er war ein guter Skandinavist, hatte aber keinen Sinn für Ästhetik – dies nicht so übersetzt hat, wie man den Satz übersetzen müßte: »Jetzt benutzt man diese breiten Klingen«, sondern so ähnlich wie: »Diese Klingen sind jetzt in Mode.« Dabei geht alles verloren.

OF: Er hat alles verpfuscht.

JLB: Alles verpfuscht, nicht wahr, womit bewiesen wäre, daß es nicht ausreicht, ein Gelehrter zu sein, um ein Buch zu übersetzen, man muß es auch empfinden können. Diese Passage, für mich eine der pathetischsten der gesamten Literatur und mit unbezweifelbar heroischem Geschmack, wird durch das Wort »Mode« vollkommen verdorben. Wie seltsam, denn es handelt sich um einen hervorragenden Skandinavisten; ich glaube, er hat eine ganze Serie skandinavischer Sagas herausgegeben, Bücher über skandinavische Mythologie, Studien über die isländische Kultur ... und trotzdem hat er sich diesen »Schnitzer« geleistet, der ihn als

Übersetzer disqualifiziert. Nun, es gäbe noch viele weitere Beispiele für das Epische ... Zum Beispiel fällt mir diese Strophe aus dem *Martín Fierro* ein – aber ich weiß nicht, ob sie episch ist, ob man sie als episch bezeichnen kann:

»Viene uno como dormido
cuando vuelve del desierto,
veré si a explicarme acierto
entre gente tan bizarra
y si al sentir la guitarra
de mi sueño me despierto.«*

Ich glaube, dieses »Wer aus der Wüste zurückkommt / wandelt wie im Traum« läßt einen die Weite und die Monotonie der Wüste empfinden, nicht wahr?

OF: Genau.

JLB: Denn irgendwie wird hier die Wüste mit dem Traum verglichen, und zwar indirekt, was um so wirkungsvoller ist. Aber auch in der zeitgenössischen Literatur findet man epische Züge; soweit es um neuere Bücher geht, möchte ich sagen ... Ich denke an zwei Stellen in *Die Sieben Säulen der Weisheit* von Oberst Lawrence. Da gibt es zwei Passagen, an die ich mich erinnere, und beide sind episch. Beide ereignen sich nach einem Sieg – vielleicht demselben Sieg –, einem Sieg der Araber unter seinem Kommando über die Türken. In einer der Passagen sagt er – er reitet auf

* Wer aus der Wüste zurückkommt, / wandelt wie im Traum; / wer weiß, ob ich mich unter so tapferen Männern erklären kann / und ob ich beim Klang der Gitarre aus meinem Traum erwache.

einem Kamel –, er sagt, er habe »die physische Scham des Erfolgs« gespürt, die physische Scham des Sieges. Und die zweite Passage ist noch hübscher: Es handelt sich um ein Regiment von Deutschen und Österreichern, die, natürlich auf seiten der Türken, im Kampf stehen. Also, diese Männer ... die Türken fliehen, und sie halten stand, und darauf ... nun gut, natürlich waren es Europäer, und Lawrence mag ihnen gegenüber Zuneigung empfunden haben. Aber es ist besser, das zu vergessen. Und daraufhin schreibt er etwas Unvergeßliches: »Zum erstenmal auf diesem Feldzug war ich stolz auf die Männer, die meine Brüder getötet hatten.« Und dieser Stolz auf den Mut der Feinde ist episch.

OF: Und offenbart eine besondere Größe.

JLB: Sicher, ich glaube nicht, daß sie verbreitet ist; gewöhnlich nimmt man an, um kämpfen zu können, müsse man die Feinde hassen. Das wissen die Regierungen sehr wohl, wenn sie zum Haß aufstacheln, denn ohne diesen Haß, ohne diese Passion, die unseligerweise so stark ist, würden die Leute begreifen, daß es wahnsinnig und verbrecherisch ist, daß ein Mensch einen anderen tötet. Wer dagegen zum Haß aufgestachelt ist, bringt es fertig. Aber Lawrence empfand diesen Feinden gegenüber sicherlich keinen Haß, und er war imstande, stolz zu sein – ich glaube, das ist einzigartig in der Literatur oder in der Geschichte –, stolz zu sein auf die Tapferkeit seiner Feinde. Eine sehr noble Empfindung. Und diese beiden Sätze würden genügen, um zu beweisen, was keines Beweises bedarf: Daß Lawrence ein Genie und ein außergewöhnlicher Mensch war. Den Sieg oder den Erfolg als Scham zu empfinden, und diese Scham physisch zu empfinden, oder stolz zu sein auf die Tapferkeit der Feinde, das sind zwei Züge, die sich, soweit ich weiß, nirgendwo anders finden – und ich habe einen guten Teil meines Lebens mit Lesen verbracht oder, besser gesagt, mit Wiederlesen, da ich glaube, daß das Wiederlesen ein ebenso großes Vergnügen ist wie das Lesen, wie das Entdecken. Außerdem, wenn man wiederliest, dann weiß man, daß das, was man wiederliest, gut ist, da es ja zum Wiederlesen ausgesucht wurde. Und hier fällt mir Schopenhauer ein, der sagte, man solle kein Buch lesen, das nicht hundert Jahre alt sei, denn wenn ein Buch hundert Jahre überdauert habe, dann müsse etwas daran sein. Wenn man dagegen ein Buch liest, das gerade erst erschienen ist, setzt man sich Überraschungen aus, die nicht immer angenehm sind. Das wäre demnach der Vorzug der Klassiker: die Tatsache, daß sie geprüft und gebilligt wurden, natürlich häufig durch Aberglauben und ebenso häufig durch Patriotismus … also aus den verschiedensten Gründen, aber immerhin, die Tatsache, daß ein Buch überdauert hat, beweist, daß die Menschen darin etwas gefunden haben, dem sie wiederbegegnen möchten. Die Theorie, daß die Literatur mit dem Epos beginne, ist, glaube ich, allgemein akzeptiert, und später gelangt man zum Roman – der eine Art Epos in Prosa wäre, wie ja auch die Sagas, von denen viele heroisch sind, in Prosa geschrieben wurden; das also ist nicht der wichtigste Punkt.

OF: Aber dieser Geschmack, der Geschmack des Epischen, der Sie unzweifelhaft zu vielen Ihrer Seiten inspiriert hat …

JLB: Nun ja, hoffentlich, aber ich weiß nicht, ob ich … ich glaube, ich bin als Leser besser denn als Schriftsteller (*lacht*).

OF (*lacht*): Diesen Geschmack fanden Sie, jetzt erinnere ich mich, unter unseren Schriftstellern bei Ascasubi – die Freude, möchte ich fast sagen, des Epischen.

JLB: Ja, das ist etwas, was man im *Martín Fierro* zum Beispiel nicht findet; denn *Martín Fierro* ist ein tapferer Mann – ein tapferer, trauriger Mann, der leicht in Selbstmitleid verfällt und sein eigenes Unglück beklagt, nicht das fremde Unglück. Im Gegensatz dazu gibt es bei Ascasubi so etwas wie – diese Formulierung habe ich irgendwann einmal niedergeschrieben, und warum soll ich sie nicht wiederholen, da sich niemand mehr daran erinnert: »Coraje florido« – »blumenbekränzter Mut« – das heißt, die Idee von Mut, Mut als Blume, als Girlande.

OF: »Cantando y combatiendo« – »Singend und kämpfend«.

JLB: Ja, und der Untertitel des Buches, er ist wunderschön, besser vielleicht als viele der Seiten des Buches: *Los gauchos de la Républica Argentina y Oriental del Uruguay cantando y combatiendo hasta derribar al tirano Don Juan Manuel de Rosas y sus satélites* [Die Gauchos der Republiken Argentinien und Uruguay, singend und kämpfend, bis zum Sturz des Tyrannen

Don Manuel de Rosas und seiner Trabanten]. »Satélites« ist nicht sehr glücklich, aber das spielt keine Rolle; die Idee des »cantando y combatiendo« ... Und da wir gerade davon sprechen, vor ein paar Tagen habe ich die Reisen Marco Polos durchgeblättert, und dort sagt er – und daran habe ich kürzlich in einem Gedicht erinnert –, daß die Tataren in ihren Schlachten sangen. Es waren zweifellos epische Gesänge, die sie da gesungen haben, und ich glaube, bis vor kurzem war es üblich, daß Schlachten von Musik begleitet wurden.

OF: Sie sagen, Sie hätten den Geschmack des Heroischen auch in der *Ilias* gefunden.

JLB: In der *Ilias*, ja, nicht dagegen in der *Odyssee*; dort gibt es eher einen romantischen Geschmack von Abenteuern, von Reisen ... Man spürt es, wenn Hektor sich von seiner Frau verabschiedet, und man spürt, beide wissen, daß sie sich nicht wiedersehen werden – Hektor wird sich gleich mit einem Halbgott schlagen, mit Achilles, dem Sohn eines Gottes und einer Frau. Und zu der Geburt von Achilles fällt mir ein Satz des Dichters Lykophon ein, genannt »Der Dunkle«, der Herkules »den Löwen der dreifachen Nacht« nennt. Also, warum der »dreifachen Nacht«? Weil Zeus, damit die Lust länger währte, die Nacht, in der er Herkules zeugte, drei Nächte dauern ließ. Und »Löwe« ist mühelos als Synonym für Held zu verstehen. Aber der Satz, der auf den ersten Blick zweifellos dunkel ist, »Löwe der dreifachen Nacht«, bezieht sich auf diese dreifache Nacht, in der Herkules gezeugt wurde. Hier möchte ich noch eine Beobachtung anschließen: Ich habe den Satz erläutert, und es ist die Erläuterung, die die Kommentatoren geben; aber ich glaube, auch wenn man die Erklärung nicht kennt, ist der Satz immer noch schön, nicht wahr?

OF: Er ist sehr schön.

JLB: Die ästhetische Wirkung geht der logischen Erläuterung voran.

OF: Klar.

JLB: Man hört den Satz.

OF: Und das ist genug.

JLB: Es ist genug, und vielleicht ist es schade, daß der Satz erklärt wird – nein, in diesem Fall nicht, weil die Erklärung ihn rechtfertigt. Aber vielleicht geht der ästhetische Vorgang immer der Erläuterung voran; das heißt, wenn ein Satz zunächst einmal gut klingt, dann ist es gut. Natürlich sollte er erklärbar sein, er sollte nicht sinnlos sein, weil das den ästhetischen Genuß trüben könnte. Wenn der Satz erklärbar ist, um so besser. Jedenfalls ist die Erklärung sekundär; ich glaube, man empfindet unmittelbar die ästhetische Bewegung, wenn man hört: »Löwe der dreifachen Nacht«.

OF: Die Wirkung ist, wie die Griechen sagten, die der »Sinnfälligkeit«, des Offenbaren; des Unmittelbaren.

JLB: Ja, sie ist unmittelbar, und das ist oft so beim Geschmack des Epischen; zum Beispiel in dem Satz, an den ich schon oft erinnert habe: Wenn der König der Angelsachsen dem König der Norweger »sechs Fuß Erde« verspricht und, weil er so groß ist, noch

»einen dazu«. Das ist sehr gut, denn hier wird die Drohung dargeboten als ein Geschenk, als eine Gabe, nicht wahr? Der andere will natürlich Territorium, und er verspricht ihm »sechs Fuß Erde«.

OF: Was ein Grab impliziert.

JLB: Ja, aber es hat viel mehr Kraft, als wenn er sagte: Sechs Fuß Erde zum Begraben.

OF: Natürlich.

JLB: Und da wir gerade von Erde sprechen, fällt mir noch ein Satz ein; ich glaube, General Patton hat ihn gesagt – ich weiß nicht, ich glaube die Franzosen haben ihm, reichlich undankbar, irgendwelche imperialistischen Absichten unterstellt; die Vereinigten Staaten hatten, glaube ich, eine Million Männer in den Krieg geschickt, wenn nicht mehr. Und viele von ihnen starben bei der Befreiung Frankreichs. Also, Patton antwortete, indem er sagte, er erbitte von Frankreich nur das Territorium, das nötig sei, damit er seine Toten begraben könne. Damit erinnerte er sie an das, was er für sie getan hatte. Und zwar indirekt, viel stärker als mit jeder anderen möglichen Formulierung. Hätte er gesagt: »Ich brauche nur den Boden, der nötig ist, um die Soldaten zu begraben, die für euch gefallen sind« – nein, das hätte nicht diese Kraft gehabt.

Über die Kriminalgeschichte

OF: Es gibt eine Gattung, Borges, für die Sie und Adolfo Bioy Casares eine besondere Vorliebe gezeigt haben, indem Sie 1943 und 1951 zwei Anthologien dieser Gattung zusammengestellt haben. Ich meine natürlich die Kriminalgeschichte.

JLB: Ja, diese Gattung ist sehr zu Unrecht immer geschmäht worden. Dabei wurde sie von einem unbezweifelbaren Genie erfunden – Edgar Allan Poe –, und später hat sie Schriftsteller wie Dickens, Stevenson, Wilkie Collins, Chesterton inspiriert; ich glaube, eigentlich genügen diese Namen, um jede Kritik abzuweisen. Natürlich kann man sagen, daß es furchtbar schlechte Kriminalgeschichten gibt, genauso wie es furchtbar schlechte Sonette gibt, furchtbare Epen, furchtbare historische Romane; letzten Endes hat jede Gattung, die wir zitieren können, auch schlechte Früchte gebracht. Aber ich glaube, die Werke der Schriftsteller, die ich gerade erwähnt habe, reichen aus, und es sind ja nicht die einzigen, man kann auch an Nicholas Blake denken, oder an Ellery Queen, oder an

Eden Phillpotts; sie dürften ausreichen, um die Gattung zu retten. Außerdem erinnere ich mich, daß ich einmal mit einer gewissen Dreistigkeit Pedro Henríquez Ureña gefragt habe, ob er Fabeln möge, worauf er mir antwortete – es war eine Lektion in Sachen Vernunft: »Ich bin kein Gegner von Gattungen.« Ein Text mag von vornherein eine Fabel oder ein Kriminalroman sein; aber deshalb weiß man noch nicht, ob er entsetzlich oder hervorragend ist.

OF: Wichtig ist, ob er gut ist oder nicht.

JLB: Natürlich, ja, das hat schon Boileau gesagt: Alle Gattungen sind gut, außer den langweiligen. Seltsam ist nun im Fall von Edgar Allan Poe, daß er für die Kriminalgeschichte gewisse Gesetze aufgestellt hat, die von seinen berühmtesten Nachfolgern, so zum Beispiel von Conan Doyle, befolgt wurden. Das heißt, es geht um die Idee eines Detektivs, eines Privatmanns, der Rätsel löst – all dies immer erzählt von einem meist eher dümmlichen Freund, der ihn bewundert. Das ist angelegt in Auguste Dupin: Es ist sein Freund, der von seinen großen Taten berichtet. Später hat Sir Arthur Conan Doyle dies übernommen, und er hat dem Ganzen einen Hauch von Intimität gegeben, die natürlich nicht existiert. In den Kriminalgeschichten von Poe, die furchterregend sein können, im guten Sinne des Wortes, wie im Fall von *Die Verbrechen in der Rue Morgue*, oder bloß intellektuelle Spiele wie *Der gestohlene Brief* – in diesen Geschichten findet man sicher nicht die Intimität, die es in den Geschichten über Sherlock Holmes und Watson gibt. Mit meiner Schwester Nora habe ich die Sherlock-Holmes-Geschichten wiedergelesen, was eine Art der Rückkehr in die Vergangenheit ist, da wir sie vor so vielen Jahren gemeinsam gelesen haben, in den verschiedensten Gegenden der Welt. Aber wir konnten auch feststellen, daß bei diesen Geschichten von Conan Doyle der Plot kaum eine Bedeutung hat; was zählt, ist die Freundschaft zwischen den beiden Gestalten und die Beziehung – diese freundschaftliche Beziehung zwischen einem, der sich für sehr intelligent hält, Sherlock Holmes, und einer nahezu professionell dämlichen Person wie Doktor Watson. Die Tatsache, daß sie Freunde sind, daß sie einander mögen, daß man diese Freundschaft spürt, ist wichtiger als das, was ihnen widerfährt. Und jetzt, seltsam, während ich Ihnen diese Dinge erzähle, fällt mir ein berühmtes argentinisches Buch ein: Der *Fausto* von Estanislao del Campo. Wenn man den *Fausto* wiederliest, sagt man sich immer, daß die von einem Gaucho auf seine Weise nacherzählte Oper keine Bedeutung hat; wichtig ist die Freundschaft zwischen den beiden kleinen Pächtern. Und ich würde sagen, das gleiche geschieht mit den Sherlock-Holmes-Geschichten, sogar mit der besten, für mich *Die Liga der Rotschöpfe.*

OF: Sie beziehen sich auf die Erzählungen von Conan Doyle.

JLB: Von Conan Doyle, ja, und da ist das Wichtigste die Freundschaft, und die Anfänge der Geschichten, die fast wichtiger sind als das, was nachher geschieht. Immer gibt es eine kleine Überraschung: Man erwartet zum Beispiel, Sherlock Holmes und Watson gemeinsam am Kamin anzutreffen. Aber manchmal ist das nicht so, manchmal gibt es irgendeine Änderung, und diese Änderung wird auch vom Leser mit Vergnügen hingenommen: Es gibt verschiedene Arten, in die Erzählung einzusteigen. Da gibt es kleine Variationen über ein bereits bekanntes Thema – das der Freundschaft zwischen diesen beiden ungleichen Persönlichkeiten. Und dann gibt es Themen, die in der Kriminalliteratur immer wiederkehren; eines davon wäre das, was man »the locked room mystery« nennt, dem etwas anscheinend Unmögliches zugrunde liegt: Ein Mordopfer in einem von innen verschlossenen Zimmer. Und das ist auf vielerlei Arten gelöst worden; Dickson Carr hat viele Romane geschrieben, die sehr angenehm zu lesen sind, aber wenn man sie gelesen hat, wenn man zum Finale kommt, dann ist die Auflösung des Verbrechens erbärmlich. Zum Beispiel gibt es in einer dieser Locked-room-Geschichten ein vergittertes Fenster, und im Kamin brennt ein Feuer. Und in diesem Zimmer wird ein Mann gefunden, der durch einen Messerstich getötet worden ist, doch weiß man nicht, wie der Mörder ins Zimmer gekommen oder wieder hinausgelangt sein kann. Später kommt die Auflösung, und die ist trivial: Das Opfer wurde von einem Pfeil aus Eis getroffen, und dieser Pfeil ist dann natürlich wegen des Kaminfeuers geschmolzen. Aber das ist erbärmlich, ganz anders als die Lektüre des Buches.

OF: Ein Pfeil aus Eis? Ein Eiszapfen?

JLB: Ja, ein Eiszapfen. Außerdem muß man sich vorstellen, welches Instrument er wohl erfunden hat, um den Zapfen abzufeuern... Es könnte ein Bogen sein, aber ich glaube nicht.

OF: Er könnte von der Traufe gefallen sein, aber man weiß nicht, wie er ins Zimmer gelangt ist.

JLB: Ja, die Lösung ist unmöglich, aber das Rätsel ist hübsch. Es gibt eine Geschichte von Israel Zangwill; und dort sieht die Lösung – die später wiederholt wurde – so aus: einer von denen, die das Verbrechen entdecken, ist derjenige, der es verübt hat. Und außerdem, um die Überraschung zu vergrößern, ist es ein Polizeiinspektor. Und er betritt das Zimmer zusammen mit einer Dame und sagt: Man hat ihn umgebracht. Sie erstarrt natürlich vor Entsetzen, und er nutzt diesen Moment aus, um den Mann zu töten, dem am Vorabend ein Betäubungsmittel eingeflößt worden war. Und dann das *Geheimnis des gelben Zimmers*; der Titel ist wirklich eine *trouvaille*, jede andere Farbe wäre falsch gewesen, finden Sie nicht auch? Wenn er gesagt hätte, »Das Geheimnis des schwarzen Zimmers«, nein, die Schwärze und das Entsetzliche; »Des roten Zimmers«, nein, das ist schlecht; »Des grünen Zimmers«, das wäre ein bißchen lächerlich. Aber »Des gelben Zimmers«, das ist genau die Farbe, die hier nötig ist, nicht wahr?

OF: Ich glaube...

JLB: Ja, ein klein wenig schrecklich.

OF: Dann haben wir da die Kriminalgeschichten von Chesterton.

JLB: Im Falle von Chesterton ... bestimmt würde ich sagen, das sind die Meisterwerke der Gattung, zumal diese Kriminalgeschichten zugleich ja Geschichten des Übernatürlichen sind: In jeder Erzählung wird eine übernatürliche Lösung angedeutet. Und dann kommt eine Lösung, die wir als rational anerkennen müssen, dargeboten von Pater Brown oder einem der anderen von Chesterton erschaffenen Detektive. Und außerdem sind diese Geschichten – darauf hat mich Xul Solar aufmerksam gemacht – wie Theaterstücke oder auch wie Bilder ... Ich weiß nicht, ob Ihnen bekannt ist, daß Chesterton zuerst Maler werden wollte; und dann hat er die Malerei und das Zeichnen aufgegeben und sich der Literatur zugewandt, aber in der Literatur ist er ein Maler geblieben.

OF: Deshalb ist er derart deskriptiv.

JLB: Ja, und außerdem ist alles in bestimmter Weise aufeinander abgestimmt; die Personen tauchen auf, als ob sie eine Szene beträten. Und immer gibt es da zum Beispiel eine Frau mit rotem Haar, und diese rothaarige Frau sieht man, sagen wir vor einem orangeroten Sonnenuntergang.

OF: Die Himmel, die Chesterton beschreibt, sind auf jeden Fall denkwürdig.

JLB: Die Himmel, die Wälder, die Landschaften, die Architektur – die Architektur ist in jeder Geschichte anders; es gibt Geschichten, die zum Beispiel für eine gotische Kathedrale geschrieben sind. Und das Rätsel gleicht sich dem an; es nimmt diese Gestalt an. Andere sind für die Highlands konstruiert, die schottischen

Hochlande; und andere für die Vororte von London, für diese ruhigen Gärten der Londoner Umgebung. Die eine oder andere Geschichte spielt auch in Paris; *Das Duell des Doktor Hirsch*, zum Beispiel. Und alles ist auf die jeweilige Umgebung abgestimmt. Ein weiterer seltsamer Zug der Geschichten von Chesterton besteht darin, daß niemals irgend jemand bestraft wird. Sicher, Pater Brown, der Detektiv, ist ein Priester und kann niemanden der Polizei ausliefern. Deshalb kommt es vor, daß der Mörder stirbt oder verhaftet wird, aber Pater Brown ist niemals ein, sagen wir, Inquisitor, ein Vollstrecker, ein Henker; nein, er ist ein nachsichtiger Mensch. Und manchmal, in einigen Geschichten, zum Beispiel in *Der Unsichtbare*, entdeckt Pater Brown den Mörder, und sie unterhalten sich lange. Es wird angedeutet, daß der Mörder bereut und daß Pater Brown ihm die Absolution erteilt hat, denn es wird nicht mehr von ihm gesprochen; das weitere Schicksal des Mörders hat keine Bedeutung mehr. Und Pater Brown bleibt unbefleckt.

OF: Nun könnte man meinen, daß Ihre Vorliebe für die Kriminalgeschichte darauf zurückzuführen ist, daß es eine besonders epische Gattung ist.

JLB: Sehr episch, und außerdem ist es eine logische Gattung – bedenken Sie doch, daß in einem psychologischen Roman alles zulässig ist, jegliche Extravaganz ist erlaubt, die dem Charakter der Gestalt entspricht. Im Gegensatz dazu wurde in einer reichlich chaotischen Epoche der Literatur die logische Strenge von der Kriminalgeschichte gerettet, da ja eine Kriminalgeschichte eine intellektuelle Geschichte ist; das heißt, es ist eine Geschichte mit Anfang, Mitte und Ende, in der nichts unerklärlich bleibt. Deshalb wird in Kriminalgeschichten die Logik befriedigt.

OF: Vielleicht gibt es in der Kriminalgeschichte ein Gleichgewicht zwischen phantastischer Literatur und realistischer Literatur.

JLB: Ja, es wäre phantastische Literatur, die versucht, realistisch zu erscheinen. Aber in Wirklichkeit ist jede Literatur von sich aus phantastisch.

OF: Natürlich.

JLB: Nun ändern sich die Spielregeln in jeder Epoche, so wie sich der Wert oder die Macht der Wörter ändert. Wenn man zum Beispiel sagt, daß Rubén Darío heute ein wenig antiquiert wirke, dann heißt das, daß die Magie, die in jedem Wort steckt, von uns bereits aufgebraucht wurde – im Fall des Wortes Schwan, des Wortes Prinzessin, des Wortes See –, diese Wörter haben zweifellos ihren Zauber, aber diesen Zauber hat schon Darío verbraucht; oder wir haben diesen Zauber verbraucht, indem wir Darío gelesen und immer wieder gelesen haben. Und so geschieht es zwangsläufig bei jedem Dichter, der von bestimmten Wörtern abhängt: Diese Wörter verlieren ihre Qualität. Dennoch, jedes Wort kann magisch sein, und es wäre besser, wenn ein Dichter sich nicht allzusehr für bestimmte Wörter begeisterte, denn dann kann es geschehen, daß er sie mißbraucht, und schon wirken sie mechanisch.

OF: Klar. Aber wir dürfen sagen, daß die Magie oder Suggestivkraft der Kriminalgeschichte bei

Ihnen ein Schicksal zu erfüllen hatte, denn kürzlich haben Sie ein Gedicht mit dem Titel *Sherlock Holmes* geschrieben.

JLB: Ja, aber das geschah in Erinnerung an die Lektüre meiner Kindheit, meiner Jugendzeit, und außerdem im Gedanken daran, daß Sherlock Holmes ein freundlicher Mythos im Menschheitsgedächtnis ist. Sherlock Holmes findet sich in jedermanns Erinnerung, sein Name wird sofort identifiziert. Wir können sogar sagen, daß die Geschichten schlecht sind, aber trotzdem haben einige dieser Geschichten etwas ... etwas, was der Autor nicht verstand, da ja Conan Doyle diese Geschichten nicht gefielen; und so versuchte er, in einer von ihnen Sherlock Holmes umzubringen; aber die Leute forderten seine Wiederauferstehung, seine Rückkehr. Daraufhin mußte er über die Rückkehr von Sherlock Holmes schreiben.

Über realistische und phantastische Literatur

OF: Man hat das Gefühl, Borges, daß Sie gewissermaßen von Natur aus zur phantastischen Literatur neigen. Aber Sie haben nicht nur phantastische Literatur geschrieben, Sie haben auch vielfach über die Bedeutung der phantastischen Literatur nachgedacht.

JLB: Nun, ich würde sagen, daß alle Literatur im Wesen phantastisch ist; daß die Idee einer realistischen Literatur falsch ist, zumal der Leser weiß, daß das, was ihm erzählt wird, eine Fiktion ist. Und außerdem beginnt die Literatur mit dem Phantastischen, oder, wie Paul Valéry sagt, die älteste Literaturgattung ist die Kosmogonie, was auf das gleiche hinausläuft. Das heißt, die Idee einer realistischen Literatur beginnt vielleicht erst mit dem Schelmenroman, und sie war eine unheilvolle Erfindung, weil – vor allem auf diesem Kontinent – alle Welt sich ihr verschrieben hat ... und einem Sittenroman, der vielleicht so etwas wie ein Abkömmling des Schelmenromans ist. Oder die sogenannten »sozialen Streitschriften«, die ebenfalls eine

Form des Realismus sind. Aber zum Glück für unser Amerika und für die spanische Sprache hat Lugones im Jahr 1905 *Las fuerzas extrañas* [Seltsame Mächte] veröffentlicht, ein Buch von absichtlich phantastischen Erzählungen. Man vergißt Lugones oft und nimmt an, daß unsere Generation ... also, sagen wir Bioy Casares, Silvina Ocampo und ich, mit dieser Art Literatur begonnen hätten, und daß dies so illustre Autoren wie García Márquez oder Cortázar geprägt und hervorgebracht habe. Aber das stimmt nicht, denn in Wirklichkeit ...

OF: Lugones war Ihr Vorgänger.

JLB: Ja, man darf Lugones nicht unterschlagen; das heißt, man neigt dazu, ungerecht mit Lugones zu verfahren, da man ihn immer nach seiner letzten politischen Haltung beurteilt: dem Faschismus. Und dabei vergißt man, daß er vorher Anarchist war, daß er Sozialist war; daß er während des Ersten Weltkrieges Anhänger der Alliierten war – das heißt, der Demokratie. Erst danach hat er sich, ich weiß nicht warum, von Mussolini blenden lassen. Nun ja, auch Hitler hat sich von Mussolini blenden lassen.

OF: Nun ist aber die *Anthologie der Phantastischen Literatur*, die Sie mit Bioy Casares und Silvina Ocampo zusammengestellt haben ...

JLB: Ich glaube, dieses Buch hat sehr viel Gutes bewirkt, ich glaube, es war ein wohltätiges Werk. Später haben wir einen zweiten Band veröffentlicht; ich glaube, daß das Einfluß gehabt haben muß ... vielleicht auch auf andere südamerikanische Literaturen.

OF: Ohne Zweifel.

JLB: Und auch auf die spanische Literatur. Ja, und dann haben wir noch diesen anderen großen phantastischen Autor: Ramón Gómez de la Serna, der seinem Wesen nach ein phantastischer Erzähler ist.

OF: In einer Ihrer Reflexionen sagen Sie, daß die phantastische Literatur keine Flucht aus der Realität sei, sondern daß sie uns hilft, die Realität tiefer und umfassender zu begreifen.

JLB: Ich möchte sagen, daß die phantastische Literatur ein Teil der Realität ist, da ja die Realität alles umfassen muß. Es wäre absurd anzunehmen, die Realität sei nur das, was morgens in den Tageszeitungen steht. Oder das, was andere in den Zeitungen lesen, denn ich persönlich lese keine Zeitungen – ich habe in meinem ganzen Leben keine Zeitung gelesen.

OF (*lacht*): Also, das erklärt, warum Sie nicht gerade ein Anhänger der realistischen Literatur zu sein scheinen.

JLB: Die realistische Literatur ist ein ziemlich junges Genre und wird vielleicht wieder verschwinden. Und vor allem dieses … Also, zur Zeit gibt es ein sehr verbreitetes Vorurteil: die Idee, daß ein Schriftsteller für ein bestimmtes Publikum schreiben muß, daß dieses Publikum seine Landsleute zu sein haben; daß es ihm verboten ist, seine Phantasie über das hinausgehen zu lassen, was er persönlich kennt. Daß jeder Schriftsteller von seinem Land sprechen muß, von einer bestimmten Schicht in diesem Land … Diese Ideen sind der Literatur vollkommen fremd, zumal die Literatur, wie Sie wissen, mit der Dichtung beginnt.

OF: Natürlich.

JLB: Und die Dichtung ist bestimmt nicht zeitgenössisch; es nimmt doch zum Beispiel niemand an, daß etwa Homer zur Zeit des Trojanischen Krieges gelebt hätte.

OF: Alles andere würde einen völlig negativen literarischen Determinismus implizieren.

JLB: Ja, aber genau das ist sehr verbreitet. Zum Beispiel kommt es oft vor, daß Journalisten mich aufsuchen und mich fragen: »Und was ist Ihre Botschaft?« Ich sage ihnen, daß ich keinerlei Botschaft habe – Botschaften stehen den Engeln zu, zumal »Engel« im Griechischen Bote bedeutet, und ich bin ganz bestimmt kein Engel. Kipling sagte, es könne einem Schriftsteller vergönnt sein, eine Fabel zu erfinden, aber es sei ihm nicht vergönnt zu wissen, was die Moral ist. Das heißt, ein Schriftsteller schreibt zu einem bestimmten Zweck, aber der Zweck, den er sucht, ist in Wirklichkeit die Fabel selbst. Ich glaube, sogar im Falle von Aesop – oder den Griechen, die wir Aesop nennen –, sogar im Falle von Aesop: Ihn interessierte mehr die Vorstellung von Tieren, die sich unterhalten, als wären sie menschliche Wesen, und weniger die Moral der Fabel. Außerdem wäre es sehr seltsam, wenn jemand mit etwas so Abstraktem wie der Moral begänne und danach zu einer Fabel käme. Mir scheint die Annahme natürlicher, daß man mit der Fabel beginnt. Selbstverständlich beginnen alle Literaturen mit dem Phantastischen. Und in den Träumen – die sozusagen eine sehr alte Kunstform sind –, in den Träumen argumentieren wir nicht; wir erschaffen kleine dramatische Werke.

OF: Die ursprüngliche Literatur scheint ja nicht nur keineswegs realistisch, sondern auch mit dem Religiösen und sogar mit dem Heiligen verbunden gewesen zu sein.

JLB: Und auch mit dem Magischen.

OF: Aber natürlich.

JLB: Zum Beispiel in einem der Werke, die für mich zu den wichtigsten gehören: Ich nehme an, daß jene, die *Tausendundeine Nacht* erträumten, an keinerlei Moral gedacht haben; sie haben geträumt, sie haben sich träumen lassen, und so ist dieses wunderbare Buch entstanden.

OF: Die realistische Literatur, scheint mir, entspricht mehr diesem Jahrhundert als irgendeinem anderen.

JLB: Nun, im vorigen Jahrhundert auch der Naturalismus.

OF: Ja, aber durchgesetzt hat sich alles in diesem.

JLB: Ja, durchgesetzt hat es sich in diesem Jahrhundert. Aber schon im vorigen Jahrhundert gab es diese seltsame Vorstellung von Zola, daß jeder seiner Romane ein wissenschaftliches Experiment sei... Was zum Glück nicht der Fall ist; schließlich war Zola ein eher halluzinatorischer Mensch, nicht wahr? Seine Romane lesen sich heute wie hübsche Halluzinationen, nicht wie wissenschaftliche Werke über die Franzosen in der Zeit des Zweiten Empire, was er ja eigentlich wollte.

OF: Ich glaube, Borges, mit Ihrem *Buch der Träume* haben Sie noch eine weitere Anthologie der phantastischen Literatur geschaffen.

JLB: Ah, das kann sein; das ist richtig. Das habe ich zusammen mit Roy Bartholomew ausgewählt. Es ist ein schönes Buch, glaube ich.

OF: Das stimmt.

JLB: Obwohl es vielleicht zu viele Träume aus dem Alten Testament enthält, nicht wahr?

OF: Sie gehören andererseits zu den besten. Außerdem sind einige Texte von Ihnen dabei; einer gefällt mir besonders: *Alonso Quijano träumt*. Ich weiß nicht, ob Sie sich daran erinnern.

JLB: Nein, daran erinnere ich mich nicht; ich versuche das, was ich schreibe, zu vergessen. Außerdem muß ich vergessen, was ich schreibe, denn wenn nicht, wäre ich entmutigt. Weil ich weiter schreiben möchte, und da ist es besser, die fehlerhafte Vergangenheit zu vergessen und an eine Zukunft zu denken, die vielleicht niemals kommt, die ich mir aber reichhaltiger vorstellen kann als die Vergangenheit.

OF: Aber möglicherweise findet irgendwann im Laufe der Zeit eine Begegnung und Trennung zwischen Ihnen und Alonso Quijano oder Cervantes statt.

JLB: Das stimmt, ja; irgend jemand hat eine Arbeit über meine Beziehung zum *Quijote* veröffentlicht. Er hat ich weiß nicht wie viele Texte oder Passagen gefunden, in denen ich auf dieses *Quijote*-Thema zurückkomme. Einer, der auch dem *Quijote*-Kult huldigte, war Macedonio Fernández. Im allgemeinen mochte er spanische Dinge nicht, aber den *Quijote* wohl. Und mit einiger Demagogie hat Macedonio Fernández vorgeschlagen, daß wir Südamerikaner und Spanier uns alle »Die Familie des Cervantes« nennen sollten; da ja Cervantes doch ein Band ist, nicht wahr, ein Band, das den Atlantik überquert. Und es ist eine hübsche Idee, denn »die Familie des Cervantes« klingt doch gut, oder?

Über Alonso Quijano

OF: Bei einem Dialog an einer Universität in den Vereinigten Staaten haben Sie einmal gesagt, Sie empfänden die große Cervantes-Gestalt, Alonso Quijano, der sich kraft seiner Inspiration in Don Quijote verwandelt, als Ihren besten Freund.

JLB: Ja, und diese Gestalt wird uns schon im ersten Kapitel des Werkes geschenkt, nicht wahr?

OF: Richtig.

JLB: Sie werden sich erinnern, ich sagte, wir gehen aus unserem Alltagsleben hinaus und betreten das Leben Alonso Quijanos: »An einem Ort in der Mancha, an dessen Namen ich mich nicht erinnern mag, lebte vor nicht langer Zeit ein Hidalgo von jener Art, die einen Speer im Lanzengestell, einen alten Schild, einen dürren Klepper und einen hurtigen Windhund haben.« Und schon haben wir, innerhalb weniger Zeilen, diese Welt betreten.

OF: Wir betreten den Traum.

JLB: Ja, und was meine Aufmerksamkeit erregte, schon als ich noch ein Kind war, ist, daß es hieß, er werde verrückt, ohne daß die einzelnen Etappen des Wahnsinns dargestellt würden. Ich dachte damals, man könnte eine Geschichte schreiben – abgesehen davon, daß diese Geschichte ein wenig leichtfertig wäre, nicht wahr? –, eine Geschichte, in der die einzelnen Etappen des Wahnsinns gezeigt würden: in der dargestellt würde, wie für Alonso Quijano die Alltagswelt, dieser Ort in der staubigen Region von La Mancha, allmählich unwirklich und wie die Welt der *Matière de Bretagne* immer wirklicher wird. Aber das ist nicht weiter wichtig, wir akzeptieren es auch so, und schon in diesem Kapitel haben wir seine Welt betreten. Und vielleicht ... vielleicht ist es das Wichtigste, daß ein Schriftsteller uns liebenswerte Leute präsentiert, und möglicherweise ist das gar nicht so schwierig, weil der Leser dazu neigt, sich mit der ersten Gestalt, die genannt wird, zu identifizieren. Das heißt, wenn wir zum Beispiel *Schuld und Sühne* lesen, identifizieren wir uns von Anfang an mit Raskolnikow, weil er die erste Gestalt ist, die wir kennenlernen. Und das hilft einem, sich mit ihm anzufreunden, da man ja, während man es liest, bereits er ist; denn ein Buch lesen heißt, nacheinander die verschiedenen Gestalten des Buches zu sein. Jedenfalls gilt das für einen Roman, wenn der Roman etwas taugt.

OF: Und es bedeutet, irgendwie der Autor zu sein.

JLB: Ja, es bedeutet irgendwie der Autor zu sein, all das; eine Reihe von Metamorphosen, von Verwandlungen, die nicht schmerzlich, sondern angenehm sind.

Die Idee von Unamuno, daß Don Quijote eine exemplarische Gestalt sei, scheint mir ein Irrtum: Das ist er ganz bestimmt nicht; er ist eher ein cholerischer und willkürlicher Señor. Aber, wie man weiß, ist er harmlos... (*lacht*). Ich habe einmal darüber geschrieben, was wohl geschähe, wenn Don Quijote einen Menschen tötete. Aber diese meine Besorgnis war absurd, da ja von Anfang an klar ist, daß er niemanden töten kann, daß er eine sympathische Gestalt sein muß. Und der Autor setzt ihn keinen Moment dieser Gefahr aus. Später malte ich mir die möglichen Konsequenzen dieser unmöglichen Tat des Don Quijote aus, überlegte, was geschehen könnte. Ich weiß nicht mehr, welche Möglichkeiten ich mir vorgestellt habe. Aber es steht fest, daß wir Alonso Quijano als einen Freund empfinden.

OF: Das stimmt.

JLB: Sancho dagegen nicht, ihn empfinde ich eher als dreist. Außerdem war mir von klein auf bewußt, daß sie zuviel reden; viel natürlicher stelle ich mir vor, daß es lange Zeiten gab, in denen sie still nebeneinander herritten. Aber da der Leser schmackhafte Dialoge erwartete, konnte Cervantes sich das nicht erlauben. Als ich den *Martín Fierro* las, hatte ich denselben Gedanken, ich dachte, daß es sehr seltam ist, daß Cruz Fierro sofort seine ganze Geschichte erzählt; es wäre natürlicher gewesen, wenn er sie nach und nach erzählt hätte.

OF: Dann ist also für Sie das Wichtigste an Cervantes' Buch...

JLB: Die Gestalt.

OF: Die Erschaffung des Menschen Alonso Quijano.

JLB: Ja, vor allem Alonso Quijano, der sich für Don Quijote hält, und der Autor verwechselt die beiden einige Male absichtlich. Aber vor allem im ersten Teil spürt man deutlich, daß er nicht Don Quijote ist, sondern Alonso Quijano. Außerdem wird er in ganz Spanien wie ein Eindringling empfangen. Im zweiten Teil dagegen nicht: Ganz Spanien hat den ersten Teil gelesen und wartet auf ihn und fördert seinen Wahn. Und erinnern Sie sich, wie Sancho am Ende vorschlägt, zum pastoralen Genre überzugehen? Und auch das lehnt Alonso Quijano ab. Er ist längst überzeugt davon, daß er Alonso Quijano ist, und daß er sich nicht wieder in einen fahrenden Ritter oder in einen Schäfer verwandeln kann.

OF: Ja, und in *Un soldado de Urbina / Ein Soldat des Urbina*, Sie werden sich erinnern, und in *Sueña Alonso Quijano / Alonso Quijano träumt*, in beiden Gedichten ...

JLB: An das zweite Gedicht erinnere ich mich nicht, an das erste ja, ich kann es sogar auswendig, denn ich werde manchmal gebeten, ein Sonett vorzutragen, und dann schwanke ich immer zwischen *Everness*, *Alusión a una sombra de mil ochocientes noventa y tantos / Anspielung auf einen Schatten aus den neunziger Jahren* über den Messerhelden Juan Muraña aus Palermo und dem Gedicht *Ein Soldat des Urbina*, in dem Cervantes nicht genannt wird, aber der Leser versteht, daß es sich um ihn handelt.

OF: In beiden Gedichten verbinden Sie die epischen Träume von Don Quijote mit der epischen Realität, die Cervantes in seinem eigenen Leben zu bewältigen hatte.

JLB: Ja, und da gibt es etwas Merkwürdiges: Weder Cervantes noch sonst einem Literaten seiner Zeit scheint die Bedeutung der Entdeckung Amerikas klar gewesen zu sein.

OF: Obwohl sie Zeitgenossen dieses Vorgangs waren.

JLB: Ja. Die kleinen katastrophalen Kriege in Flandern interessierten sie mehr als die Entdeckung eines Kontinents. In England scheint es genauso gewesen zu sein: Man hat Cabot aufgetragen, nach China zu fahren, weil man nicht glaubte, daß Amerika dazwischen lag und den Weg versperrt.

OF: Cervantes bat ja darum, nach Amerika geschickt zu werden.

JLB: Ja, und Groussac sagt, man hätte ihm zum Beispiel irgendein Amt in Neugranada übertragen können. Doch der Tatsache, daß man ihm dieses Amt verweigert hat, verdanken wir vielleicht den *Quijote*. Das heißt, was Cervantes als Verlust erschien, war tatsächlich für ihn und für die ganze Menschheit ein Geschenk.

OF: Cervantes hat also in seinem eigenen Leben das gekannt, was Sie »den Geschmack des Epischen« nannten.

JLB: Ja, und er hat gern auf die Schlacht von Lepanto verwiesen; er erwähnt sie sehr häufig.

OF: Wie Sie in Ihrem Gedicht sagen: »Para borrar o mitigar la saña / de lo real, buscaba lo soñado« – »Den Schmerz der Wirklichkeit zu lindern oder zu tilgen, suchte er das Erträumte.«

JLB: »Y le dieron un mágico pasado / los ciclos de Rolando y de Bretaña« – »Und magische Vergangenheit gewährten ihm das Rolandslied und die Bretagnezyklen.« Ja, die *Matière de France* und die *Matière de Bretagne*, denen man noch hinzufügen muß die *Matière de Rome la Grande*, darin eingeschlossen die Abenteuer des Alexander von Mazedonien, der die Mauer des Paradieses erreicht und auch den Grund des Meeres. Letzten Endes ist all dies die *Matière de Rome*.

OF: Italien hat eben auch Ariosto gegeben, und viele andere Beispiele.

JLB: Natürlich, und wenn Cervantes von »donoso escrutinio« [drollige Untersuchung] spricht, dann spricht er von dem »christlichen Dichter Ludovico Ariosto«. Man könnte versuchen, einen Essay über Ariosto und Cervantes zu schreiben, das heißt, die beiden haben, sagen wir, den Geschmack dieser drei *Matières, de Bretagne, de France* und *de Rome*, empfunden. Und gleichzeitig waren sie sich darüber im klaren, daß all das ein bißchen lächerlich war, ein bißchen ausgefallen.

OF: Der Geschmack des Rittertums, könnte man sagen.

JLB: Ja, natürlich, und schon im ersten Gesang des *Orlando Furioso*, wo es um Karl den Großen geht, wird alles ein wenig ins Lächerliche gezogen. Aber es war Ariosto teuer, obwohl er gleichzeitig wußte, daß all dies irreal war. Und vielleicht hat es ihm eben deswegen gefallen. Bei Cervantes ist das noch ausgeprägter.

OF: Es war kostbar *wegen* des Kontrasts zur Realität.

JLB: Ja, wegen des Kontrasts, aber ich glaube, daß die beiden sich darin gleichen, nicht wahr?

OF: Natürlich.

JLB: Darin, daß sie das Rittertum so empfinden und gleichzeitig wissen, daß alles irreal ist, oder jedenfalls ein wenig lachhaft. Bei Cervantes absolut lachhaft.

OF: Deshalb steht die ganze Entwicklung seines Romans in dem Gegensatz zwischen der Realität und dem Traum.

JLB: Ja, und innerhalb dieses Traums ist die *Matière de France* und *de Bretagne* vor allem, mehr jedenfalls als die *Matière de Rome*, da ja kaum die Rede ist von Alexander oder Cäsar.

OF: Mich interessierte vor allem Ihre Identifikation mit der Gestalt, fast mehr noch als mit dem Autor, möchte ich sagen, mit Alonso Quijano.

JLB: Ja, aber ich glaube, das ist doch allen so gegangen, oder?

OF: Das ist möglich, man müßte es erkunden.

JLB: Ich glaube, Unamuno schrieb, Don Quijote sei heute realer als Cervantes. Das liegt daran, daß wir uns Alonso Quijano unmittelbar vorstellen, Cervantes dagegen auf dem Umweg über die Biographien und Notizen von anderen …

OF: Oder wir stellen Mutmaßungen über ihn an ...

JLB: Mutmaßungen, ja. Zu Alonso Quijano dagegen und zu dem Don Quijote, in den er sich zu verwandeln sucht, haben wir eine unmittelbare Beziehung; diese Erklärung ist offensichtlich, eine andere kann es nicht geben.

OF: Einverstanden, aber ich glaube, die Tatsache, daß der Traum des Alonso Quijano der Traum von einer Bibliothek war, stellt doch eine verwandtschaftliche Beziehung in Ihnen her, das heißt, zu Ihrer alten Vorliebe.

JLB: Ah, natürlich. Ja, ich glaube, in einem Sonett habe ich geschrieben, daß ich, im Gegensatz zu Alonso Quijano, nie aus meiner Bibliothek herausgekommen bin. Denn obwohl ich durch die ganze Welt gereist bin, weiß ich doch nicht, ob ich tatsächlich jemals aus den ersten Büchern, die ich las, herausgekommen bin.

OF: Ja, Sie halten dieser ersten Bibliothek unbeirrt die Treue.

JLB: Außerdem erinnere ich mich wegen meiner Kurzsichtigkeit weniger an das Viertel Palermos und auch nicht an die wirklichen Gesichter meiner Eltern, sondern an Bücher, an Illustrationen, an Landkarten, also, an Buchrücken, sogar an Einbände. Das heißt, meine ersten Erinnerungen sind tatsächlich eher Erinnerungen an Bücher als an Personen.

OF: Deshalb war die Bibliothek Ihres Vaters grundlegend für Ihr ganzes Leben, wie Sie gesagt haben.

JLB: Ich glaube ja, und ich glaube, ich bin nie aus ihr herausgekommen, was für mich ein Glück bedeutet, aber ein Unglück für meine Leser, weil ich sonst vielleicht andere Bücher geschrieben hätte. Aber in diesem Haus versuche ich, in der Bibliothek meines Vaters zu sein, deshalb gibt es in diesem Haus keine Bücher von mir.

OF: Wir haben schon von Kontrasten gesprochen; die Geschichte des Quijote spielt sich seltsamerweise in dem Land ab, in dem der Realismus das größte Gewicht hat, in Spanien.

JLB: Das stimmt, und obendrein sind die Spanier stolz darauf, weil ihrer Meinung nach der pikareske Roman, der Schelmenroman genau das ist, Realismus. Dabei ist es eine ziemlich puritanische Romanform; im Schelmenroman wird das Sexuelle zum Beispiel ausgeklammert.

OF: Ja, aber Cervantes selber hat sich damit befaßt.

JLB: Meinen Sie, in *Rinconete y Cortadillo* [Ecklein und Schnittel]?

OF: Ja, genau, und auch in anderen der *Exemplarischen Novellen*.

JLB: Das ist richtig, aber insgesamt muß der Schelmenroman wirklich eine Offenbarung für Europa gewesen sein. Er hatte großen Einfluß auf den englischen Roman, auf den *Simplicissimus* von Grimmelshausen, in Deutschland, und später auf den *Gil Blas* von Lesage.

Über die Mutmaßung

OF: Es gibt ein Genre, Borges, das Sie hervorgebracht haben. Ein literarisches und zugleich philosophisches Genre. Und ich glaube, für Sie ist es das, was der Mensch sich beim Denken erlauben kann, ohne zu weit zu gehen. Ich meine die Mutmaßung, die Konjektur. Wir finden sie in Ihren Gedichten, in Ihrem Denken, in Ihren Erzählungen; Sie sagen immer »vielleicht«, »möglicherweise«, oder Sie verwenden andere Mittel, um die Mutmaßung auszudrücken.

JLB: Ja, das stimmt, ich habe keinerlei Gewißheit, nicht einmal die Gewißheit der Ungewißheit. Und so glaube ich, daß alles Denken ... nun ja, Mutmaßung ist. Vor allem im Fall etwa einer Erzählung. In einem anderen Gespräch habe ich Ihnen einmal gesagt, daß der Anfang und das Ende der Geschichte mir offenbart werden, der Ausgangspunkt und das Ziel. Aber alles, was zwischen diesen beiden Punkten geschieht, ist Mutmaßung: Ich muß erraten, welche Epoche dazu paßt und welcher Stil; ich glaube, am besten ist es, wenn man so wenig wie möglich in das eingreift, was man schreibt. Ich bemühe mich darum, meine Ansichten herauszuhalten, ich versuche … Nun ja, ich habe keine ästhetischen Theorien; ich bemühe mich, daß auch meine Theorien sich nicht einmischen. Denn ich glaube, daß jedes Thema seine eigene Rhetorik verlangt, und so war ich auch ziemlich unzufrieden mit dem Stil von *Die kreisförmigen Ruinen*, aber Freunde von mir haben mir gesagt, dieser barocke Stil sei genau der, den dieses Thema verlange. Und ich möchte sagen, daß jedes Thema seine eigene Rhetorik verlangt. Und auch dann, wenn es in der ersten Person erzählt werden will, muß es in einer bestimmten Zeit, in einem bestimmten Land geschehen; all dies wird vom Thema vorgegeben. Und am besten ist es abzuwarten; nach dieser ersten Offenbarung, die mir den Anfang einer Fabel und das Ende gibt, werden andere kommen, die mir sagen, ob sich die Geschichte beispielsweise gegen Ende des neunzehnten Jahrhunderts zugetragen hat oder in einem vagen Orient von *Tausendundeiner Nacht*. Im allgemeinen ziehe ich die letzten Jahre des neunzehnten Jahrhunderts vor und Schauplätze, die ein wenig entlegen sind, nicht nur in der Zeit, sondern auch im Raum, weil ich so die Freiheit des Erfindens, des Imaginierens habe. Das Zeitgenössische dagegen ist eine Fessel. Außerdem ist dies ja auch die alte Tradition der Literatur: Niemand nimmt ernstlich an, daß Homer bei der Belagerung von Troja mitgekämpft habe, man weiß, all das findet erst später statt. Und da die Vergangenheit so veränderbar ist... im Gegensatz zu dem, was normalerweise gesagt wird, daß man nämlich die Vergangenheit nicht modifizieren könne, glaube ich, daß wir jedesmal, wenn wir uns an die Vergangenheit erinnern, sie modifizieren, zumal unser Gedächtnis fehlbar ist. Und diese Modifizierung kann wohltätig sein.

OF: Dann wäre also die Vergangenheit...

JLB: Die Vergangenheit ist bildsam, glaube ich, und die Zukunft auch. Die Gegenwart unseligerweise nicht; wenn ich physischen Schmerz empfinde, hat es keinen Sinn, daß ich zu denken versuche, ich empfände ihn nicht, denn der Schmerz ist ja da, nicht wahr? Oder wenn ich mich nach einem Menschen sehne, dann empfinde ich auch die Sehnsucht in der Gegenwart. Aber was kann man über die Vergangenheit wissen, über die eigene Vergangenheit? Ich kann mir vielleicht einbilden, meine Jugendjahre in Europa seien schmerzlich gewesen. Der Beweis dafür ist, daß ich wie alle jungen Leute irgendwann einmal an Selbstmord gedacht habe – ich glaube, alle jungen Leute haben irgendwann daran gedacht, oder? Alle haben sich Hamlets Monolog aufgesagt: »To be or not to be.« Trotzdem erinnere ich mich an diese Jahre, als ob es sehr glückliche Jahre gewesen wären, obwohl ich weiß, daß das nicht stimmt; aber das hat keine Bedeutung: Es ist so viel Zeit vergangen – die Vergangenheit ist so bildsam –, daß ich sie modifizieren kann. Und was ist die Geschichte anderes als das Bild, das wir uns von der Geschichte machen? Dieses Bild beschönigt immer, das heißt, es nähert sich der Mythologie, der Legende, überdies hat jedes Land seine eigene Mythologie; die Geschichte eines jeden Landes ist eine liebevolle Mythologie, die der Wirklichkeit vielleicht nicht im mindesten gleicht. Dagegen ist es sehr schwierig, die Gegenwart immer angenehm zu finden.

OF: Dann wären Vergangenheit und Zukunft Mutmaßungen.

JLB: Ja, ich glaube schon, aber vielleicht ist es einfacher, die Vergangenheit zu modifizieren als die Zukunft, denn über die Zukunft denkt man anders nach ... »So, wahrscheinlich wird dies und das passieren«, »Nein, diese und jene Faktoren sprechen dagegen.« Aber die Vergangenheit, vor allem eine etwas fernere Vergangenheit, ist ein sehr, sehr biegsamer Stoff. Nun ja, mit der Zeit ist alles Stoff für die Kunst. Vor allem das Unglück. Das Glück nicht. Das Glück ist schon sein eigener Zweck; vielleicht gibt es deshalb keine Poeten des Glücks. Obwohl – also, ich glaube, Jorge Guillén war ein Dichter des Glücks, Whitman weniger, bei Whitman spürt man, daß er sich das Glück auferlegte, als Pflicht des Amerikaners, aber das Glück ist nicht so, das Glück muß spontan sein, nicht wahr? Anders im Falle Guilléns; ich glaube, bei ihm spürt man das Glück in seinen Versen: »Und alles in der Luft ist Vogel.« Das könnte ein Albtraum sein: »Alles in der Luft ist Vogel.« Aber wenn er es sagt, ist es keiner, dann nähert es sich der Glückseligkeit. Das Unglück, die Elegie dagegen vermitteln den Eindruck, einfach, natürlich zu sein.

OF: Nun gibt es über die Mutmaßung hinaus ein weiteres bedeutsames Element…

JLB: Die Mutmaßung ist immer allgemein; zum Beispiel ist es von der Logik her nicht unmöglich, daß der Solipsismus zutrifft; von der Logik her bin ich vielleicht der einzige Träumer und habe die gesamte Universalgeschichte geträumt – die ganze Vergangenheit, meine ganze eigene Vergangenheit; vielleicht beginne ich eben in diesem Moment zu existieren. Aber in diesem Augenblick erinnere ich mich schon daran, daß wir uns hier vor einer Viertelstunde getroffen haben, einer jetzt von mir geschaffenen Viertelstunde – also, das alles ist möglich: Es ist möglich, daß nur ich und meine Gegenwart existieren, es ist logisch möglich, nicht mehr. Nicht für die Vorstellung – es wäre furchtbar, sich das vorzustellen. Außerdem nimmt man etwas wahr, spürt über die von den Sinnen gelieferten Daten hinaus die Gegenwart von etwas anderem. Deshalb ist die Philosophie von Locke falsch: Er sagt, wir verdanken unsere Erkenntnis den Sinnen; nein, ich glaube, über die Sinne hinaus spürt man, daß es noch etwas gibt, daß es etwas anderes gibt – und man spürt vor allem Feindseligkeit, Gleichgültigkeit, Liebe, Freundschaft, Abneigung. Diese Dinge spürt man jenseits der Sinne, glaube ich.

OF: Richtig. Ihrer Meinung nach ist die Mutmaßung also zulässig; aber es gibt da noch einen anderen Aspekt, von dem ich nicht weiß, ob Sie ihn in den letzten Jahren entwickelt haben oder ob er schon sehr viel länger zu Ihrem Denken gehört, als ich meine: Sie glauben, daß die Gedichte oder die Erzählungen, oder die Gedanken uns gegeben werden ...

JLB: Ich glaube, daran gibt es überhaupt keine Zweifel. Außerdem ist das die ursprüngliche Idee: die Vorstellung zum Beispiel von der Muse; die Muse diktiert dem Poeten die Gedichte, der Dichter ist der Sekretär der Muse. Die Juden glaubten, daß der Geist die verschiedenen Bücher der Bibel verschiedenen Schreibern zu verschiedenen Zeiten und in verschiedenen Regionen der Welt diktiert habe. Aber all das ist ein Werk des Geistes.

OF: Sicher, aber seltsamerweise ist Ihr Gedanke, daß uns das, was wir erschaffen, gegeben wird, auch wenn Ihnen das Wort sicherlich übertrieben erscheinen wird, unweigerlich ein mystischer Gedanke.

JLB: Er muß mystisch sein, denn physisch kann er nicht sein und logisch ebensowenig. Die Idee von Poe, daß das ästhetische Werk eine intellektuelle Leistung sei ... das ist eine Grille von Poe, ein Scherz. Er kann das nicht geglaubt haben; setzt sich hin, um ein Gedicht zu schreiben, und tut es mit Hilfe rationaler Überlegungen. Da ist immer etwas, was ihm entgeht. Nun, Poe gibt eine Reihe von Argumenten an, die ihn, wie er behauptet, dazu brachten, *Der Rabe* zu schreiben. Doch zwischen den einzelnen Gliedern dieser Gedankenkette gibt es immer eine Art Schatten-Intervall, oder etwas, das weitere Kettenglieder verlangt. Insofern erklärt das, was er gesagt hat, überhaupt nichts: Er konnte *Der Rabe* auf eine Reihe von Argumenten reduzieren, aber zwischen allen Gliedern dieser Gedankenkette gibt es etwas, das nicht zu erklären ist, das sich auf nichts anderes zurückführen läßt als auf, sagen wir, die Inspiration, auf das Geheimnis. Nun kann dieses Geheimnis etwas Externes sein, oder aber es kann in unserem Gedächtnis liegen. Yeats glaubte, es liege im Großen Gedächtnis; er glaubte, daß jeder Mensch die Erinnerung seiner Ahnen erbe. Nun nimmt die Zahl seiner Ahnen natürlich geometrisch zu: zwei Eltern, vier Großeltern, so und so viele Urgroßeltern, und schließlich umfaßt sie das gesamte Menschengeschlecht. Er meinte, daß in jedem Menschen diese wahrlich unendliche Zahl von Vorfahren zusammenkomme, so daß ein Schriftsteller nicht unbedingt viele persönliche Erfahrungen zu haben brauche, da ja bereits alle vorhanden seien: Jeder einzelne verfüge über dieses geheime Sammelbecken von Erinnerungen, und das reiche aus für die literarische Schöpfung.

OF: Wenn es also hin und wieder heißt, Elizabeth Browning sei eine Dichterin von mystischer Inspiration gewesen, dann wäre dieser Ausdruck zweifellos zulässig.

JLB: Aber ja, zweifellos. Und vielleicht könnte man das auf alle Dichter anwenden, denn ich verstehe den Dichter nicht als einen bloß Intellektuellen. Nun gibt es natürlich Schriftsteller, die das Intellektuelle auf ästhetische Weise empfinden. Das beste Beispiel für einen intellektuellen Dichter wäre für mich Emerson, da Emerson ja nicht nur intellektuell ist, sondern …

Nun ja, er hat unaufhörlich gedacht. Im Falle anderer intellektueller Dichter dagegen ... Ich weiß nicht, ob sie es wirklich sind. Also, Robert Frost – das könnte sein, Emerson auch.

OF: Vielleicht Valéry.

JLB: Im Falle Valérys kann man feststellen, daß ihn eher die externe Welt beeindruckt, nicht aber die Ideen, die Ideen sind vulgär; es sind eher die Bilder als die Ideen. Aber das muß am Ende jeder Leser für sich selber feststellen. Mich hat Valéry nicht als intellektueller Dichter beeindruckt, wohl aber als Dichter, ohne Zweifel. Eines seiner Gedichte beschreibt genau, wie eine Frucht gekostet, geschmeckt wird, und das Gefühl, wie diese Frucht zu Lust zerschmilzt.

OF: Vielleicht bringt man Valéry mit der Vorstellung vom Intellektuellen in Verbindung wegen seiner Beziehung zur Mathematik.

JLB: Ja, das mag sein.

OF: Dann haben wir also auf einer Seite die Mutmaßung, auf der anderen das Mystische, und es gibt noch einen dritten Aspekt, der mich interessiert ...

JLB: Da gibt es nicht nur einen dritten Aspekt, sondern Tausende, nehme ich an. Aber welcher interessiert Sie in diesem Moment?

OF: Der, der sich in Ihren Reisen widerspiegelt – nach der Rückkehr und vor dem Aufbruch –, und zwar daß trotz all der Zeit Ihre Liebe zum Leben nicht nachläßt, eben das, was meiner Meinung nach den Dichter erst ausmacht.

JLB: Ich glaube, wäre man Dichter, würde man jeden Moment als poetisch empfinden. Das heißt, man würde immer die Liebe zum Leben erleben, und wenn man Liebe zum Leben sagt, müßte man auch das Unglück, das Scheitern, die Einsamkeit lieben. All das ist gleichsam das Material für den Dichter, ohne das er nicht komponieren könnte und sich nicht gerechtfertigt fühlte. Denn ich ... mir gefällt nicht, was ich schreibe, aber wenn ich nicht schreibe oder irgend etwas komponiere, habe ich das Gefühl, daß ich meinem Schicksal untreu bin. Es ist ja eben mein Schicksal, Mutmaßungen anzustellen, zu träumen, und schließlich zu schreiben, und am Ende womöglich zu veröffentlichen – das ist das Unwichtigste. Aber ich muß in dauernder Aktivität leben, oder ich muß glauben, daß ich in dauernder imaginativer Aktivität und, wenn möglich, auch rationaler Aktivität lebe, aber vor allem in imaginativer Aktivität. Das heißt, ich muß ständig träumen, ich muß in die Zukunft projiziert leben. Es erscheint mir ungesund, in der Vergangenheit zu leben, auch wenn die Vergangenheit uns immerhin die Elegie schenken kann – eine nicht zu verachtende Gattung. Aber im allgemeinen versuche ich zu vergessen, was ich geschrieben habe, denn wenn ich es wiederläse, würde ich mich entmutigt fühlen. Wenn ich dagegen nach vorn lebe, wenn ich vergesse, was ich geschrieben habe, kann es natürlich vorkommen, daß ich mich wiederhole, aber ich lebe weiter; ich fühle mich gerechtfertigt. Im anderen Fall fühle ich mich verloren (*lacht*).

OF: Ich glaube, wenn Sie wiederläsen, was Sie geschrieben haben, würde es Ihnen nicht so gehen …

JLB: Mag sein, aber es ist ein gefährliches Experiment, besser, es gar nicht erst zu versuchen, wie? Das Ergebnis könnte eine Verpflichtung zum Schweigen sein, nicht wahr, eine Berufung zum Schweigen.

OF: Jedenfalls würden Sie vielleicht entdecken, daß Ihre Liebe zum Leben ebenfalls eine Konstante gewesen ist, auch wenn Sie selbst das vielleicht gar nicht bemerkt haben.

JLB: Nun, das ist eine Mutmaßung, eine großmütige Mutmaßung von Ihnen.

Über Frankreich

OF: Wenn wir über Frankreich sprechen, denken Sie gewöhnlich an den Reichtum der französischen Literatur, an das Land mit der Tradition literarischer Formen, oder überhaupt, könnte man sagen, an das Literatur-Land.

JLB: Ja, und an das Land der literarischen Schulen. Das heißt, daß die Franzosen, die französischen Schriftsteller, genau wissen wollen, was sie gerade tun; deshalb kommt ein Schriftsteller dort den Literaturhistorikern zuvor: Der Schriftsteller klassifiziert sich bereits und schreibt im Rahmen dieser Klassifizierung. England dagegen ist ein Land von Individuen – die Engländer sind Individualisten, die Literaturgeschichte interessiert sie nicht, sie wollen sich auch nicht definieren, sondern scheinen sich einfach nur auszudrücken ... spontan, nicht wahr? Und in Frankreich, nun ja, es ist ein Land ... es sind intelligente Leute, aufgeklärt, sehr an der Ordnung interessiert; und vor allem glauben sie an die Literaturgeschichte, sie glauben an die Wirklichkeit der Schulen. Deshalb ist Frankreich das Land der literarischen Manifeste, der Künstlerzirkel, der Polemiken. Und all das ist in anderen Ländern relativ selten: Ich habe das Beispiel England genommen, denn wie Novalis sagte: »Jeder Engländer ist eine Insel.« Jeder Engländer ist ein Individuum, und er schert sich nicht weiter um die Klassifizierung, die ihm in der Literaturgeschichte zuteil werden kann. Das heißt, ein Buch wie das von Thibaudet, anhand dessen man die französische Literatur studiert und gut studiert, über viele Generationen hin, ist doch nicht unsinnig. In anderen Ländern dagegen wäre es, wie mir scheint, unsinnig. Doch im Falle Frankreichs nicht. Das soll nun nicht heißen, daß es in Frankreich nicht genügend Phantasie, nicht genügend Erfindungsgeist gäbe, nein. Es soll heißen, daß im allgemeinen der Schriftsteller wissen will, was er gerade macht, daß den Autor die Theorie seines Werks interessiert. Und in anderen Ländern scheint die Theorie weniger zu interessieren, eher die Durchführung des Werks oder die Imagination, wenn man so will. Aber das wäre ein Argument mehr zugunsten von Frankreich.

OF: Sicher.

JLB: Zugunsten des Verstandes, zugunsten der Klarheit des französischen Geistes. Aber das soll nicht heißen, daß es in Frankreich nicht auch etwas unerklärliche Gestalten gäbe: Ich weiß nicht, in welchem Maße ein Autor wie Rabelais, oder ein Autor wie Rimbaud, der Symbolist war, oder ein Autor wie Léon Bloy einer Tradition entsprechen. Aber die Vorstellung einer Tradition in der Literaturgeschichte hätte ihnen gefallen. Ich glaube heute nicht an Schulen, Flaubert kam ebenfalls zu dem Schluß, nicht mehr daran zu glauben. Er sagte: »Quand un vers est bon, il perd son style« – »Wenn ein Vers gut ist, verliert er seinen Stil«, und ich glaube, er hat auch gesagt, daß ein guter Vers von Boileau – der hier die klassische Tradition verkörpert, die Tradition des Jahrhunderts, Ludwigs XIV. – ebensoviel wert ist wie ein guter Vers von Hugo, einem Romantiker. Aber ich würde noch weitergehen; ich würde sagen, wenn ein Vers gut ist, verliert er die Zugehörigkeit zu einer Schule, und außerdem hat es dann keine Bedeutung mehr, wer ihn geschrieben hat, und ebensowenig bedeutet das Datum, an dem er geschrieben wurde. Das heißt, gute Verse oder gute Seiten sind solche, die sich von den Literaturhistorikern nicht so leicht festlegen lassen. Und ich versuche, sagen wir, zeitlos zu schreiben; obwohl ich weiß, daß ich das in Wirklichkeit nicht kann, zumal ein Schriftsteller sich gar nicht vorzunehmen braucht, modern zu sein, da er es schicksalhaft ist: Bis heute hat, soweit ich weiß, niemand in der Vergangenheit oder in der Zukunft gelebt; jeder lebt in der Gegenwart, in seiner Gegenwart. Und diese Gegenwart ist sehr schwierig zu definieren; gerade weil sie uns so nahe ist, ist sie unsichtbar, und so unterschiedlich, daß sie sich nicht erklären läßt. Ich glaube nicht, daß wir unsere gegenwärtige Geschichte verstehen können; aber vielleicht wird das 21. Jahrhundert – wenn wir diese etwas willkürliche Klassifizierung nach Jahrhunderten akzeptieren – begreifen können, was heute geschieht. Wir nicht, wir müssen die Dinge erleben und erleiden; deshalb ist die Gegenwart immer das Lebendigste.

OF: Natürlich, aber Frankreich ist da ein besonderer Fall. Als wir über James Joyce sprachen, sagten wir, daß Joyce im *Ulysses* und vor allem in *Finnegans Wake* versucht hat, so etwas wie ein abschließendes Urteil über die Literatur zu fällen ...

JLB: Und vor allem über den Roman, nicht wahr? Ja, ich glaube, Joyce muß gedacht haben, daß *Ulysses* und danach *Finnegans Wake* endgültige Bücher seien. Und wenn er sein Buch abschließt, schließt er irgendwie die gesamte vorangegangene Literatur ab. Er muß das wohl so empfunden haben, auch wenn die Literatur danach weitergeht ...

OF: Aber es gibt viele französische Autoren und Dichter, die, glaube ich, gedacht haben wie Joyce.

JLB: Die Idee eines definitiven Buchs?

OF: Ja, oder die das waren, was man Revolutionäre innerhalb eines Stils, einer Schule nannte; die aber schließlich, wie Sie sagen, von der historischen Tradition der Akademie oder der französischen Schulen eingegliedert wurden.

JLB: Genau das macht ja die Tradition aus ...

OF: Diese Dialektik?

JLB: Ja, diese Dialektik, oder die Tatsache, daß etwas, wenn es nur erst geschehen ist, der Geschichte angehört. Mir hat es sehr gefallen, daß es jetzt in Italien ein futuristisches Museum gibt. Und noch seltsamer ist, daß es Neofuturisten gibt; das heißt, der Futurismus mußte natürlich die Zerstörung der Museen beschließen, die Zerstörung der Bibliotheken, wie in China der erste Kaiser Schi Huang Ti. Und trotzdem ist heute auch der Futurismus ein Museumsstück. Ich weiß nicht, ob das die Begründer des Futurismus erheitert oder betrübt hätte; vielleicht hätte es sie betrübt. Aber es ist ganz natürlich: Wie diese Gegenwart gern Zukunft wäre, werden alle Zeiten, einschließlich der Zukunft, Vergangenheit sein; alles wird zum Objekt der Geschichte, alles wird zum Museumsstück. Und was ich gegen die Geschichte sage, wird ebenfalls ein historisches Faktum sein, und man wird mich im Zusammenhang mit dieser Epoche studieren, und zweifellos im Zusammenhang mit sozialen, ökonomischen, psychologischen Umständen; es scheint, daß wir im Moment zur Geschichte verdammt sind. Wenn es uns gelänge, die Geschichte zu vergessen, wäre alles anders. Aber ich weiß nicht, ob das irgendeine Bedeutung hätte, da ja die Sprache ein historisches Faktum ist; das heißt, wir können das Lateinische vergessen, aber was Sie und ich gerade sprechen, Ferrari, ist in gewisser Weise ein lateinischer Dialekt.

OF: Richtig...

JLB: Also holt die Geschichte uns ein. Aber manche Epochen haben ein geringeres historisches Empfinden als andere. Heute ist der Geschichtssinn sehr entwickelt, ebenso der Sinn für Geographie, ebenso der für Politik. Aber all das könnte auch verschwinden; ich hoffe, daß es verschwindet oder schwächer wird.

OF: Deshalb sprach Murena von der Kunst des

Schriftstellers, anachronistisch zu werden, gegen die Zeit.

JLB: Das wußte ich nicht, aber es ist genau diese Idee.

OF: Ich glaube ja.

JLB: Also, Bioy Casares und ich haben einmal eine Geheimzeitschrift gemacht – ich glaube, es waren jeweils zweihundert Exemplare, mit dem Titel *Destiempo* [Unzeit, Untakt]; wir wollten eben nicht zeitgenössisch sein.

OF: Das ist dieselbe Idee.

JLB: Ja, aber indem wir »destiempo« sagten, waren wir schon ... ohne Zweifel entspricht dieser Titel einer bestimmten Epoche. Ebenso wie heute der Futurismus ... und verwechselt ihn ein bißchen mit etwas so Antiquiertem wie *art nouveau*, was einmal neue Kunst hieß – und heute erscheint es uns, nun ja, vollkommen erledigt, nicht wahr? Etwas ganz Altes, denn wir betrachten ja anscheinend schon die nahe Vergangenheit, die unmittelbare Vergangenheit wie etwas eher Archaisches, könnte man sagen, oder Primitives.

OF: Andererseits haben Sie, glaube ich, öfter betont, daß das literarische Leben in Frankreich auch sehr viel bewußter sei als in anderen Ländern.

JLB: Ja, und deshalb gibt es Schulen, und außerdem schreiben die Autoren im Hinblick auf diese Schulen und auf diese Epoche. Und heute ist die Idee einer Verabredung des Autors mit seiner Epoche sehr verbreitet; ich glaube aber, es ist gar nicht nötig, daß der Autor diese Verabredung einhält. Das heißt, so sehr ich mich auch für unabhängig halte, so sehr ich auch Anarchist sein mag, schreibe ich natürlich im Jahr 1985; und ich verwende eine Sprache, die dieser Epoche entspricht. Das heißt, daß wir unserer Epoche ebensowenig entfliehen können.

OF: Sie ist unausweichlich....

JBL: Sie ist unausweichlich, deshalb braucht man ihr gar nicht erst nachzulaufen, nicht wahr? Wir sind schicksalhaft und unheilbar modern, wir können gar nichts anderes sein.

OF: Frankreich ist also wie das Irland der alten Kelten, über das wir einmal gesprochen haben, ein weiteres Beispiel für ein strikt organisiertes literarisches Leben.

JLB: Ja, und für sehr bewußte Menschen, die wissen wollen, was sie tun; und die auch dann, wenn sie sich extravagant geben, genau wissen, daß sie dies tun. In anderen Ländern dagegen kann man vielleicht etwas Naiveres finden als in Frankreich; dort sind die Leute womöglich extravagant, ohne es zu wissen oder ohne es sich vorzunehmen. Andererseits – während die meisten Länder einen Schriftsteller gewählt haben, der sie repräsentiert, ist das literarische Leben in Frankreich so reich, daß es immer mindestens zwei zeitgenössische literarische Traditionen gegeben hat. Immer, so daß man sich dort nicht auf eine hat einigen können.

OF: Wenn ich an das 19. Jahrhundert denke, dann glaube ich, Ihre Vorlieben in Frankreich wären ... ich versuche es zu erraten: in der Lyrik Verlaine, und im Roman Flaubert, scheint mir.

JLB: Ja, in der Lyrik vor allem Verlaine, weil ... vielleicht hat Flaubert sein Werk zu sehr bewacht, nicht wahr? Und ich glaube, er war nicht allzu erfindungsreich ... Aber ich weiß nicht, an welchen anderen französischen Romanautor wir denken könnten ... Was nun den Fall von Verlaine angeht – was interessiert uns heute die symbolistische Schule? Vielleicht kann sie uns gar nicht mehr interessieren, aber Verlaine interessiert uns durchaus. Und eben dieser Verlaine machte sich über die Symbolisten lustig. Einmal, als ein Journalist ihm etwas vom Symbolismus erzählen wollte, sagte er: »Ich verstehe kein Deutsch.« Das Wort »Symbolismus« erschien ihm zu abstrakt.

OF: Und was Flaubert angeht, so scheint mir, daß Sie bei ihm die beispielhafte Haltung des Schriftstellers gegenüber der Literatur sehen.

JLB: Ja, die Idee der Literatur ... Wie ein Glaubensakt, wie etwas, das man praktiziert, das man mit aller Strenge ausübt; auch mit Selbstverleugnung. Und vielleicht sind die Ergebnisse, die das zeitigt, weniger glücklich als die des Schriftstellers, der sich schreiben läßt, dem das Schreiben gefällt, der ein wenig damit spielt. Und ich glaube nicht, daß Flaubert mit dem Schreiben spielte. Vielleicht war er ein Priester, der sich seines Priesteramtes allzu bewußt war, um es gut zu machen, nicht wahr? Vielleicht fehlte ihm die Unschuld, die ich für notwendig halte und die man trotz allem bei Verlaine findet, nicht wahr? Denn Verlaine – man denkt an sein Schicksal, man denkt an gewisse Perversionen, aber das spielt keine Rolle –, Verlaine ist, wie Oscar Wilde, ein spielendes Kind. Und hier fällt mir jener schöne Satz ein, den wir sicher mehr als einmal zitiert haben; er stammt von Robert Louis Stevenson: »Ja, die Kunst ist ein Spiel, aber man muß es mit der Ernsthaftigkeit eines spielenden Kindes spielen.«

OF: Ah, wie schön.

JLB: Das heißt, das Kind spielt ernsthaft, das Kind lacht nicht über sein Spiel; und das ist gut so, nicht wahr?

OF: Es ist ein ernstes Spiel, ja.

JLB: Ja, ein ernstes Spiel, hier sind die beiden Vorstellungen verbunden: Die Idee des Spiels, des *homo ludens*, und zugleich die Idee, daß jedes Spiel gewisse Regeln verlangt, um existieren zu können. Und die Literatur hat auch ihre Gesetze, obwohl – anders als beim Schachspiel – ihre Regeln nicht alle definiert sind. In der Literatur ist alles geheimnisvoll, sie ist wie eine Magie, sage ich, man spielt mit Wörtern, und diese Wörter sind zweierlei; vor allem, oder mehrere Dinge: Jedes Wort ist das, was es bedeutet, ferner das, woran es denken läßt, und schließlich sein Klang. Und hier haben wir schon die drei Elemente, die dafür sorgen, daß jedes Wort sehr komplex ist. Und schließlich, da die Kunst, da die Literatur darin besteht, diese Wörter zu verbinden, muß es eine Art Gleichgewicht zwischen diesen drei Elementen geben: Bedeutung, Assoziation, Kadenz. Das sind drei wesentliche Elemente, und wenn dieses Gespräch noch ein bißchen länger dauerte, würden wir bestimmt noch mehr finden (*beide lachen*), zumal die Literatur so geheimnisvoll ist. Offenkundig kann die Rhetorik sie nicht ausschöpfen.

Über Flaubert

OF: Es gibt eine bestimmte Form von Schicksal, Borges, die auf Berufung und auf die Entscheidung des Menschen zurückzuführen ist, der dieses Schicksal verkörpert; ich meine das Schicksal des *homme de lettres*, wie Sie es besonders im Leben Gustave Flauberts gesehen haben.

JLB: Ja, und in aller Bescheidenheit habe auch ich immer geglaubt, ich würde ein *homme de lettres* werden. Was Flaubert angeht, so war er Schriftsteller und hat diesen Beruf wie ein Priesteramt ausgeübt, nicht wahr?

OF: Richtig.

JLB: Es gibt einen sehr hübschen Satz von ihm: »Je refuse de hâter ma sentence« – »Ich weigere mich, meinen Satz zu drängeln.« Das heißt, er hat an einem Satz gefeilt, und solange dieser nicht vollkommen war, hat er nicht weitergemacht.

OF: Ja…

JLB: Er ist immer bei dieser Haltung geblieben, von der er sagte, sie entspreche seiner Natur; er las die

Sätze immer wieder laut, er weihte dem sein Leben. Das tat er jedoch nicht aus Eitelkeit. Er schrieb, ein Genie könne ungestraft große Fehler machen, und ich glaube, er zitierte in diesem Zusammenhang Shakespeare, Cervantes und Hugo; aber da er sich nicht für ein Genie hielt, durfte er eben keine großen Fehler machen und mußte große Sorgfalt auf das verwenden, was er schrieb.

OF: Ah, sicher, die Verantwortlichkeit, über die wir gesprochen haben …

JLB: Ja, und außerdem, wenn Flaubert vom »mot juste«, vom treffenden Wort spricht, heißt das nicht unbedingt und unweigerlich das verblüffende Wort. Nein: das treffende Wort, das oftmals trivial sein kann oder ein Gemeinplatz … aber es ist das genaue Wort. Jedenfalls hatte er sich die Suche nach dem »mot juste« auferlegt. Diese übermäßige Sorgfalt, die er an den Tag legte, hat nichts mit Eitelkeit zu tun; sie ist im Gegenteil eine Form von Bescheidenheit. Es gibt da ein Wort, das sehr oft verwendet wird und, glaube ich, von den flämischen Malern geprägt wurde: das Wort Perfektionismus. Perfektionismus bedeutet nicht unbedingt Eitelkeit; man sucht die Perfektion, ja, weil man nichts anderes suchen kann. Vor allem Flaubert, der diese nahezu phonetische Vorstellung von Stil hatte; er wollte, daß jeder seiner Sätze leicht und angenehm zu lesen sei. Irgendwann sagte er, das treffende Wort sei immer das wohlklingendste. Aber es ist seltsam … Also, vielleicht ist das »mot juste« im Französischen nicht unbedingt das treffende Wort im Spanischen oder im Deutschen, möglicherweise nicht. Man müßte also bedenken, daß gemäß den Unterschieden zwischen den Sprachen die treffenden Wörter andere sind, da in jeder Sprache der Klang ein anderer ist und für ihn der Klang doch sehr wichtig ist. Nun glaube ich, daß wir einen Fehler machen, wenn wir zum Beispiel annehmen, in einem Satz dürfe es nicht drei Wörter geben, die mit »-ión« aufhören, weil sie sich aneinander reiben. Ich glaube, daß das eher eine visuelle Sache ist, beim Betrachten einer Seite, denn ich habe bemerkt – schließlich habe ich viele Vorträge gehalten –, daß das im Mündlichen keine Bedeutung hat; mündlich dürfen wir sagen: *tristemente, alegremente* und dann auch noch *descubrimiento*. Den Blick mag es stören, aber für das Gehör ist es unwichtig.

OF: Das stimmt.

JLB: Wenn also jemand in der Öffentlichkeit spricht, dann darf er diese Fehler begehen, und da das, was er sagt, gehört wird, fällt es nicht auf; wenn es natürlich gedruckt auf einer Seite steht …

OF: Dann ist es etwas anderes, wegen des optischen Effekts. Aber wir könnten annehmen, daß diese Suche nach dem treffenden Wort bei Flaubert auch insgeheim ein Versuch gewesen sein mag, sich des treffenden Wortes als würdig zu erweisen. Das heißt, daß diese Mühe und diese Arbeit dazu dienten, sich als würdig zu erweisen, damit das geschehen könne, was Sie einmal bezeichnet haben als …

JLB: Der ästhetische Vorgang?

OF: Damit ihm irgendwann das Wort offenbart würde.

JLB: Ja, daran habe ich nicht gedacht, aber es ist nicht ausgeschlossen …

OF: … Ein anderer Weg.

JLB: Also, daß man mit Hilfe von Schmierzetteln arbeitet, scheint mir ein Irrweg.

OF: Natürlich, deshalb sage ich …

JLB: Man findet das Wort oder findet es nicht; es gibt da immer, wie ich so oft gesagt habe, etwas wie Zufall, es gibt da ein Geschenk, das man bekommt oder nicht bekommt.

OF: Und wahrscheinlich arbeitet man, um dieses Geschenkes würdig zu sein. Nun wäre die Frage, wie kann man dieses Geschenkes würdig werden?

JLB: Also, Eliot sagte, er habe viele Texte geschrieben, die natürlich keine Lyrik seien, wohl aber in Versen. Und er sprach auch von dem gelegentlichen Besuch der Muse, das heißt, der Inspiration. Und er hat gesagt, man müsse gewohnheitsmäßig schreiben, um dieses gelegentlichen oder möglichen Besuches der Muse würdig zu sein, denn wenn einer nie schreibt und plötzlich eine Inspiration verspürt, dann kann er dieser Inspiration unwürdig sein oder unfähig, ihr gerecht zu werden. Aber wenn er jeden Tag schreibt, wenn er unausgesetzt versifiziert, dann hat er schon die Gewohnheit, mit Dichtung umzugehen, und kann etwas in Verse gießen, was nicht nur Versifizierung ist, sondern echte Dichtung.

OF: Er hat zuerst dafür gesorgt, daß er dessen würdig wurde.

JLB: Ja, ich glaube, das ist ein guter Ratschlag. Außerdem … erscheint es mir gut; man muß sich ein wenig einüben, nicht wahr?

OF: Natürlich. Andererseits stellen Sie fest, daß der Schriftsteller oder der Dichter bisweilen in Händen jenes Geistes ist, der weht, wo er will …

JLB: Richtig, wie der Evangelist Johannes sagte, ja.

OF: In Ihrem literarischen Leben, scheint mir, haben Sie sich aber immer so verhalten, als ob Ihre Literatur von nichts und niemandem außer Ihnen abhinge.

JLB: … Heute morgen wurde ich gefragt, ob ich für die Vielen oder für die Wenigen schreibe. Und ich antwortete, wie schon so viele Male vorher, daß ich auch weiter schreiben würde, wenn ich Robinson Crusoe auf meiner einsamen Insel wäre. Das heißt, ich schreibe für niemanden, ich schreibe, weil ich tief in mir die Notwendigkeit spüre, es zu tun. Das soll nicht heißen, daß ich billige, was ich schreibe; vielleicht gefällt es mir nicht, aber ich muß es in diesem Moment schreiben. Und wenn nicht, dann fühle ich mich … ungerechtfertigt und ohne Glück, ja, unglücklich. Wenn ich dagegen schreibe, dann mag das, was ich schreibe, keinerlei Wert haben, aber während ich schreibe, fühle ich mich gerechtfertigt; ich denke: Ich erfülle mein Schicksal als Schriftsteller, unabhängig von dem, was mein Schreiben wert sein mag. Und wenn man mir sagte, alles, was ich schreibe, werde in

Vergessenheit geraten... ich glaube nicht, daß ich diese Nachricht mit Freude oder Befriedigung aufnähme, aber ich würde weiterschreiben. Für wen? Für niemanden, für mich selber; das hat keine Bedeutung, ich erfülle meine Aufgabe.

OF: Ihr Schicksal.

JLB: Ja, und mein Schicksal ist offensichtlich... ein literarisches Schicksal. Es wäre klüger gewesen, ich hätte mich darauf beschränkt zu lesen, nicht zu schreiben. Aber das scheint schwierig, nicht wahr? Es scheint, daß das Lesen zum Schreiben führt, oder, wie Emerson sagte: »Die Dichtung wird aus der Dichtung geboren«; eine Behauptung, der Walt Whitman widersprochen hätte, der sich geringschätzig äußerte über »Bücher, die aus anderen Büchern destilliert sind«. Und doch, die Sprache ist eine Tradition, die ganze Literatur der Vergangenheit ist eine Tradition; und vielleicht können wir bestenfalls einige geringfügige, äußerst bescheidene Variationen dessen versuchen, was schon geschrieben worden ist: Wir müssen die gleiche Geschichte erzählen, aber ein bißchen anders, indem wir vielleicht nur die Betonungen ändern, und das ist alles, aber es ist kein Grund zum Trübsinn.

OF: Ich glaube, Flaubert hätte das gebilligt. Was nun Flaubert angeht, so haben Sie gesagt...

JLB: Flaubert hat sich immer gründlich auf Dokumente gestützt, wie Sie wissen.

OF: Ja.

JLB: Und merkwürdigerweise hat ihn das zu Fehlern verleitet; zum Beispiel, bevor er *Salammbô* schrieb...

Um *Salammbô* schreiben zu können, reiste er nach Karthago. Er lernte Karthago kennen und sah dort Kakteen. Deshalb kommen in *Salammbô* Kakteen vor, aber er hat nicht gewußt, daß diese Kakteen aus Mexiko importiert worden waren (*beide lachen*). Die Beobachtung war also zutreffend, aber diese *Salammbô*-Kakteen waren, so könnte man sagen, futuristisch.

OF: Eine bereichernde Variation.

JLB: Ja (*lacht*).

OF: Sie haben gesagt, das Schicksal des *homme de lettres* wäre in der Antike unvorstellbar gewesen, da man in der Antike den Dichter als ein Instrument der Gottheit ansah.

JLB: Ja, aber zu Zeiten Flauberts dachte man längst an den Autor, an den Namen des Autors. Ich glaube, ich erzählte Ihnen einmal, daß ein Vetter von mir, Guillermo Juan Borges, und Eduardo González Lanuza und Francisco Piñero und ich uns überlegt haben, eine anonyme Zeitschrift zu gründen; eine Zeitschrift mit namenlosem Herausgeber, deren Mitarbeiter darauf verzichten würden, ihre Arbeiten zu zeichnen. Aber es ging nicht, weil alle anderen Beiträger meinten, ihr Name wäre kostbar, und der Verzicht liefe darauf hinaus, sich . . . der Unbekanntheit auszusetzen.

OF: Und sie konnten sich nicht entschließen.

JLB: Nein, das konnten sie nicht. Dabei fällt mir George Moore ein; Moore sagte, ein Freund habe ihm eine Geschichte erzählt, den Plot einer Erzählung oder eines Gedichts, das er habe schreiben wollen. Darauf schlug George Moore eine Verbesserung vor, die der Arbeit hätte zugute kommen können, und der andere sagte nein, das könne er nicht akzeptieren, weil die Idee von Moore sei und nicht von ihm; er wolle keine fremde Idee annehmen. Und Moore sagt: Da begriff ich, daß er kein Künstler war, denn was für einen Künstler zählt, ist die Vollkommenheit des Werks, nicht die Tatsache, ob dieses Werk ganz von ihm oder von anderen stammt.

OF: Und irgendwie ist es ja so, daß wir alle zusammen das Werk schreiben.

JLB: Ja, sicher, darauf läuft es hinaus; das wäre eine gute Rechtfertigung des Plagiats (*beide lachen*), aber das ist bedeutungslos; wenn es das Werk verbessert, warum nicht, warum sollen es dann nicht alle zusammen erstellen; jedenfalls ist es eine hübsche Beobachtung von Moore, nicht? Denn er sagt ja: Da begriff ich, daß er kein Künstler war, weil ihn nur das Persönliche interessierte, nicht das Werk, und das ist das, was der Autor suchen muß.

OF: Was Moore da sagt, ist sehr richtig.

JLB: Und zugleich ist es eine ausgefallene Idee; ich kann mich nicht erinnern, sie je woanders gehört zu haben; die Vorstellung, daß die Vollkommenheit eines Werks keineswegs die Mitarbeit anderer ausschließt.

OF: Sie werden sich erinnern, daß man Flaubert mit einer bestimmten Idee seiner Zeit in Verbindung bringt, der Idee des *l'art pour l'art*, der zum Beispiel auch Baudelaire und Gautier anhingen.

JLB: Vielleicht, weil es eine richtige Idee ist; jedenfalls unterstreicht sie, daß die Kunst Selbstzweck sei, und nicht ein bloßes Instrument etwa der Ethik oder der Politik, oder heutzutage der Soziologie. »Kunst um der Kunst willen«, das hat schon Sinn, nicht wahr?

OF: Es hat einen Sinn, an den man vielleicht gerade in unserer Zeit erinnern sollte.

JLB: Natürlich kann das zu einer Kunst führen, die »précieux« ist, wie die Franzosen sagen, zu einer dünkelhaften Kunst; einer dekorativen Kunst. Aber das ist nicht die eigentliche Idee; die Idee ist, daß zum Beispiel ein Gedicht etwas nicht weniger Reales ist als jede beliebige andere Tatsache des Universums, als jedes andere Ding. Warum also nicht diese Schönheit eines Gedichtes suchen, oder einer Erzählung oder eines Gemäldes, oder einer Partitur; es ist doch das gleiche, oder?

OF: Nicht weniger real als das Leben selber.

JLB: Ganz abgesehen davon, daß das, was wir das Leben selber nennen, zu einem guten Teil aus Kunst besteht.

OF: Natürlich.

JLB: Die Sprache ist ein wesentlicher Teil des Lebens; ja, die Sprache ist – wie möglicherweise Croce als erster feststellte – ein ästhetischer Vorgang; das heißt, jede Sprache ist eine literarische Tradition und entspricht einer bestimmten Weise, das Universum zu empfinden. Ich glaube, wir haben irgendwann einmal davon gesprochen, daß es keine genauen Synonyme gibt. Nun, im Bereich des Abstrakten mag es Synonyme geben, nicht im Bereich des Ästhetischen, da ja jedes Wort eine andere Konnotation besitzt, ein anderes Ambiente, eine eigene Magie; und ich weiß nicht, wie weit das übersetzbar ist. Das Beispiel, an das ich immer erinnere – und das wir hier sicherlich schon mehr als einmal erwähnt haben –, ist das englische Wort »moon«; das englische Wort »moon« zwingt die Stimme zu einer Gemächlichkeit, die sich in anderen Wörtern nicht findet. Wenn Sie zum Beispiel statt »moon« *luna* sagen, dann nicht; das Wort *luna* besteht zunächst einmal aus zwei Silben statt aus einer, und außerdem kann man es schnell aussprechen. »Moon« dagegen zwingt Sie zu einer Langsamkeit, die auf eine unerklärliche Weise mit dem Mond übereinstimmt. Vor einigen Tagen … ja, beim Durchblättern einer Ausgabe von *Tausendundeine Nacht*, mit einem Glossar am Ende, entdeckte ich die Bezeichnung »Ring des Mondes«, die sehr hübsch ist und nichts mit »moon« zu tun hat: *kamar. Kamar* ist ein schönes Wort, nicht wahr? Selene dagegen, obwohl es eine Gottheit heraufbeschwört, scheint für den Mond zu lang, es ist, als ob der Mond, dieses schlichte runde Ding …

OF: Nach zwei Silben verlangt.

JLB: Oder nur einer: »Moon«; nun ja, auch »lune«, wie? Denn »lune« ist genauso leicht wie »moon«. Andererseits … eine schlechte Nachricht, jedenfalls für mich, der ich das Altenglische so sehr liebe: Im Altenglischen hieß Mond »mona« und war außerdem noch maskulin (*beide lachen*). Sonne nicht: »sunne«, aber »sun« ist hübscher und nur eine Silbe.

OF: Ja, »sun«.

JLB: Ja, ein langes Wort scheint etwas so Unmittelbarem wie zum Beispiel dem Mond nicht zu entsprechen; *luna, sol*, am besten sind sie ...

OF: Kurz.

JLB: Einsilbig, ja.

OF: Ich glaube, Borges, Flaubert wäre zufrieden mit dieser Erörterung über die Wörter und über ihn.

JLB: Ich mag Flaubert sehr, und vor allem sein *Bouvard und Pécuchet*; und ich besitze eine Erstausgabe, die mich dreihundert Pesos gekostet hat, von der *Versuchung des heiligen Antonius*, das ist eines der außergewöhnlichsten Bücher überhaupt und vielleicht das am seltensten gelesene von Flaubert. Ich glaube, ich habe auch eine Erstausgabe von *Salammbô* – einem weniger glücklichen Werk. Kurz, ich besitze das gesamte Werk von Flaubert, und ich denke vor allem an das Anfangskapitel von *Bouvard und Pécuchet*: Wie soll ich sagen, zart, ironisch und sehr ergreifend; denn das Thema ist der Beginn einer Freundschaft, und das findet man selten, nicht wahr? Natürlich gibt es Freundschaften in allen Literaturen; vor allem ist die Freundschaft ja ein sehr wesentliches argentinisches Thema, möchte ich sagen, da wir die Freundschaft stärker empfinden als andere Leidenschaften. Als Mallea seine *Historia de una pasión argentina* [Geschichte einer argentinischen Leidenschaft] veröffentlichte, dachte ich: Was kann schon eine argentinische Leidenschaft sein; es muß sich um die Freundschaft handeln.

OF: Es ist seltsam, daß Sie sich so ausgiebig mit

einem Romancier befaßt haben, in diesem Fall Flaubert.

JLB: Das stimmt, weil ich kein Romanleser bin, aber Flaubert nicht gelesen zu haben, wäre ein Fehler gewesen, und es hätte mich ärmer gemacht, wenn ich ihn nicht gelesen hätte.

Über Virginia Woolf, Victoria Ocampo und den Feminismus

OF: Es gibt in der Literatur eine weibliche Gestalt, Borges, von der Sie zwei Bücher übersetzt und die wir bisher nie erwähnt haben...

JLB: Virginia Woolf.

OF: Die englische Schriftstellerin, ja.

JLB: ...Ich hatte geglaubt, daß Virginia Woolf mir nicht gefiele oder, besser gesagt, daß sie mich nicht interessierte; aber dann hat mir die Zeitschrift *Sur* angetragen, den *Orlando* zu übersetzen. Ich nahm die Übersetzung an, und je weiter ich damit kam, je weiter ich las, um so mehr habe ich mich zu meiner eigenen Verwunderung dafür interessiert. Also, das ist ein großartiges Buch, und es geht darin – ich weiß nicht, ob Sie es kennen – um ein seltsames Thema: die Familie Sackville...

OF: Die Familie Sackville-West.

JLB: Ja, und der Roman ist nicht einem besonderen Mitglied dieser Familie gewidmet – außer vielleicht ihrer Freundin Vita Sackville-West –, sondern, sagen wir, dem Konzept, dieser Familie als einem platonischen Archetyp, als einer universalen Form – wie die Scholastiker die Archetypen nannten. Und um dieses Ziel zu erreichen, nimmt Virginia Woolf eine Gestalt, die im siebzehnten Jahrhundert lebt und dann in unsere Zeit gelangt. Diesen Kunstgriff hatte auch Wells schon angewandt, in einem Roman – ich weiß nicht mehr, welcher das war –, in dem die Individuen um der größeren Bequemlichkeit des Autors willen, damit er sie historisch in verschiedenen Epochen agieren lassen kann, dreihundert Jahre alt werden. Und auch Bernard Shaw hatte mit der Idee der Unsterblichkeit gespielt.

OF: In *Back to Methuselah.*

JLB: Ja, nur gibt es bei ihm einige langlebige Individuen, während alle anderen ein gewöhnliches Leben führen ... Nun ja, zur Zeit laufe ich Gefahr, einer dieser Langlebigen zu werden, denn es ist schon gefährlich, fünfundachtzig geworden zu sein; unversehens könnte ich sechsundachtzig werden. Aber das hoffe ich nicht; ich hoffe, nicht zu diesen so traurig Privilegierten, so traurig von der Zeit Überwältigten zu gehören; von der vielen Zeit, der allzu vielen Zeit. Also, unter den Illustrationen dieses Buches, *Orlando*, gibt es Porträts der Familienmitglieder, und es wird angedeutet, daß sie alle Orlando sind. Und gleichzeitig dient dies dazu, verschiedene Epochen zu beurteilen und auch verschiedene literarische Moden. All das scheint *a priori* ein unlesbares Buch zu verheißen, aber nein, das Buch ist überaus interessant.

OF: Ja, und noch etwas ist durchaus real, nämlich das Haus der Sackville-West, das dem Buch als

Hintergrund dient und von dem Victoria Ocampo sagt, es habe darin dreihundertfünfundsechzig Räume gegeben.

JLB: Klar, so wird es zu einem astrologischen Haus, denn die dreihundertfünfundsechzig führen natürlich zur Astrologie und zur Berechnung der Jahre.

OF: Soviel ich weiß, haben Sie von Virginia Woolf auch *A Room of One's Own* übersetzt.

JLB: Ja, und jetzt, da wir beide allein sind, will ich Ihnen ein Geheimnis anvertrauen: Dieses Buch hat in Wirklichkeit meine Mutter übersetzt. Ich habe die Übersetzung ein bißchen überarbeitet, genauso wie sie meine Übersetzung von *Orlando* überarbeitet hat. Tatsächlich haben wir zusammengearbeitet. Ja, *A Room of One's Own* hat mich weniger interessiert ... also, das Thema ist natürlich, sagen wir, eine bloße Streitschrift zugunsten der Frauen und des Feminismus. Aber da ich Feminist bin, brauche ich keine Streitschriften, um mich überzeugen zu lassen, da ich ja längst überzeugt bin. Virginia Woolf hatte sich diesem Ziel als Missionarin verschrieben, aber da ich dieses Ziel teile, kann ich auf Missionarinnen verzichten. Aber das andere Buch, *Orlando*, ist wirklich ein wunderbares Buch. Und es ist ein Jammer, daß es auf den letzten Seiten abfällt, aber das kommt bei Büchern oft vor. Bei *Hundert Jahre Einsamkeit*, zum Beispiel; die Einsamkeit hätte vermutlich besser nicht hundert Jahre leben sollen, sondern achtzig, nicht wahr? Aber für den Titel mußten es hundert Jahre Einsamkeit sein. Der Autor wird ihrer überdrüssig, der Leser spürt diesen Überdruß und ...

teilt ihn. Und am Schluß von *Orlando* scheint es mir etwas zu geben, ich weiß nicht, ich verbinde es irgendwie mit Diamanten, aber diese Diamanten sind ein wenig verloren, vergessen: Ich sehe nur den Glanz... aber es ist ein sehr, sehr schönes Buch, und ich denke besonders an ein Kapitel, an eine Seite, auf der Shakespeare erscheint, und sein Name wird nicht genannt. Aber kein einziger Leser kann übersehen, daß es sich um Shakespeare handelt. Es ist ein Mann, der ein Fest beobachtet, der während eines Festes an etwas anderes denkt: an Feste der Komödie oder vielleicht der Tragödie. Aber man weiß, daß es Shakespeare ist. Und hätte sie seinen Namen genannt, wäre alles verloren gewesen, da ja die Anspielung viel wirkungsvoller sein kann als das Ausdrückliche.

OF: *Orlando* erstreckt sich über verschiedene Epochen, und ich glaube, daß das Buch in einigen Passagen ein glänzendes Beispiel für phantastische Literatur ist.

JLB: Ohne Zweifel, und außerdem ist es ein unvergleichliches Buch; ich kann mich jedenfalls an kein anderes erinnern, das *so* geschrieben wäre. Ich glaube, zu Beginn weiß man nicht, daß Orlando weiterleben wird, oder? Daß Orlando, also, vielleicht nicht unsterblich, aber doch fast unsterblich ist.

OF: Unsterblich und allgegenwärtig.

JLB: Ja, unsterblich und allgegenwärtig. Die kritischen Schriften Virginia Woolfs gefallen mir weniger. Im Hinblick auf Schriftsteller einer bestimmten Generation hat sie Arnold Bennett als Beispiel gewählt... und das ist seltsam, daß sie ausgerechnet Bennett wählte, da sie doch zwei Genies wie Bernard Shaw oder H. G. Wells hätte wählen können. Ich glaube, Virginia Woolf sagte, in einem Punkt, den sie bei einem Romancier für essentiell halte, habe Bennett versagt, nämlich beim Erschaffen eines Charakters. Aber ich glaube, daß das im Zusammenhang mit Bennett falsch ist, und ich bin mir auch nicht sicher, ob das Erschaffen von Charakteren wirklich so absolut essentiell bei einem Romanautor ist. Nun ja, ich weiß nicht, ob diese Bemerkung zutrifft, aber bedenken wir doch, daß letzten Endes Charlie Chaplin und Mickymaus (*lacht*) und Dick und Doof Charaktere sind. Charaktere zu erschaffen scheint also gar nicht so schwierig zu sein, oder? Sie werden ja dauernd erschaffen; ein Zeichner kann einen Charakter erschaffen.

OF: Sie wissen, daß auch Silvina und Victoria Ocampo sich sehr für Virginia Woolf interessiert und sich mit ihr befaßt haben. Victoria Ocampo schrieb …

JLB: Ja, Victoria kannte sie persönlich, wenn auch vielleicht ein wenig aus subalterner Perspektive. Ich erinnere mich noch, daß Victoria mit mir über eine der englischen Literatur gewidmete Nummer von *Sur* gesprochen hatte. Daraufhin haben Bioy Casares und ich eine Reihe von Texten zusammengestellt, und schließlich kam heraus, daß Victoria es übernommen hatte, eine von Victoria Sackville-West und Virginia Woolf in England getroffene Auswahl zu publizieren. Und ich wollte von diesen Gedichten nicht so viele veröffentlichen, weil sie mir nicht gefielen, aber sie sagte mir, nein, die Nummer sei so abgesprochen, und so ist sie dann auch erschienen. Danach habe ich in *Sur* die Texte veröffentlicht, die wir ausgewählt hatten, von Autoren, die von Virginia Woolf und Victoria Sackville-West willkürlich ausgeschlossen worden waren. Ich glaube, diese beiden Schriftstellerinnen wollten Autoren veröffentlicht sehen, die zu ihrer Gruppe gehörten. Ich hatte dagegen an eine Anthologie gedacht, die die ganze zeitgenössische englische Literatur repräsentieren sollte. Ich weiß noch, daß Victoria Ocampo zu Virginia Woolf sagte, sie komme aus der Argentinischen Republik, worauf Virginia Woolf sagte, sie glaube, sich das Land vorstellen zu können; und dann malte sie sich eine Szene aus mit Personen in einem Garten oder auf einer Wiese, die Erfrischungen zu sich nehmen, abends, an irgendeinem Ort mit Bäumen und Glühwürmchen. Und Victoria war so höflich, ihr zu sagen, das entspreche genau der Argentinischen Republik (*lacht*).

OF: Wenn Victoria Ocampo über Virginia Woolf schreibt, spricht sie ausführlich über die Lage der Frau gegen Ende des viktorianischen Zeitalters, in England und auch in Argentinien; und wirklich, wenn man das gelesen hat, werden einem der Feminismus und seine Forderungen verständlich.

JLB: Aber natürlich. Und ich war auch schon dieser Meinung, bevor ich es gelesen habe.

OF: Eines der Opfer – und zugleich eine Überwinderin – dieser viktorianischen Lebensumstände, was die Frauen angeht, war Virginia Woolf selbst.

JLB: Ach, das wußte ich nicht.

OF: Sie litt darunter aufgrund der Haltung ihres Vaters, der ihr strikt befahl: »No writing, no books.«

JLB: Ich glaube, der Vater war der Herausgeber von *English Men of Letters*, aber ich wußte nicht, daß ...

OF: Er war dagegen, daß seine Tochter las und schrieb.

JLB: Einige der Biographien in der von ihm geleiteten Sammlung waren vorzüglich; zum Beispiel eine von Harold Nicholson über Swinburne, eine andere über Edward Fitzgerald, dann eine Studie von Priestley über Meredith, die wirklich außerordentlich war.

OF: Es gibt da einige seltsame Bemerkungen, die Virginia Woolf gegenüber Victoria Ocampo gemacht hat; sie schreibt ihr: »Wie die Mehrzahl der ungebildeten Engländerinnen lese ich sehr gern, es gefällt mir, unablässig Bücher zu lesen.«

JLB (*lacht*): Na ja, das mit dem »ungebildet« ist wohl ein Scherz von ihr, nicht wahr? Aber vielleicht auch nicht; möglicherweise ist ein Schriftsteller ungebildet für einen Wissenschaftler oder Philosophen.

OF: Und umgekehrt, natürlich.

JLB: Und umgekehrt, aber möglicherweise sind wir Schriftsteller ja – außerhalb von Literatur und beispielsweise Geschichte – vollkommen ungebildet. Ich weiß, daß ich verglichen mit dem »Mann von der Straße« sehr unwissend bin; so benutze ich oft, zu oft das Telefon, weiß aber noch immer nicht, was ein Telefon eigentlich ist, ganz zu schweigen von einem Computer. Es ist mir ja kaum gelungen zu verstehen, was ein Barometer oder ein Thermometer ist; und was ich davon verstand, habe ich vielleicht längst vergessen.

OF: Zwischen Victoria Ocampo und Virginia Woolf scheint sich eine ganze Kette von Forderungen entwickelt zu haben. In einem Brief zitiert Victoria Ocampo ihr gegenüber eine Stelle aus *Jane Eyre* und sagt: »Hier hört man Charlotte Brontës Atem, einen bedrückten und keuchenden Atem.« Und sie fügt hinzu, diese Bedrücktheit sei die Bedrückung, die die Epoche ihr in ihrem Dasein als Frau auferlegte.

JLB: Ja, und heute scheinen wir alle ein Anrecht auf Bedrückung und Keuchen zu haben, wie? Auch wir Männer (*beide lachen*); leider dürfen auch wir nun dieses melancholische Privileg genießen, das vorher den Frauen vorbehalten war.

Über Edgar Allan Poe

OF: Sie sagten einmal, Borges, daß Sie in Ihrer Jugend gern verschiedene Gestalten der Literatur gewesen wären. In Wirklichkeit hatte jeder der Schriftsteller oder Dichter, auf die Sie sich damals bezogen, charakteristischerweise ein unglückliches, schwieriges, und, wie man fast sagen könnte, qualvolles Leben. Einer von ihnen, ein Amerikaner, schon zu seinen Lebzeiten in Europa übersetzt und bewundert, war Edgar Allan Poe.

JLB: Ja, unzweifelhaft war Poe ein Genie, aber zu dieser Überzeugung gelangt man nicht, indem man diese oder jene seiner Seiten liest, sondern wenn man sich an die Gesamtheit seiner Werke erinnert. Ich schrieb einmal eine Geschichte über einen Mann, der beschließt, die Welt zu malen. Er setzt sich vor eine geweißte Wand – nichts hindert uns daran anzunehmen, daß diese Wand unendlich ist –, und der Mann beginnt, alle möglichen Dinge zu zeichnen: Er zeichnet Anker, Kompasse, Türme, Schwerter, Stöcke. Und so zeichnet er eine unbestimmte Zeitlang weiter – ihm wird Langlebigkeit zuteil geworden sein. Und schließlich hat er diese lange Wand mit Zeichnungen gefüllt. Dann kommt der Moment seines Todes, und es wird ihm gewährt – ich weiß nicht genau wie –, mit einem einzigen Blick sein ganzes Werk zu überschauen, und er stellt fest, daß das, was er gemalt hat, ein Bildnis seines eigenen Gesichts ist. Ich glaube, daß man diese Parabel oder Fabel von mir auf die Schriftsteller anwenden kann. Das heißt, ein Schriftsteller glaubt von vielen Themen zu sprechen, aber in Wirklichkeit ist das, was er, wenn er Glück hat, hinterläßt, ein Bild von sich selbst. Und im Falle Poes sehen wir dieses Bild; das heißt, wir haben eine ziemlich konkrete Ansicht eines Genies, eines sehr unglücklichen Mannes... Und zwar unabhängig von seinen Gedichten, die mir mittelmäßig erscheinen. Im besten Fall war Poe ein geringerer Tennyson, obwohl seine Verse natürlich sehr hübsch sind.

OF: Aber das gilt nicht für die Erzählungen.

JLB: In den Erzählungen, vielleicht mehr in der Erinnerung an die Erzählungen als bei ihrer Lektüre... Also, er hat so viele unvergeßliche Dinge getan, und außerdem hat er uns dieses Bild hinterlassen. Er hatte das Glück, von Baudelaire gelesen zu werden. Baudelaire konnte nicht sehr gut Englisch und hat die technischen Mängel Poes nicht bemerkt. Er war geblendet von der Vorstellungskraft Poes, der auch von Mallarmé gelesen wurde. Und heute ist er in Frankreich ein viel bedeutenderer Dichter als in den Vereinigten Staaten.

OF: Das ist wirklich merkwürdig.

JLB: Ja, ich bin in den Vereinigten Staaten gewesen und habe, wie alle Ausländer, von Poe gesprochen, und man sah mich nur mit einer gewissen Überraschung an ... Ich mußte daran erinnern, daß Poe Baudelaire gezeugt hat, der die Symbolisten zeugte: Daß der Symbolismus ohne Poe undenkbar wäre. Ebenso der *modernismo*, da ja der *modernismo*, der hier, in Amerika, begonnen hat, im Schatten von Hugo, von Verlaine, von Poe stand.

OF: Also im Schatten des Symbolismus.

JLB: Ja, und dieses schöne, so sehr zu Unrecht vergessene Buch von Lugones, *Las fuerzas extrañas* [Die fremden Kräfte], ist ganz offenbar unter dem Einfluß von Poe geschrieben worden. Ein Beweis dafür – wenn es eines weiteren Beweises bedurfte – ist die Tatsache, daß es am Schluß eine *Kosmogonie in zehn Lektionen* gibt. Sehr hübsch, nicht wahr? Und diese »Kosmogonie« läuft auf eine Art Spiegel des »Eureka« von Poe hinaus, das seinerseits ein Spiegel der Weltphilosophie ist und eine gewisse Beziehung zu Schopenhauers Werk *Die Welt als Wille und Vorstellung* hat. Ferner schrieb Poe diese drei Erzählungen: *Die Verbrechen in der Rue Morgue, Der gestohlene Brief* – das ist die beste: Die Idee, daß etwas Offensichtliches unsichtbar sein kann; die Idee, die Chesterton für seine Geschichte *Der Unsichtbare* nutzte. Und dann *Das Geheimnis der Marie Rogêt*, vielleicht die Vollendung des Kriminalromans in dem Sinne, daß es keinerlei physische Aktion gibt; da ist lediglich die Darstellung eines Verbrechens, eine Diskussion über die Umstände und dann eine Lösung. Das genaue Gegenteil der heutigen amerikanischen Kriminalromane, die eigentlich keine Kriminalromane sind, sondern Berichte über *sex and crime*. Was Poe nicht vorhersehen konnte, ist, daß er mit diesen Erzählungen eine Gattung erschaffen hatte. Außerdem noch mit dem *Goldkäfer*. Es handelt sich um die berühmte Gattung der Kriminalliteratur, die man nicht geringschätzen sollte, da sie die Aufmerksamkeit von Wilkie Collins, von Dickens, von Chesterton fand und von all den anderen Kriminalromanschreibern in der Welt; denn sie alle wären ohne diese Erzählungen von Poe nicht denkbar.

OF: Viele Dinge beginnen mit Poe.

JLB: Viele Dinge beginnen mit Poe ... Also, mit Roger Caillois, dem ich viel verdanke, habe ich einmal eine Polemik gehabt; aber er hat diese Polemik vergessen und nominierte mich für den Verlegerpreis Formentor und veröffentlichte ein Buch von mir in französischer Sprache. Und dieser Publikation verdanke ich, nun ja, meinen Ruhm. Ich verdanke ihn also weitgehend dieser Veröffentlichung einiger Erzählungen von mir in Französisch, die Roger Caillois besorgte.

OF: Und in ebenso großem Maße dem Prix Formentor.

JLB: Ja, zweifellos. Jedenfalls hat Poe in den Erzählungen sein Bild gezeichnet, hinterlassen. Wir könnten auch sagen, daß er posthum einen großen Schatten warf, einen lichtvollen Schatten, müßte man sagen, damit es nicht allzu finster klingt. Andererseits sind seine Erzählungen untereinander sehr verschieden;

wenn Sie zum Beispiel die Geschichte über den Maelstrom nehmen, Geschichten wie *Ein Mann aus der Menge, Grube und Pendel, Die Maske des roten Todes* und *Das Faß Amontillado* – sie sind alle sehr verschieden voneinander.

OF: Aber immer ist das Grauen gegenwärtig.

JLB: Ja, das Grauen ist immer gegenwärtig ... Man hat Poe bezichtigt, ein Schüler der Deutschen zu sein. Er hat mit einem sehr hübschen Satz geantwortet, er sagte: »Ja, aber das Grauen kommt nicht aus Deutschland zu uns, es kommt uns aus der Seele.«

OF: Ah, wunderbar.

JLB: Ja, es kommt aus der Seele. Und er spürte dieses Grauen; denn hätte er es nicht so gespürt, dann hätte er es auch nicht so vermitteln können. Heute glaube ich, wenn ich einen Text von Poe aussuchen müßte, dann würde ich den *Bericht von Arthur Gordon Pym* wählen.

OF: Das hatte ich mir fast gedacht.

JLB: Ja. Der Name ist natürlich eindeutig eine Variation von Edgar Allan Poe: Arthur und Edgar sind englisch, Allan und Gordon sind schottisch, und Pym ist eindeutig Poe. Aber ich möchte sagen, vor allem die letzten Seiten dieses Berichts sind wunderbar; dort wird eine sehr seltene Idee hervorgehoben: die Idee, die Farbe weiß als grauenhaft zu verstehen, als grauenhafte Farbe zu empfinden. Und das ist gleichzeitig der Grundgedanke eines zu Recht berühmten Romans: *Moby Dick – Der weiße Wal* – von Melville. In diesem Buch gibt es ein Kapitel mit dem Titel: *The Whiteness of the Whale*, und da spricht Melville von der Farbe weiß als einer schrecklichen Farbe. Und das ist auch das, was sich auf den letzten Seiten der Geschichte von Poe findet – und es ist undenkbar, daß Melville sie nicht gekannt hätte. Aber ich sage das nicht gegen Melville, denn wenn alle Dinge für die Dichter interessant sind, warum soll das dann nicht auch für die Bücher, die sie gelesen haben, gelten? Emerson sagte, die Dichtung geht aus der Dichtung hervor...

OF: Und welche literarischen Einflüsse sehen Sie im Fall von Poe?

JLB: In seinen Erzählungen keine, aber an seiner Lyrik sieht man, daß für seine Epoche Tennyson sehr wichtig war. Dabei fällt mir ein, daß man für Whitman ein großes Essen veranstaltete, und gegen Ende sagte Whitman: »Ich trinke auf unser aller Oberhaupt, Tennyson.« Tennyson dagegen sagte, als er gefragt wurde, was er von Whitman halte: »I am aware of Whitman«, das heißt, ich bin mir seiner bewußt – ich denke an ihn, wie man an einen großen Wal im Ozean denken könnte –, und er fügte hinzu: »Aber nein, Sir, ich denke nicht an Whitman.« Das heißt wahrscheinlich, daß Tennyson die Lyrik Whitmans, den freien Vers, irgendwie als Herausforderung empfand, daß er das Gefühl hatte, diese Art neuer Lyrik würde die Lyrik, die er schrieb, zerstören. Und deshalb zog er es vor, nicht an Whitman zu denken, weil er etwas derart Fremdes war...

OF: Und in gewisser Weise gefährlich.

JLB: Und gefährlich, unbegreiflich; so daß er es vorzog, nicht an ihn zu denken. Tatsächlich ist es unmöglich, sich die moderne Literatur ohne diese beiden großen amerikanischen Dichter zu denken: Whitman und Poe. Allerdings war Whitman persönlich nicht großmütig gegenüber Poe; denn als Poe starb, schrieb Whitman eine Notiz darüber und sagte – fast schäme ich mich, es zu sagen –, in Poes Werk sei die amerikanische Demokratie nicht zu erblicken. Ich glaube nicht, daß Poe jemals an die amerikanische Demokratie dachte.

OF: Nein, Poe dachte an die Aristokratie, wie Baudelaire erklärt.

JLB: ... Ja, aber das geschieht immer wieder: Man wirft einem Dichter vor, etwas nicht ausgeführt zu haben, was er sich niemals vorgenommen hat, nicht wahr?

OF: Ja, und Poe lag ein derartiges Vorhaben völlig fern.

JLB: Natürlich kann Whitman das geschrieben haben, um indirekt die Aufmerksamkeit auf Poe zu lenken; denn wenn nicht, ist es nicht erklärbar.

OF: Wie Sie wissen, bringe ich Sie immer in Verbindung mit dem Genre der Mutmaßung. Mit der Tatsache, daß Sie die Mutmaßung zu einer literarischen Gattung erhoben haben.

JLB: Jedenfalls habe ich das Gefühl, daß ich eher zur Mutmaßung als zur Behauptung oder zur Verneinung neige ... Ich wäre gern affirmativ, ich bin ungern negativ; ich bleibe immer beim Vielleicht, bei Möglicherweise, das ist der besonnenste Modus.

OF: Poe dagegen bringe ich mit der Fatalität

als eigenständigem, persönlichem literarischen Genre in Verbindung – wir sehen das in dem »Nimmermehr«, in dem »Nevermore« des *Raben*.

JLB: Ja, und das ist eine recht häufige Empfindung, die einen ja auch trösten kann, nicht wahr? Denn wenn man, wie ich, nicht an den freien Willen glaubt, fühlt man sich nicht schuldig: Wenn ich Böses getan habe, war ich gezwungen, Böses zu tun. Deshalb glaube ich auch nicht an die Gerechtigkeit; denn die Gerechtigkeit setzt den freien Willen voraus, und wenn es keinen freien Willen gibt, dann kann auch niemand bestraft und ebensowenig belohnt werden. Was uns wieder zu dem Satz von Almafuerte bringt, den ich immer zitiere, den ich bei allen unseren Gesprächen zitiert habe: »Fordere nur Gerechtigkeit, doch es wäre besser, nichts zu fordern.« Denn schon das Verlangen nach Gerechtigkeit ist ein Exzeß.

Über Chesterton

OF: Zu Ihren Lieblingsautoren, Borges, gehört einer, der in Argentinien immer noch nicht bekannt genug ist, obwohl Sie die Vermutung geäußert haben, seine Haltung als Katholik müßte ihn eigentlich vielen Argentiniern näher bringen. Ich meine natürlich den von Ihnen verehrten Chesterton.

JLB: Ja, natürlich. Nun, diese Haltung als Katholik hat ihm in England geschadet. Sicher, und dann gibt es da dieses von Bernard Shaw geprägte Wort: »Chesterbelloc« – man hat die beiden als eine Art Monster angesehen, daher diese Verbindung der Namen Chesterton und Hilaire Belloc –, auch das hat ihm geschadet. Tatsächlich glaube ich, daß Belloc einen schlechten Einfluß auf Chesterton ausübte; Belloc war ein sehr intelligenter Mann, aber er neigte zum Fanatismus. Chesterton dagegen war ein sehr großmütiger Geist, er wäre tolerant gewesen. Aber der andere hat ihn zum Fanatismus gebracht und dafür gesorgt, daß man Chesterton im Hinblick auf seine Ansichten liest. So etwas hat Schriftstellern immer geschadet. Zum Beispiel... ach, es gibt so viele Fälle. Hier, bei uns zum Beispiel, ist Lugones nach seinen politischen Ansichten beurteilt worden, und zwar nach denen seiner letzten Lebensjahre – man vergißt, daß er vorher Anarchist gewesen ist, Sozialist, Anhänger der Alliierten während des Ersten Weltkriegs. Erst später, ganz zuletzt, hat er *La hora de la espada* [Die Stunde des Schwerts] veröffentlicht. Und Kipling bringt man immer mit dem britischen Empire in Zusammenhang. Whitman dagegen wird freundlich beurteilt, natürlich, denn er repräsentiert die Demokratie. Die politischen Ansichten sind das Unwichtigste, was es überhaupt gibt; sie sind oberflächlich. Und in Chestertons Fall haben wir es mit einem Genie zu tun. Ihn auf einen Katholiken zu reduzieren, ist eine Ungerechtigkeit. Mir fällt ein, daß Bernard Shaw sagte, die katholische Kirche, der Vatikan, sei ein Bötchen, das kentere, wenn Chesterton es betrete. Chesterton war ungeheuer dick.

OF: Trotz alledem...

JLB: Sicher, das ist nur ein Scherz, aber es stimmt schon, man hat vergessen, daß Chesterton... Also er hat, wie wir alle wissen, Kriminalgeschichten geschrieben. Aber Xul Solar machte mich einmal darauf aufmerksam, daß diese Kriminalgeschichten nicht nur Kriminalgeschichten sind – was keinesfalls unehrenhaft wäre, zumal Edgar Allan Poe die Gattung erfunden hat, und sie wurde von Dickens gepflegt und... von Chesterton. Aber diese Geschichten sind darüber hinaus noch vieles mehr, da ja jede Erzählung von

Chesterton so etwas wie ein Bild ist, ferner so etwas wie ein Theaterstück, wie eine Parabel. Dann sind da die Landschaften, die Gestalten treten auf wie Schauspieler, die auf die Bühne kommen, und sie sind immer sehr lebendig; sichtbar lebendig. Und danach gibt es die Lösung, die immer äußerst erfindungsreich ist. Seltsamerweise ist nie die Rede von den Verbrechern; Pater Brown – der Detektiv in Chestertons Geschichten – denunziert niemanden im Lauf seiner Karriere. Man weiß nicht genau, was mit ihnen geschieht, denn das Wichtige ist das Rätsel; die einfallsreiche Lösung dieses Rätsels. Und außerdem deutet Chesterton in jeder Kriminalgeschichte eine magische Erklärung an. Ich glaube, wenn die Krimi-Gattung stürbe – und es ist nicht unmöglich, daß sie stirbt, da ja das Schicksal aller literarischen Gattungen das Verschwinden zu sein scheint –, also, wenn die Gattung der Kriminalgeschichte untergegangen ist, wird man diese Erzählungen immer noch lesen, wegen der Poesie, die sie enthalten, und außerdem vielleicht wegen der magischen Suggestion. Es gibt da eine Geschichte mit dem Titel *Der Unsichtbare*; darin findet sich gegen Ende die folgende Lösung: Der Täter ist unsichtbar, weil er allzu sichtbar ist; es handelt sich um einen Briefträger mit unübersehbarer Uniform, den man, da er jeden Tag kommt und geht, als dem Haus zugehörig betrachtet. Aber es kommt hinzu, daß der Ermordete ein Hersteller mechanischer Puppen war, kleiner mechanischer Diener; und es wird die Möglichkeit angedeutet, daß dieser Mann von seinen eigenen eisernen

Puppen zerrissen wurde – die übernatürliche Lösung. Möglicherweise verdanken diese Geschichten einen Teil ihrer Kraft weniger der logischen Erklärung als der falschen magischen Erklärung, die Chesterton gibt und die überdies mit der Stimmung, dem Ambiente des jeweiligen Hintergrunds übereinstimmt. So ist zum Beispiel die Geschichte ganz anders gestaltet, wenn sie in den schottischen Highlands spielt oder in einem Gartenvorort von London oder in einem Büro. Aber heute hat man vergessen, daß Chesterton soviel anderes war. Zum Beispiel ist er ein hervorragender Dichter gewesen. In dem Gedicht *Ballade vom weißen Pferd*, das sich auf die Kriege der Angelsachsen mit den Skandinaviern bezieht, veröffentlicht, glaube ich, 1912 ... also, dieses Gedicht ist großartig, und es ist voller Metaphern, die Hugo begeistert hätten. Diese zum Beispiel, die ich zweifellos schon einmal zitiert habe: Der Protagonist ist ein Wikinger, der gierig nach Europa blickt, etwa so, als ob Europa eine Frucht wäre, die er kosten will, und er denkt an all diese außerordentlichen Dinge wie Marmor und Gold und sagt: »Womit soll man Marmor und Gold vergleichen?« Ja, und dann sucht Chesterton unmögliche Vergleiche, aber eben deshalb sind sie so wirkungsvoll. Er sagt nämlich: »Marble like solid moonlight«, das heißt: »Marmor wie festes Mondlicht.« Oder: »Gold like frozen fire«, also »Gold wie gefrorenes Feuer«. Die Vergleiche sind unmöglich, aber eben weil sie unmöglich für den Verstand sind, sind sie, ja ...

OF: ... Möglich für die Poesie.

JLB: Möglich für die Poesie, möglich für die Vorstellungskraft des Lesers, der diese unmöglichen Bilder akzeptiert und sie nicht für unmöglich hält, zumal die Vorstellung eines »gefrorenen Feuers« ja etwas sehr Hübsches ist; vor allem im Englischen, wo es diese f-Alliteration gibt: »Gold like a frozen fire«, nicht wahr? Er überlegt, womit er Marmor und Gold vergleichen kann, was ja sehr alte Dinge sind, und er findet diese unmöglichen Metaphern – so findet er vielleicht die einzige Möglichkeit, diese Dinge zu erheben –, und gerade weil sie unmöglich sind, haben sie diese Kraft.

OF: Das gleiche tut er in dem Gedicht *Lepanto*.

JLB: ... Ja, aus diesem Gedicht fällt mir im Moment keine Metapher ein, aber ich erinnere mich an Sätze, wie zum Beispiel: »Don Juan of Austria is shouting to the ships« – »Don Juan von Österreich ruft den Schiffen etwas zu« – den Schiffen, nicht den Mannschaften.

OF: Das ist sehr schön.

JLB: Ja, und dann, wenn er Allahs monströses Paradies beschreibt, sagt er, daß Gott – Allah – zwischen den Bäumen wandle, und er setzt hinzu »and is taller than the trees« – »und er ist größer als die Bäume«, wodurch alles monströs wird, denn so stellt man sich das Paradies nicht vor, nicht wahr? Es muß dies ein heidnisches Paradies sein, das heißt, ein von Chesterton verfluchtes Paradies, nehme ich an. Daß Gott zwischen den Bäumen wandle, davon lesen wir im ersten Kapitel der Genesis, aber daß er größer sei als die Bäume, darin steckt schon etwas Furchtbares, etwas Monströses.

Und Chesterton spitzt immer wieder alles auf diese Weise zu, auch an Stellen, wo man es gar nicht erwartet; zum Beispiel findet man brillante Sätze in seinem Buch über Blake, in dem Buch über Maler, und auch in der Geschichte Englands, die möglicherweise grundfalsch ist; aber das macht nichts, denn alles wird so schön gesagt, daß man wünschte, die Dinge wären so gewesen, obwohl sie vielleicht nicht genau so waren.

OF: Er ist schon verblüffend, auch in seinem Buch über den heiligen Thomas von Aquin.

JLB: Das stimmt, denn es schien, daß es unmöglich sei; ich glaube, Claudel war ziemlich beunruhigt bei der Vorstellung, daß Chesterton ein Buch über Thomas von Aquin schreiben würde. Und doch, als er es dann tat... also, Claudel war einer der ersten Leser von Chesterton, und er wollte *The Innocence of Father Brown* übersetzen, das Buch, das von Alfonso Reyes so großartig ins Spanische übersetzt worden ist. Claudel wollte es übersetzen... nein, was er übersetzen wollte, war *The Man who was Thursday*. Ja, er hat eine französische Übersetzung dieses Buches angefertigt.

OF: In *Der Mann, der Donnerstag war*, offenbart sich uns der ganze Chesterton als Schriftsteller.

JLB: Ja, und das ist bemerkenswert, weil es ein allmählich immer phantastischer werdendes Buch ist; das heißt, das erste Kapitel ist ein bißchen irreal, aber am Schluß, als Sunday – der Chef der Anarchistengruppe – auf einem Elefanten flieht, da ist es vollkommen phantastisch.

OF: Natürlich.

JLB: Aber das kommt ganz allmählich; vom Imaginativen kommt er zum Unmöglichen, und er tut das so, daß der Leser ihm am Schluß immer noch so glaubt wie in den ersten Kapiteln. Wie Coleridge sagte, der poetische Glaube ist eine willentliche oder zustimmende Suspendierung der Ungläubigkeit. Und wenn das Werk, um das es sich handelt, kraftvoll ist, fällt das Suspendieren überhaupt nicht schwer, weil das Werk sich durchsetzt. Ja, ich habe an die argentinische Geschichte gedacht... ich habe mir überlegt, daß man alle Tatsachen bezweifeln kann, die die Geschichte verzeichnet, außer einer, und das wäre die Ermordung des Schwarzen durch Martín Fierro. Es ist unmöglich anzunehmen, daß sich das nicht ereignet hätte; es ist so wirkungsvoll geschrieben, nicht wahr?

OF: Ah, wirklich deswegen?

JLB: Ja, ich glaube ja; ich kann jedes Faktum bezweifeln, nicht aber den Kampf mit dem Schwarzen ... und der endet so: »Zuletzt rammte er ihn auf das Messer, hob ihn empor und warf ihn wie einen Sack voll Knochen gegen den Zaun.« Also, es ist unmöglich, daß das nicht stimmt.

OF: Zu unmittelbar.

JLB: Ja, zu unmittelbar; alles andere läßt sich in Zweifel ziehen, nicht aber der Tod des Schwarzen.

OF: Kommen wir zurück zur literarischen Wirksamkeit: Ich glaube, daß Chesterton in seinen Kriminalgeschichten so wirkungsvoll gewesen ist, weil er eine andersartige Technik in der Erzählweise entwickelte...

JLB: Ja, vorher gab es ja die Konvention, daß die Geschichten von einem nicht besonders intelligenten Freund des sehr intelligenten Detektivs erzählt wurden; das ist die Technik der ersten Kriminalgeschichte, *Die Verbrechen in der Rue Morgue*, von Poe. Das wird dann von Conan Doyle übernommen und so gestaltet, daß der Detektiv nicht ein genialer Automat und der Erzähler nicht anonym ist, sondern daß sie Freunde sind, die einander mögen: Sherlock Holmes und Dr. Watson – ganz offensichtlich ist Dr. Watson ein Trottel, der den anderen unablässig bestaunt. Und vielleicht ist bei Conan Doyle die Tatsache, daß es sich um Kriminalgeschichten handelt, weniger wichtig; das Wichtige ist vielleicht die Freundschaft zwischen diesen beiden ungleichen Männern, nicht wahr? Und das mag in der alten Tradition von Don Quijote und Sancho liegen, von Dr. Johnson und Boswell; abgesehen davon, daß Boswell sich absichtlich so darstellt, das heißt, er war mit Absicht der Sancho von Johnson, der sein Don Quijote war. Und er selbst zog sich ins Lächerliche, weil er dieses Paar erschaffen wollte, das noch heute lebt und für immer in der Vorstellung der Menschen leben wird. Und in Chestertons Fall haben wir so viele verschiedene Dinge ... Da haben wir das Buch über Franz von Assisi, das Buch über Thomas von Aquin. Er sagte, im Falle des heiligen Franziskus reiche eine Skizze, eine Zeichnung; im Falle des heiligen Thomas jedoch müsse man eher an einen Plan denken, den Plan für ein großes Gebäude. Und das definiert die beiden schon auf eine gewisse Weise.

OF: Ja, das ist offensichtlich.

JLB: Dann haben wir die literaturkritischen Bücher Chestertons; zum Beispiel gibt es da ein Buch über Browning und ein weiteres über Dickens in der berühmten Reihe Everyman's Library. Dort ist auch das Gesamtwerk von Dickens erschienen; Chesterton schrieb die Vorworte dazu und wurde dafür mit ein paar Pfund Sterling bezahlt.

OF: Was Chestertons Gedichte angeht, haben Sie es als nachteilig angesehen, daß er seine Texte manchmal als Parabel anlegt, daß die Absicht dieser Konstruktion aber durchschimmert? Anders ausgedrückt, seine Gedichte haben etwas Konstruiertes.

JLB: Mit anderen Worten, auch Chesterton war ein intellektueller Dichter.

OF: Das scheint mir sicher.

JLB: Ja, man könnte das aber auch gegen Chesterton verwenden: Die Tatsache, daß man ein Gedicht gelesen und bewundert und empfunden hat, daß man von diesem Gedicht bewegt wurde und daß einem dann klar wird, daß der Autor den Plot des Gedichts schon vor der Niederschrift *in mente* hatte. Ich weiß nicht, ob es gut ist, wenn ein Gedicht derart ... einem Schachspiel gleicht, zum Beispiel, oder wenn das Gedicht einer Erzählung ähnelt. Und das ist bei Chesterton oft so, ja, man merkt, daß er von Anfang an auf das Ziel hinarbeitet, und vielleicht merkt man das zu deutlich.

OF: Er hatte nicht die Geduld, auf die Offenbarung zu warten, könnte man sagen (*lacht*).

Über die Dialoge

OF: Unsere Dialoge, Borges, hatten ein seltsames Schicksal, sie sind einen seltsamen Weg gegangen: vom Radio zur Zeitung, von der Zeitung zum Buch. Im Prinzip widerspricht das unserer Vorstellung von etwas Vorübergehendem, wie wir es mit Funk und Presse verbunden haben.

JLB: Ja, das Buch scheint etwas Dauerhaftes zu sein, so jedenfalls erhofft man es sich im allgemeinen; außerdem wird es ganz anders gelesen, nicht wahr? Die Zeitung liest man, um das Gelesene wieder zu vergessen; das Radiohören ist etwas Flüchtiges; aber ein Buch liest man mit einer Art Respekt.

OF: Ja, noch immer.

JLB: Und gedruckte Schriftzeichen haben ein Prestige, das handschriftliche Zeichen nicht haben.

OF: Und wir dürfen, glaube ich, sagen, daß diese zusätzliche Art der Verbreitung dem Verständnis der Dialoge gedient hat.

JLB: Ja, und wir haben, glaube ich, an dem Tag, an dem wir das Buch zum erstenmal vorstellten, einhunderteinundachtzig Exemplare signiert; ich war vollkommen verblüfft.

OF: Das stimmt, aber die beste Nachricht ist, daß Sie auf dieses Verständnis sowohl bei denen stoßen, die sich immer mit Literatur beschäftigen, als auch bei denen, die damit sonst gar nichts zu tun haben.

JLB: Bei denen, die sich der Literatur asketisch enthalten, Masochisten, die sich aus unerfindlichen Gründen kasteien (*beide lachen*), indem sie sich ein Glück versagen, das doch allen so leicht zugänglich ist. Trotzdem verzichten manche Leute darauf. Es ist, als ob sie ... sagen wir, als ob sie auf das Wasser verzichteten, auf das Atmen, den Geschmack von Früchten ... auf Liebe, auf Freundschaft. Ja, genau so ist es. Eine Askese, die irgendwie unbewußt geübt wird, da ja keiner sie fordert. Niemand sagt: Komm, wir erwerben uns Verdienste, wir lesen nicht mehr, dann werden wir dafür im Jenseits belohnt. Nein, sie verzichten einfach so darauf, ohne Vorsatz, mit spontaner Naivität.

OF: Manchmal sind Bücher nur noch stumme Einrichtungsgegenstände.

JLB: Ja, und schlimmer noch. Wenn es so weitergeht, kommt es auch bei uns zu etwas, was ich einmal im Haus eines Herrn in Deutschland gesehen habe, vor vielen Jahren. Er hatte da ich weiß nicht mehr welches Werk stehen, einen vielbändigen Atlas oder ein Konversationslexikon, und ich wollte einen der Bände konsultieren, aber es waren nur Rücken und Umschläge ohne Inhalt, sonst nichts: die Bücher waren leer (*lacht*).

OF: Das Scheinbild einer Bibliothek.

JLB: Ja, das Scheinbild einer Bibliothek, typisch für ein bestimmtes Ambiente.

OF: Zurück zur Lebenskraft der Dialoge; sie erinnert mich daran, daß Sokrates sich im Dialog an alle Bürger Athens wandte, nicht nur an die Philosophen, wie Karl Jaspers erklärt. Das heißt, der Dialog ist allen zugänglich.

JLB: So verhielt es sich fünf Jahrhunderte später auch mit Jesus; wie Gibbon leicht ironisch vermerkt, offenbarte Gott seine Wahrheiten nicht den Gelehrten oder den Philosophen, sondern Fischern, Unwissenden. Und später führt Nietzsche diesen Gedanken weiter aus, indem er sagt, das Christentum sei eine Sklavenreligion gewesen, womit, wenn auch vielleicht etwas schwächer, das gleiche gesagt ist.

OF: Nietzsche, von dem wir einmal sagten, daß er gescheitert sei bei dem Versuch...

JLB: ...ein heiliges Buch zu erschaffen.

OF: Nein, bei dem Versuch, diesen Gott zu ersetzen, der ihm zufolge gestorben war.

JLB: Ja, er scheint mit Zarathustra, mit seinem lachenden Löwen, mit seinem Adler auf einzigartige Weise gescheitert zu sein. All das wirkt so unerheblich und so altbacken im Vergleich zu den Evangelien, die noch immer zeitgenössisch sind – oder besser: zukünftig.

OF: Man könnte sagen, Nietzsches Produkte waren ephemere Antichristen.

JLB: Ja (*lacht*).

OF: Diese Wertschätzung des einzelnen Bürgers,

die Sokrates bewies, indem er sich an jeden einzelnen wandte, scheint mir der Vorstellung zu entsprechen, die wir mit dem authentischen Volk verbinden. Das heißt, alle Bürger oder jeder einzelne.

JLB: Ja, während man heute unter Volk eigentlich eher die Masse versteht, oder?

OF: Was ein Irrtum ist.

JLB: Ja, es ist ein Irrtum, und zwar ein Irrtum …

OF: … der Politiker?

JLB: … ein demagogischer Irrtum. Kein Irrtum, sondern ein Trick, eine List, die natürlich eine Form des Irrtums sein kann. Es ist ein politischer Trick, nicht wahr? Man geht davon aus, das Volk sei … wie meine Großmutter immer sagte: »Das souveräne Volk, das von Barbarei strotzt.« Das ist es, was man heute unter Volk versteht, nicht die Summe von uns allen, die wir das Volk ausmachen, da wir ja alle Teil des Volkes sind. Aber nein, das nicht, man versteht darunter vor allem die … also, ich weiß nicht, vielleicht die Armen oder die professionell Armen?

OF: Die Bedeutung des Begriffs ist verkommen, degradiert.

JLB: Ja.

OF: Ich glaube, der Dialog hat seit der griechischen Antike eine außerordentliche Kraft: Er stellt zwischen den Menschen die zivilisierte Kommunikation her.

JLB: Und außerdem erlaubt er … Also, der Dialog ist das Gegenteil vom Dogma. Wenn Plato den Dialog erfindet, ist es, als ob er sich in verschiedenen Personen verzweigt; darunter auch Gorgias, nicht nur Sokrates. Sein Denken verzweigt sich; die verschiedenen möglichen Meinungen werden erwogen, und so wird in gewisser Weise das Dogma verdrängt oder ersetzt, und auch das Gebet. Das heißt, man denkt nach über die Themen, verzichtet auf die Interjektion.

OF: Und nimmt teil.

JLB: Und man nimmt teil.

OF: Ich habe mir einmal überlegt, ob bei uns in Argentinien eine der Möglichkeiten, unsere geringe Neigung zur Bildung einer Gemeinschaft zu retten, oder im Interesse des Ganzen als Gemeinschaft zu handeln ...

JLB: ... der Dialog wäre.

OF: Es könnte die Aufnahme eines Dialogs sein: der Dialog als Ausgangspunkt.

JLB: Es scheint so schwierig zu sein; ich glaube aber, wir sprachen schon einmal darüber, daß einer der Unterschiede zwischen der spanischen Sprache in Spanien und unserem südamerikanischen Spanisch oder jedenfalls dem dieser Gegend hier der ist, daß das Spanisch Spaniens meist dogmatisch und interjektiv ist; daß es leicht etwas Nörglerisches oder Empörtes hat. Wir dagegen sprechen, nun ja, mit einem gewissen Zweifel und dem Wissen, daß das, was wir sagen, nicht unfehlbar ist – die Spanier sprechen mit dem Nachdruck von Leuten, die keinen Zweifel kennen –, und wir kennen ihn durchaus, zum Glück, denn der Zweifel ist ja eines der kostbarsten Besitztümer des Menschen.

Das heißt, die Ungewißheit, die Unsicherheit, sind Besitztümer.

OF: Jetzt, wenn ich darüber nachdenke, meine ich, es könnte Ungewißheit gewesen sein, was in Griechenland den Dialog entstehen ließ.

JLB: Ja, so haben die Menschen begonnen, verschiedener Meinung zu sein, und zwar auf höfliche Weise, ohne einander unbedingt umzubringen.

OF: Nein, aber jedenfalls im Widerstreit.

JLB: Was mir oft aufgefallen ist: Nur die jüdisch-christliche Welt hat Religionskriege geführt. Nehmen Sie dagegen den indischen Kaiser Ashoka, der die Toleranz verkündete, oder ein etwas näheres Beispiel, den Kaiser von Japan, Jünger des Buddha und Quell jenes vagen Pantheismus namens Shinto. Die Idee eines Religionskrieges wäre dort vollkommen unbegreiflich. Im Abendland dagegen waren die Religionskriege die grausamsten von allen, da sie auf der Intoleranz beruhten, auf der Annahme, daß der Gegner entweder bekehrt oder vernichtet werden müsse.

OF: Da gibt es keinen Dialog.

JLB: Nein, da ist kein Dialog möglich. Wie Martínez Estrada in einem großartigen Vers sagte: »Gnädiger war das Feuer« – oder das Eisen; das sind Varianten.

OF: Beides sind Formen eines Monologs.

JLB: Formen eines Monologs, ja (*lacht*).

OF: Zu den Dingen, die mir für diesen möglichen Dialog unter Argentiniern unabdingbar erscheinen, gehört der Verzicht auf Vorurteile – eine der Tugenden im Gespräch, die ich bei Ihnen rühme.

JLB: Nun ja, ich versuche, meine vielen Vorurteile zu vergessen, und in Japan habe ich eine wunderbare Gewohnheit kennengelernt: die Annahme, daß der Gesprächspartner recht hat. Der Gesprächspartner mag sich irren, er mag sich noch so sehr irren, aber wie auch immer, die Annahme, daß der Gesprächspartner recht hat, ist ein gutes Vorspiel für einen Dialog. Gastlichkeit gegenüber fremden Meinungen, mögen sie auch den eigenen zuwiderlaufen. Das scheint hier undenkbar zu sein, und noch weniger denkbar ist es in Spanien. María Kodama machte mich auf eine der Tugenden des Französischen aufmerksam, die man, selbst wenn man Mühe hat, einem Gespräch zu folgen, doch bald bemerkt, daß die Wörter Nuancen vermitteln, kleine Unterschiede oder Abweichungen anzeigen; Dinge einräumen, andere abweisen, aber höflich. Also, es ist eine Sprache, die ... sagen wir, nachdenklich ist; nicht eine Sprache, die von einer vorher feststehenden Wahrheit ausgeht, sondern eine, die die verschiedenen Nuancen, die verschiedenen Möglichkeiten eines Themas untersucht. Und das hört man an der Art, wie die Franzosen sprechen.

OF: All das verhindert, daß der Dialog schon vor Beginn »zum Tode verurteilt« ist.

JLB: Ja. Wir müßten wieder zum Dialog gelangen, wir müßten wieder zurückkommen zu dieser alten griechischen, vielleicht platonischen Erfindung.

OF: Vor allem hier, in Argentinien. Aber jetzt, Anfang Mai 1985, steht Ihnen ja erst einmal wieder eine Reise bevor, die Sie von Argentinien fortführt.

JLB: Ja, in ein paar Tagen werde ich Kalifornier sein, danach New Yorker; und dann kann ich wohl sagen, wie Paulus von Tarsus: *Civis romanus sum*, ich bin ein römischer Bürger. Und zum wiederholten Mal erinnere ich mich an den Satz von Chesterton: Wenn einer nach Rom kommt und dort nicht das Gefühl oder die Überzeugung verspürt, daß er heimkehrt nach Rom, dann ist die Reise sinnlos. Das heißt, Rom ist unser aller Ausgangspunkt ... natürlich sind wir alle ein wenig abseits geboren, in einem den Römern unbekannten Kontinent und einer Hemisphäre, von deren Existenz sie kaum etwas ahnten. Aber in gewisser Weise bin ich ein Römer oder, besser gesagt, ein Grieche im Exil.

OF: Die Reise beginnt diesmal also in Kalifornien.

JLB: Ja; ich werde dort sprechen müssen. Ich glaube, es geht um drei Vorträge; ich weiß nicht genau, entweder zwei auf spanisch und einer auf englisch oder zwei auf englisch und einer auf spanisch, und zwar an der Universität von Santa Barbara. Das dürfte – na ja, meine Geographie ist ziemlich verschwommen – im Süden Kaliforniens sein. Danach dann irgend etwas vor einer Gruppe von ... ich weiß nicht, Psychiatern oder Psychologen oder Astrologen oder Soziologen, einerlei.

OF: Irgendeine dieser modernen Disziplinen.

JLB: Irgendeine dieser imaginären Disziplinen, und zwar in New York. Danach folgt noch ein Vortrag – den ich wie üblich zaudernd halten werde –, und zwar in Rom. Und dann komme ich wieder zurück, und auch hier gibt es eine mündliche Zukunft, aber die liegt noch in weiter Ferne, besser jetzt nicht daran denken. Ich weiß längst, das schlimmste bei jedem Ereignis ist der Vorabend. Ein Vortrag ist an und für sich gar nicht so schlimm. Morgen werde ich in Morón über meinen sehr lieben Freund, Santiago Dabove, den Schüler von Macedonio Fernández sprechen; ich lernte ihn in Macedonios *tertulia* kennen. Aber es ist besser, jetzt nicht daran zu denken, denn morgen nehmen die Dinge ohnehin ihren Lauf. Und zweifellos ist alles vorher festgelegt, jedes einzelne Zaudern von mir ist vorherbestimmt.

OF: Der Vorabend ist immer bedrückend.

JLB: Der Vorabend, ja, aber man kann versuchen zu vergessen, daß es ein Vorabend ist, dann ist er das nicht mehr; natürlich spreche ich in jedem Augenblick in Morón.

OF: Klar. Ich erinnere mich jetzt, daß Sie bei einem unserer ersten Dialoge, ich glaube, es war im März vergangenen Jahres, genau wie jetzt vor dem Beginn einer Reise standen, die in Rom begann oder gipfelte.

JLB: Ja, ich glaube ... also, »gipfeln« ist für Rom besser, nicht wahr?

OF: Alle Wege führen nach ...

JLB: Ja, und Rom sind ja nicht nur die sieben Hügel, sondern die ganze Stadt selbst. Ein Höhepunkt.

OF: Dann wollen wir hoffen, daß die künftigen Wege auch wieder zum Dialog führen wie bisher.

JLB: Ja, das sollten sie, ohne Zweifel.

OF: Aber nicht nur zwischen uns, sondern auch zwischen den Argentiniern.

JLB: ... Ja, es wäre Zeit, nicht wahr? *High time*, wie man auf englisch sagt. Der Dialog ist verlorengegangen ... also, die ganze argentinische Geschichte ist eine Art Suche nach diesem Dialog, der nicht zustandekommt, wie?

OF: Das stimmt.

JLB: Ich bin trotz einer fernen Verwandtschaft mit Rosas in der unitarischen Tradition erzogen worden – ein bißchen wie in den russischen oder den ersten amerikanischen Filmen: Alles Gute ist auf der einen Seite, alles Böse auf der anderen. Und heute gelingt es mir anzunehmen, daß es ... etwas Gutes bei den anderen gibt und etwas Böses bei mir.

OF: Das halte ich für ungeheuer wichtig.

JLB: Ja, zu dieser Überzeugung müßten wir alle gelangen.

OF: Das wird nicht einfach sein, aber Sie sind ein gutes Beispiel.

JLB: Nein, da werden wir noch ein wenig warten müssen, hundert Jahre oder so – was für die Geschichte nichts ist. Ich werde es nicht mehr erleben, aber andere.

Editorische Notiz

Zwischen 1984 und Frühjahr 1986, als Jorge Luis Borges sich nach Genf begab, wo er am 14. Juni 1986 starb, führte der argentinische Journalist und Autor Osvaldo Ferrari insgesamt neunzig Gespräche von jeweils einer Viertelstunde Dauer mit JLB in dessen Wohnung in Buenos Aires. Die Dialoge wurden auf Band aufgenommen, von Radio Municipal ausgestrahlt, dann transkribiert und in der Zeitung *Tiempo Argentino* abgedruckt, später in drei Büchern gesammelt: *Borges en diálogo* (1985), *Libro de diálogos* (1986), *Diálogos últimos* (1987).

Die vorliegende Auswahl aus diesen drei Bänden ist mit wenigen Ausnahmen vollständig und wortgetreu. Kleinere Abweichungen vom Wortlaut des Originals waren im Interesse der Verständlichkeit dort nötig, wo abgebrochene Satzperioden ins Beziehungslose irrten. Ohne grundsätzlich am Gesprächscharakter der Texte etwas zu ändern, habe ich in einigen Fällen massiver Häufung von Füllwörtern – »also«, »eh« *(bueno ..., digamos ...)* – ein wenig ausgedünnt. Weggelassen wurden ferner Verabschiedungsfloskeln am Ende einiger Dialoge sowie un- bzw. mißverständliche Verweise auf nicht in diese Auswahl aufgenommene Gespräche und teils wortidentische Anekdoten oder Argumente in ursprünglich weit auseinanderliegenden, in dieser Auswahl jedoch benachbarten Gesprächen; hierauf wird in den Anmerkungen kurz verwiesen.

Eine Reihe von Anspielungen auf Personen oder Umstände war auch mit Hilfe der Bibliothek der Argentinischen Botschaft in Bonn nicht oder nur teilweise zu klären. Kleinere Irrtümer oder Unrichtigkeiten, z. B. bei Zitaten, wurden stillschweigend korrigiert; wo dies nicht möglich war, etwa im Dialog über Kipling, enthalten die Anmerkungen die nötigen Klarstellungen. Verweise auf Borges' eigene Werke beziehen sich, wenn nicht anders vermerkt, auf die deutsche Ausgabe der *Gesammelten Werke* im Carl Hanser Verlag, München 1980ff. Auf Anmerkungen zu Namen oder Begriffen, die man als bekannt voraussetzen darf (Shakespeare, Homer, Dante, Cervantes etc.), habe ich ebenso verzichtet wie auf den Versuch, in den Werken von Shaw oder Ibsen eine einzige nicht näher lokalisierte Zeile ausfindig zu machen.

G. H.

Anmerkungen des Übersetzers

Über Vorworte (Seite 9–16)

Vgl. JLB, *Prólogos – Con un prólogo de prólogos,* Buenos Aires 1975. – Paul Groussac (1848–1929): franz.-argentin. Autor, Kritiker, Essayist, JLBs Vorvorgänger als Direktor der Nationalbibliothek in Buenos Aires; vgl. *Paul Groussac* in *Essays 1932–1936.* – Pedro Henríquez Urẽna (1884– 1946): Literaturkritiker und -historiker, Schüler des bedeutenden span. Sprach- und Literaturwissenschaftlers Menéndez Pidal; mit JLB befreundet. – Macedonio Fernández (1874– 1952): argentin. Autor, verfaßte Gedichte, humoristische Notizen, Artikel, Erzählungen etc. – Almafuerte: Pseudonym des argentin. Autors Pedro Bonifacio Palacios (1854–1917), der in seinen Schriften eine persönliche Religion darlegte (»Ich bin kein Literat, ich bin ein Prediger«), bei der es sich laut JLB vor allem um eine allgemeine Lehre der Frustration handelt, einschließlich Rechtfertigung und Mystik. – *Summa Theologica:* Hauptwerk von Thomas von Aquin.

Die Kunst muß sich von der Zeit befreien (Seite 17–22)

Stevenson sagt In *Edinburgh. Picturesque notes,* 1879. Er spricht dort von »verbal puppets«.

Von Tigern, Labyrinthen, Spiegeln und Waffen (Seite 23–32)

La pantera: aus JLBs Gedichtband *La rosa profunda* (1975). – Silvina Ocampo (geb. 1903): argentin. Autorin, Schwester der »Doyenne« der argentin. Literatur, Victoria Ocampo; Frau von Adolfo Bioy Casares, mit dem und JLB sie mehrere Anthologien herausgab. – Lugones: Leopoldo Lugones (1871–1938), Schriftsteller, Dichter, Journalist; Polemiker; didaktischer, ästhetischer und politischer Essayist; Historiker *(El imperio jesuítico),* Biograph *(Historia de Sarmiento),* Linguist *(Diccionario etimológico del Castellano usual,* unvollendet); sein Gesamtwerk umfaßt über 40 Einzeltitel. JLB widmete ihm 1960 seinen Band *El hacedor (Borges und ich).* – »He knows death to the bone ...« Aus Yeats' Gedicht *Death* in: *The Winding Stair and Other Poems* (1933). – Bei Poes Aufsatz über Einrichtung eines Raumes handelt es sich um *The Philosophy of Furniture* (1840). – Alberto Girri: argentin. Lyriker und Romancier (geb. 1918). – Manuel Mújica Laínez: argentin. Autor (1910– 1983), lange Zeit mit JLB befreundet; Anfang der achtziger Jahre brachte jemand eine Mystifikation in Umlauf, derzufolge Borges nie existiert habe, sondern eine Erfindung von Mújica Laínez und Bioy Casares sei.

Der Süden geographisch, der Süden intim (Seite 33–43)
JLBs Erzählung *Der Süden:* in *Erzählungen 1935–1944.* Henry James' *The Turn of the Screw* wurde mehrmals übersetzt als *Die sündigen Engel, Bis zum Äußersten, Die Drehung der Schraube, Schraubendrehungen, Die Tortur.* – »Each man kills ...« aus: *The Ballad of Reading Gaol* (1898) – Zu Borges' Großvater vgl. *Anspielung auf den Tod des Obersten Francisco Borges* in *Borges und ich.* – der Sie-wissen-schon-wer: Juan Domingo Perón. – Zu Adrogué vgl. JLBs Gedicht *Adrogué* in *Borges und ich.* – Ezequiel Martínez Estrada (1895–1964): argentin. Autor, Journalist, Dramatiker; mit JLB befreundet. – William Henry Hudson (1841–1922): engl. Autor und Ornithologe, lebte längere Zeit in Argentinien und Uruguay; im deutschen Sprachraum bekannt als Verfasser des phantastischen Romans *Green Mansions* (dt. *Rima);* JLB hielt seinen Roman *The Purple Land* für eine der besten Darstellungen von Lebensumständen und Wirren in den La-Plata-Ländern; vgl. »Über *The Purple Land«* in *Essays 1952–1979.* – Cunninghame Graham: Robert Boutine Cunninghame Graham (1852–1936), schott. Schriftsteller, der viele Jahre in Argentinien lebte und das Leben der Gauchos gut kannte. Verfaßte Reiseberichte, Erzählungen und historische Studien. – *peón/estanciero:* Knecht/Gutsherr. – Schlacht von Chacabuco (Chile): 1817, im Unabhängigkeitskrieg gegen Spanien.

Der ewige Reisende (Seite 44–52)
Ramón Gómez de la Serna (1888–1963): span. Autor, bei uns vor allem durch seine *Greguerías* bekannt. – »reality ... fiction«: vermutlich nach Byron, *Don Juan* XIV, »for truth is always strange; stranger than fiction.« – Magna Graecia: Sammelbegriff für den griechisch besiedelten Teil der antiken Welt; Gebiete der Schwarzmeerküste, Kleinasiens, Ägyptens, Libyens, Süditaliens, Siziliens. – Giambattista Vico (1668–1744): ital. Geschichts-, Rechts- und Sprachphilosoph. – Benedetto Croce (1866–1952): ital. Philosoph, Historiker, Philologe; Dantist. – Giambattista Marino (1569–1625): ital. Dichter, »Stifter« des Marinismus, des gekünstelten, mit gesuchten Bildern überladenen Stils. – Luis de Góngora y Argote (1561–1627): span. Dichter ebenfalls »dunklen« Stils; beeinflußte die moderne hispan. Lyrik (»Generation von '27«) – Universitäten: Laut *Der große Ploetz* (29. Auflage) sind Europas älteste Universitäten in dieser Reihenfolge Salerno, Montpellier, Paris, Bologna, Oxford, alle vor 1200 gegründet, dann Cambridge 1209, Salamanca 1218, Padua 1222; es folgen weitere 12 Universitäten zwischen 1224 und 1343, dann 1348 Prag als erste damals deutsche Universität; Heidelberg 1386 und Köln 1388 belegen die Plätze 28 und 29. – Zur langjährigen Freundschaft und Zusammenarbeit mit Adolfo

Bioy Casares (geb. 1914) vgl. Jorge Luis Borges/Adolfo Bioy Casares, *Gemeinsame Werke in zwei Bänden.* München: Hanser 1983/85. – Néstor Ibarra: argentin. Autor, seit Jahrzehnten in Frankreich, übersetzte vor allem JLBs Lyrik ins Französische. – Nara: früher Heijo, war von 710 bis 784 Japans erste feste Hauptstadt.

Über Borges und das Publikum (Seite 53–62)
Zu JLBs Vorträgen vgl. u. a. *Borges, mündlich* in *Essays 1952–1979.*

Die Klassiker mit 85 Jahren (Seite 63–74)
Zum Thema »Bücher und Nationen« vgl. *Das Buch* in *Essays 1952–1979.* – *Martin Fierro:* erschienen 1872/79, »das argentinische Nationalepos« von José Hernández (1834–1886); vgl. u. a. *Die Gaucho-Dichtung* in *Essays 1932–1936.* – *Facundo:* Buch von Domingo Faustino Sarmiento (1811–1888), ab der 3. Auflage (1868) erschienen mit dem Untertitel »Zivilisation und Barbarei in den argentinischen Pampas«; der zeitweilige argentin. Staatspräsident (1868–1874) Sarmiento skizziert darin den im Untertitel angedeuteten Antagonismus von Stadt und Hinterland, Verfassung und Willkür, Republik und Diktatur. Vgl. hierzu auch *Totengespräch* in *Borges und ich* und Anm. dazu. – *Das Evangelium nach Markus:* in *Erzählungen 1949–1970.* – »Sie werden Staub sein ...«: Schlußzeile des Sonetts »Amor constante más allá de la muerte« von Francisco de Quevedo y Villegas (1580–1645), möglicherweise angeregt von Sextus Propertius' Elegie »Quandocumque igitur nostros mors claudet ocellos ...«, in der es heißt, nur zwei Verse sollten des Dichters Grab zieren: »Qui nunc iacet horrida pulvis, unius hic quondam servus Amoris erat« (der nun hier als scheußliche Asche liegt, war einst Diener einer einzigen Liebe). – Alejandro Xul Solar: eigentlich Schulz-Solari, argentin. Maler und Mystiker baltisch-italienischer Herkunft; erfand u. a. eine philosophisch gegliederte Sprache. – Ocampo, Bioy: vgl. Anm. zu »Von Tigern, Labyrinthen ...«; die genannte Anthologie erschien 1940.

Über den Bücherkult (Seite 75–83)
Vgl. *Vom Bücherkult* und *Das Buch,* beide in *Essays 1952–1979.* – *Martín Fierro:* vgl. Anm. zu »Die Klassiker mit 85 Jahren«. – Rubén Dario (1867–1916): nicarag. Lyriker, beeinflußt vom franz. Symbolismus, einer der Wegbereiter der modernen hispan. Lyrik. – *Otras inquisiciones: Befragung,* in *Essays 1952–1979;* der Titel (»Weitere« bzw. »Neue Befragungen«) spielt auf den von JLB unterdrückten ersten Essayband *Inquisiciones* von 1925 an. – Jener Satz von Mallarmé: »Tout aboutit à un livre«. –

Tausendundeine Nacht: vgl. u. a. *Die Übersetzer der Märchen von Tausendundeiner Nacht* in *Essays 1932–1936* und *Tausendundeine Nacht* in *Die letzte Reise des Odysseus. Essays 1980–1982.* – Rafael Cansinos Assens (1883–1964): span. Lyriker, Erzähler, Übersetzer, wichtigste Triebfeder der »ultraistischen« Bewegung; vgl. *Borges über Borges.*

Erinnerung an Kipling (Seite 95–104)
The White Man's Burden: erschien 1899; das Gedicht – keineswegs Aufforderung zu kolonialistischer Ausbeutung, sondern Aufruf zu selbstloser Entwicklungsarbeit – wurde von Kipling an die USA gerichtet, die bis dahin anti-imperialistisch waren und sich nach dem Krieg gegen Spanien im Besitz der Philippinen wiederfanden. Der »white man« ist zumindest doppeldeutig; neben der Hautfarbe ist zu bedenken, daß im Englischen nicht nur (wie bei uns) der böse »Schwarze Mann« überlebt hat, sondern auch sein positives Gegenteil; die mittelalterliche Farbsymbolik findet sich auch in Redewendungen wie »to treat somebody white«: jemanden anständig behandeln. – Kiplings Krebsoperationen: eine Zugabe von JLBs einfallsreichem Gedächtnis; Kipling litt jahrelang an Magen- und Darmgeschwüren, wurde deshalb mehrmals operiert und starb 1936 am Durchbruch eines *ulcus duodeni.* – *The Wish House:* zuerst 1924, aufgenommen in *Debits and Credits* (1926). – Kiplings Sohn ..., *the first hundred thousand ...:* John Kipling (geb. 1897) kam erst 1915 als 18jähriger nach Frankreich, zählte also keineswegs zu den ersten Hunderttausend; im Oktober 1915 fiel er bei Loos. – ... eine Geschichte, in der ein römischer Soldat stirbt: JLB vermengt hier offenbar Kiplings Erzählungen *The Gardener* (1925, in *Debits and Credits*) und *The Church that Was at Antioch* (1929, in *Limits and Renewals*). In *The Gardener* geht es um den Tod des »Neffen«, tatsächlich unehelichen Sohns einer Engländerin, in *The Church* ... um den Tod eines römischen Offiziers. – Kipling war nämlich Kipling war weder schamhaft noch schüchtern, sondern Stoiker und Gegner des von ihm so genannten »höheren Kannibalismus«, der öffentlichen Erörterung des Privatlebens nicht nur von Prominenten; auch seine lakonische Autobiographie *Something of Myself* (1937) enthält keinerlei Erörterung privater Dinge. Die einzige Begegnung zwischen Kipling und Shaw fand 1928 statt, als beide Sargträger bei der Beisetzung von Thomas Hardy in Poets' Corner, Westminster Abbey, waren; es war kaum der Ort oder der Zeitpunkt für eine Diskussion oder einen Dialog. – Es gibt da eine Erzählung ... gemeint ist: *In the Presence* aus *A Diversity of Creatures,* 1917 (dt. *Vor der Majestät* in: *Die Vielfalt der Geschöpfe.* Zürich: Haffmans 1990). – *A Song of Fifty Horses* gemeint ist: *A Song of Seventy Horses* aus *Limits and Renewals,* 1932. – Neffe von William

Morris Kipling war ein Neffe des Präraffaeliten Edward Burne-Jones, in dessen Haus er William Morris als Nenn-Onkel »Uncle Topsy« kennenlernte. – Rudyard Kiplings Eltern hatten sich 1863 am Ufer des Lake Rudyard, Staffordshire, verlobt; Rudyard Kipling wurde am 30. Dezember 1865 geboren; John Lockwood Kipling und Alice geb. Macdonald heirateten am 4. März 1865. Die von JLB beschworene Zeugung dürfte in London oder an Bord des Dampfers *Ripon* zwischen Southampton und Alexandria stattgefunden haben. – *The Seven Seas* erschien 1896 als Kiplings dritter Gedichtband; der erste war *Departmental Ditties* (1886). – *The Five Nations:* Kiplings vierter Gedichtband, 1903. – Zur »Entdeckung des Orients« vgl. *Tausendundeine Nacht* in *Die letzte Reise des Odysseus.* – Kipling, Sonett: Hier irrt JLB abermals; Kipling hat mehrere Sonette geschrieben, z. B. *Prophets at Home* und *Chartres Windows,* beide in *Selected Poems/ Ausgewählte Gedichte* Zürich: Haffmans 1990.

Erinnerungen an Bibliotheken, Hahnenkämpfe und seltene Gedichte (Seite 105–114)

zweihundertvierzig Pesos: damals etwa 100 US-$ bzw. 450 Reichsmark; entspräche 1989 einer Kaufkraft von ca. DM 1500. – Klassifizierung von Büchern: In seinem autobiographischen Essay *Borges über Borges* nennt JLB andere Zahlen und Relationen (80 statt 40). – der Sie-wissen-schonwer: Perón. – *Die Mauer und die Bücher:* in *Essays 1952–1979;* der Text enthält Borges' berühmte Definition des ästhetischen Vorgangs *(el hecho estético)* als das unmittelbare Bevorstehen einer Offenbarung, zu der es nicht kommt. – *Lectores:* in *El otro, el mismo* (1964). – Suárez, Ayacucho, Junín: Isidoro Suárez, JLBs Urgroßvater mütterlicherseits, Teilnehmer an den Unabhängigkeitskriegen unter San Martín und Bolívar, in denen bei Ayacucho und Junín wichtige Schlachten stattfanden. Vgl. u. a. *Biographie von Tadeo Isidoro Cruz* und *Die alte Dame* in *Erzählungen 1949–1970* sowie *Seite zum Gedächtnis an Oberst Suárez, Sieger von Junín* in *Gedichte 1923–1965*.

Dante, eine unendliche Lektüre (Seite 115–125)

Zu Dante vgl. u. a. *Die Göttliche Komödie* und *Neun danteske Essays* in *Die letzte Reise des Odysseus.* – Alberto Girri: vgl. Anm. zu »Von Tigern, Labyrinthen …«. – Alfonso Reyes (1889–1959): mexikan. Literat, Jurist, Diplomat; nach Meinung von JLB der beste hispanische Prosastilist des Jahrhunderts; vgl. *In memoriam A. R.* in *Borges und ich.* – *petitio principii:* Beweisführung, die das zu Beweisende bereits als Argument voraussetzt.

Über den Mystiker Swedenborg (Seite 126–134)

Vgl. hierzu auch *Emanuel Swedenborg* in *Essays 1952–1979*. – *Prólogos:* vgl. Anm. zu »Über Vorworte«. – Thomas de Quinceys Ausführungen finden sich in Band II der *Collected Writings* u. d. T. *A Manchester Swedenborgian and a Liverpool Literary Coterie.* – JLBs Gedicht über Swedenborg ist aus *El otro, el mismo* (1964).

Über den Humor (Seite 135–144)

Gracián: der span. Jesuit Baltasar Gracián (1601–1658), Verfasser des von Schopenhauer übersetzten *Hand-Orakels,* schrieb u. a. auch *Agudeza y arte de ingenio.* – Lugones: vgl. Anm. zu »Von Tigern, Labyrinthen …«. – Eduardo Mallea (geb. 1903): argentin. Autor, Verfasser vor allem von Romanen und Erzählungen, u. a. *Una pasión argentina, Cuentos para una inglesa desesperada, La bahía del silencio.* – *bibelfest:* im Original deutsch. – *Funes el memorioso:* dt. *Das unerbittliche Gedächtnis* in *Erzählungen 1935–1944.* – *Tlön, Uqbar, Orbis Tertius:* in *Erzählungen 1935–1944.* – *Das Aleph:* in *Erzählungen 1949–1970.*

Über Shakespeare (Seite 145–154)

Everything and Nothing: in *Borges und ich.* – Victoria Ocampo, *Sur:* Die Grande Dame der argentin. Literatur gründete und finanzierte die Zeitschrift *Sur,* zu deren Mitarbeitern JLB, Bioy Casares und die meisten anderen wichtigen lateinamerikanischen Autoren gehörten; vgl. Doris Meyer, *Victoria Ocampo – Gegen den Wind und die Zeit,* Frankfurt 1982. – »Wax to receive …«: Byron, in *The Age of Bronze,* XXXIV (»His heart was one of those which most enamour us, / Wax to receive, and marble to retain«). – Hilario Ascasubi (1807–1875): Neben Bartolomé Hidalgo und Estanislao del Campo Mitbegründer der Gaucho-Dichtung; befaßte sich teils romantisierend, teils realistisch mit Vorgängen und Gebräuchen im argentin. Hinterland; *Santos Vega, o los mellizos de la Flor,* eines seiner Hauptwerke, erschien 1872. Vgl. *Die Gaucho-Dichtung* in *Essays 1932–1936.* – Groussac: vgl. Anm. zu »Über Vorworte«.

Über die Metapher (Seite 155–161)

Lugones: vgl. Anm. zu »Von Tigern, Labyrinthen …«. Der Gedichtband *Lunario sentimental* erschien 1909. – über das Ziel hinausschießen …: leicht gekürzt; im Gespräch mit JLB brachte Ferrari hier eine verquere spanische Volksetymologie zu »Metapher« an – *meta,* span. Ziel, auch Fußballtor, und *ferre,* lat. tragen. – Sturluson, isländische Metaphern: Snorri Sturluson (1179–1241), isländ. Dichter, Geschichtsschreiber und

Staatsmann, der zwischen 1220 und 1230 die *Snorra-Edda* zusammengestellt hat; vgl. *Die Kenningar* in *Essays 1932–1936* und *Spiegel und Maske* in *Erzählungen 1975–1977*.

Über Borges und das Gedächtnis (Seite 162–171)
Funes el memorioso: dt. *Das unerbittliche Gedächtnis* in *Erzählungen 1935–1944*. – 1955, Revolution: Im September 1955 wurde Perón gestürzt. – *Martín Fierro:* vgl. Anm. zu »Die Klassiker mit 85 Jahren«. – Sonette über Schach: *Ajedrez* in *Borges und ich*. – *Die kreisförmigen Ruinen:* in *Erzählungen 1935–1944*. – Tigergedicht: gemeint ist wahrscheinlich *El otro tigre* in *Borges und ich*. – *Das Aleph, Der Zahir:* beide in *Erzählungen 1949–1970*. – *Das Sandbuch:* in *Erzählungen 1975–1977*. – *La memoria de Shakespeare:* Über diese »bereits geschriebene« Erzählung war bis Ende 1989 nichts zu erfahren, weder von Verlagen noch von den mit JLBs Werken befaßten Agenten. – Almafuerte: vgl. Anm. zu »Über Vorworte«. – Zum Spiegel-Sonett von Enrique Banchs vgl. *Die Dichtung* in *Die letzte Reise des Odysseus*. – Juan Ramón Jiménez (1881–1958): span. Autor, verfaßte u. a. den populären Roman *Platero und ich (Platero y yo)*, 1917; erhielt 1956 den Nobelpreis. – Marcelino Menéndez y Pelayo (1856–1912): span. Literat und Philologe. – Ricardo Rojas (1882–1957): argentin. Literaturhistoriker und Kritiker, Theoretiker der Gaucho-Dichtung. – Groussac: vgl. Anm. zu »Über Vorworte«.

Über die Intelligenz des Dichters (Seite 172–181)
Das Stevenson-Zitat war so wörtlich nicht zu finden; JLB komprimiert hier wahrscheinlich einen längeren Passus aus *The Art of Writing*, I. – Xul Solar: vgl. Anm. zu »Die Klassiker mit 85 Jahren«. – Alberto Girri: vgl. Anm. zu »Von Tigern, Labyrinthen ...«.

Über Henry James (Seite 182–191)
Guillermo de Torre: span. Maler, verheiratet mit JLBs Schwester Nora. – Das Zitat von Keats findet sich in Buch I von *Endymion*. – Mehrdeutigkeit von James: an dieser Stelle folgt im Original ein Exkurs von JLB über seine Erzählung *Der Süden*, fast wortgleich mit dem Text in »Der Süden geographisch, der Süden intim«. – Juan Ramón Jiménez: vgl. Anm. zu »Über Borges und das Gedächtnis«. – Julien Benda (1867–1956): franz. Autor, verfaßte u. a. die kulturkritische Schrift *La trahision des clercs* (1927).

Über den »Geschmack des Epischen« (Seite 192–202)

Zum Zitat aus der Grettir-Saga: in *Die Geschichte von dem starken Grettir, dem Geächteten,* Sammlung Thule Bd. 5, übersetzt von Paul Herrmann, heißt es in Kap. 45 (»Thorbjörn ermordet Atli«): »... Es regnete jetzt stark, und darum trat er nicht ins Freie, sondern hielt sich mit einer Hand an den Türpfosten und blickte sich um. In diesem Augenblicke sprang Thorbjörn vor die Tür und stieß mit beiden Händen den Spieß Atli mitten durch den Leib. Atli sprach, als er den Stoß bekam: ›Die breiten Spieße, sie werden Mode.‹ Danach fiel er vornüber auf die Türschwelle ...« – *Martín Fierro:* vgl. Anm. zu »Die Klassiker mit 85 Jahren«. – Zum Lawrence-Zitat: die »physische Scham des Erfolgs« konnte ich nicht ermitteln; das Zitat über deutsche Truppen (Borges spricht von Deutschen und Österreichern) findet sich in Kap. 34 der deutschen Ausgabe *Aufstand in der Wüste* (1927), S. 338: »Eine Ausnahme allein machten die deutschen Abteilungen; und hier zum erstenmal wurde ich stolz auf den Feind, der meine Brüder getötet hatte. Sie waren zweitausend Meilen von ihrer Heimat entfernt, ohne Hoffnung im fremden, unbekannten Land, in einer Lage, verzweifelt genug, um auch die stärksten Nerven zu brechen. Dennoch hielten ihre Trupps fest zusammen, geordnet in Reih und Glied, und steuerten durch das wirr wogende Meer von Türken und Arabern wie Panzerschiffe, schweigsam und erhobenen Hauptes. Wurden sie angegriffen, so machten sie halt, nahmen Gefechtsstellung und gaben wohlgezieltes Feuer. Da war keine Hast, kein Geschrei, keine Unsicherheit. Sie waren prachtvoll.« – Ascasubi: vgl. Anm. zu »Über Shakespeare«. – Tyrann Don Manuel de Rosas: Juan Manuel de Rosas (1793–1877), 1829– 32 argentin. Präsident, 1835–52 Diktator, starb im englischen Exil; vgl. u. a. *Totengespräch* und Anm. dazu in *Borges und ich.* – Lykophron: hellenischer Dichter aus Chalkis, 2. Jh. v. Chr., verfaßte das mythologisch-gelehrte Gedicht *Alexandra* (= Kassandra).

Über die Kriminalgeschichte (Seite 203–211)

Vgl. u. a. *Die Kriminalgeschichte* in *Essays 1952–1979.* – Pedro Henríquez Urẽna: vgl. Anm. zu »Über Vorworte«. – *Fausto:* burlesk-parodistische Dichtung, 1866 erschienen, in der der Inhalt von Gounods Faust-Oper *Margarethe* in gauchesker Diktion erzählt wird. Zu Estanislao del Campo (1834–1880) vgl. Anm. zu »Über Shakespeare«. – Dickson Carr, Mord durch Eiszapfen: Bei Dickson Carr nicht zu finden; vermutlich verwechselt JLB ihn hier mit Lord Dunsany, der in einer Smetters-Geschichte diese Mordvariante erörtert (dt. in: *Smetters erzählt Mordgeschichten.* Zürich: Diogenes 1958). – Israel Zangwill (1864–1926) verfaßte außerdem u. a.

Children of the Ghetto (1892) und *The King of Schnorrers* (1894). – Zu Chesterton vgl. »Über Chesterton« im vorliegenden Band. – Sherlock Holmes' Rückkehr: vgl. *Die Rückkehr des Sherlock Holmes* in: *Sherlock Holmes Werkausgabe.* Bd. 3. Zürich: Haffmans 1985.

Über realistische und phantastische Literatur (Seite 212–218)
Zu Lugones, Bioy, Ocampo vgl. Anm. zu »Von Tigern, Labyrinthen...«. – Zu den Auswirkungen von JLBs phantastischen Texten und der *Antología de la literatura fantástica* auf García Márquez, Cortázar und andere schrieb z. B. Carlos Fuentes (in *Valiente Mundo Nuevo),* Borges habe formal und inhaltlich die gesamte hispanische Literatur von überkommenen Fesseln befreit und damit alles, was seit etwa 1945 geschrieben wurde (Stichwort »Magischer Realismus«), erst möglich gemacht. – Gómez de la Serna; vgl. Anm. zu »Der ewige Reisende«. – Macedonio Fernández: vgl. Anm. zu »Über Vorworte«.

Über Alonso Quijano (Seite 219–227)
Martín Fierro: vgl. Anm. zu »Die Klassiker mit 85 Jahren«; Cruz ist einer der Protagonisten des Epos. – *Everness* und *Un soldado de Urbina,* beide aus *El otro, el mismo* (dt. in *Gedichte 1923–1965); Alusión a una sombra...* in *Borges und ich.* – Neugranada: span. Verwaltungseinheit im kolonialen Südamerika; entspricht etwa dem heutigen Kolumbien.

Über die Mutmaßung (Seite 228–237)
Jorge Guillén (1893–1983): span. Lyriker, verfaßte u. a. *Cántico,* übersetzte Valérys *Cimeteière marin.* – Poes Idee über das ästhetische Werk...: *A Philosophy of Composition* (1846).

Über Frankreich (Seite 238–247)
Schi Huang Ti, Zerstörung der Bibliotheken: vgl. u. a. *Die Mauer und die Bücher* in *Essays 1952–1979.* – *Destiempo:* vgl. Bioy Casares, *Bücher und Freundschaft* in Jorge Luis Borges/Adolfo Bioy Casares, *Gemeinsame Werke. Bd. 2.*

Über Flaubert (Seite 248–259)
Vgl. hierzu u. a. *Verteidigung des Romans Bouvard et Pécuchet* und *Flaubert und sein beispielhaftes Schicksal,* beide in *Essays 1932–1936.* – Der ästhetische Vorgang: das Bevorstehen einer Offenbarung, zu der es nicht kommt; vgl. *Die Mauer und die Bücher* in *Essays 1952–1979.* – George Moore (1853–1933), engl.-irischer Schriftsteller. – Croce: vgl. Anm. zu »Der ewige Reisende«. – Mallea: vgl. Anm. zu »Über den Humor«.

Über Virginia Woolf, Victoria Ocampo und den Feminismus (Seite 260–267)

Arnold Bennett als Beispiel gemeint ist der Essay *Mr. Bennett and Mrs. Brown,* 1924. – Victoria Ocampo: vgl. Anm. zu »Über Shakespeare«. – Vater von Virginia Woolf: Leslie Stephen (1832–1904), Historiker und Schriftsteller, Herausgeber von *The Dictionary of National Biography.* In der *English Men of Letters Series* (1878ff.) erschienen u. a. seine Biographien über Pope, Swift, George Eliot.

Über Edgar Allan Poe (Seite 268–275)

»Ich schrieb einmal eine Geschichte über einen Mann, der beschließt, die Welt zu malen«: Es ist dies keine Geschichte, sondern ein Absatz im *Epilog* zu *Borges und ich.* – Poe, Baudelaire: Baudelaires Poe-Übersetzungen machten Poe in Frankreich und danach Europa bekannt. – *modernismo:* hispanische Lyrikschule zu Anfang des 20. Jh., wesentlich mitbegründet u. a. von Rubén Darío. – Lugones: vgl. Anm. zu »Von Tigern, Labyrinthen ...«. – Roger Caillois (1913–1978): franz. Autor, Essayist, Herausgeber, Übersetzer; vermittelte mit der Serie *La Croix du Sud* (Gallimard) die Rezeption lateinamerikanischer Literatur in Europa, edierte 1951 die franz. Ausgabe von JLBs *Ficciones,* übersetzt von Néstor Ibarra. Caillois hielt sich 1940–1945 in Buenos Aires auf. – Almafuerte: vgl. Anm. zu »Über Vorworte«.

Über Chesterton (Seite 276–284)

Vgl. auch *Über Chesterton* in *Essays 1952–1979.* – Lugones: vgl. Anm. zu »Von Tigern, Labyrinthen ...«. – Alfonso Reyes: vgl. Anm. zu »Dante ...«. – *The Innocence of Father Brown:* Die Pater-Brown-Geschichten liegen in verschiedenen gleich schlechten, unvollständigen und zusammengewürfelten Fassungen deutsch vor; eine komplette Übersetzung dieses Bandes hat es, soweit feststellbar, nie gegeben. – *Martín Fierro:* vgl. Anm. zu »Die Klassiker mit 85 Jahren«; zur Ermordung des Schwarzen durch Martín Fierro vgl. JLBs Erzählung *Das Ende* sowie Anm. dazu in *Erzählungen 1935–1944.*

Über die Dialoge (Seite 285–294)

Macedonio Fernández: vgl. Anm. zu »Über Vorworte«.

Jorge Luis Borges, geboren 1899 in Buenos Aires. Kam 1914 mit seiner Familie nach Europa. Bis 1919 Gymnasiast in Genf, danach Aufenthalt in Spanien, wo er sich der literarischen *Ultraísmo*-Bewegung anschloß. 1921 Rückkehr nach Buenos Aires. Freier Schriftsteller und Herausgeber mehrerer Zeitschriften. Veröffentlichte zunächst Lyrikbände, wandte sich seit Anfang der dreißiger Jahre dem Essay und der Prosa zu. 1937 Anstellung als Bibliothekar. 1946 unter Perón entlassen. Vorlesungsreisen durch Argentinien und Uruguay. 1950 Präsident der Argentinischen Schriftstellergesellschaft. Nach dem Sturz Peróns 1955 Direktor der Nationalbibliothek, Professur für Englische und Amerikanische Literatur. Vortragsreisen durch die USA und Europa. Zahlreiche Ehrungen und Auszeichnungen. 1958 erblindet. Starb 1986 in Genf.

Osvaldo Ferrari, geboren 1948. Lyriker, Journalist. Lebt z. Zt. in Madrid, in diplomatischem Dienst tätig.

Camilo José Cela
Pascual Duartes Familie
Roman
240 S. Geb.

Der Roman, der den Ruhm des Literatur-Nobelpreisträgers von 1989 Camilo José Cela begründete. Nach wie vor sein Meisterwerk.
»Dieser Roman einer zügellosen Familie ist an dämonischer Kraft höchstens mit Lorcas ›Bluthochzeit‹ vergleichbar.« Albert Camus

Gertrude Stein
Ein Leben in Bildern und Texten
Herausgegeben von Renate Stendhal
288 S. 360 Abb. Geb.

Renate Stendhal, Stein-Übersetzerin, Autorin, Journalistin, Filmerin, hat mit dramaturgischem Geschick ein Buch »komponiert«, das weit mehr ist als eine reiche Dokumentation: ein Bilder-Lese-Buch über eine der erstaunlichsten Frauen der Moderne.
»In Stendhals Buch kann man nun Gertrude Stein lesen lernen.« Birgit Lahann, stern

Gertrude Stein im Arche Verlag

Autobiographie von Alice B. Toklas
Aus dem Amerikanischen
von Elisabeth Schnack
312 S. Br.

Drei Leben
Erzählungen
Mit einem Vorwort von Cesare Pavese
Aus dem Amerikanischen
von Brigitte Gerlinghoff
320 S. Fotos Br.

keine keiner
Ein Kriminalroman
Aus dem Amerikanischen
und mit einem Vorwort
von Renate Stendhal
Herausgegeben und mit einem
Nachwort von John Herbert Gill
125 S. Fotos Geb.

Picasso
Erinnerungen
Aus dem Amerikanischen
von Ursula von Wiese
56 S. Geb.

Gertrude Stein im Arche Verlag

Portraits und Stücke I und II
Geography and Plays
Aus dem Amerikanischen
von Bernd Samland
277 S., 287 S. Geb.

Was ist englische Literatur
Vorlesungen
Aus dem Amerikanischen
von Marie-Anne Stiebel
192 S. Br.

Was sind Meisterwerke
Essay
Einführung von Thornton Wilder
Aus dem Amerikanischen
von Marie-Anne Stiebel
80 S. Br.

»In ihren Büchern ist das Leben eine schrecklich klare Angelegenheit.« Cesare Pavese

39.–